知行 财经类专业规划教材

大数据与统计基础

王玲玲　牛欣然　孟宪玲 ◎ 主　编
高尚玥　李　治　黄　为　李　博 ◎ 副主编

BIG DATA AND FUNDAMENTALS OF STATISTICS

上海财经大学出版社
SHANGHAI UNIVERSITY OF FINANCE & ECONOMICS PRESS

上海学术·经济学出版中心

图书在版编目(CIP)数据

大数据与统计基础 / 王玲玲, 牛欣然, 孟宪玲主编.
上海：上海财经大学出版社, 2025.1. -- (知行·财经
类专业规划教材). -- ISBN 978-7-5642-4553-5

Ⅰ. C8

中国国家版本馆 CIP 数据核字第 2024JS6127 号

□ 责任编辑　　徐　超
□ 联系邮箱　　1050102606@qq.com
□ 封面设计　　贺加贝

大 数 据 与 统 计 基 础

王玲玲　牛欣然　孟宪玲　主　编
高尚玥　李　治　黄　为　李　博　副主编

上海财经大学出版社出版发行
（上海市中山北一路 369 号　邮编 200083）
网　　址:http://www.sufep.com
电子邮箱:webmaster @ sufep.com
全国新华书店经销
上海市崇明县裕安印刷厂印刷装订
2025 年 1 月第 1 版　2025 年 1 月第 1 次印刷

787mm×1092mm　1/16　15.25 印张　390 千字
印数:0 001—3 000　定价:49.00 元

前　言

"大数据与统计基础"是高等职业院校财会相关专业的一门专业基础课程,承载着培养适应"大智移云物区"等信息技术发展、具备统计素养的财务人员的重要任务。本教材将新技术、新工艺、新规范纳入教学标准和教学内容,结合"1+X"相关证书认定标准,对接会计职业技能大赛考核内容,将统计、财务等岗位的能力要求,校企合作进行教材整体结构设计、内容编写和融媒体资源开发。

本教材坚持知识传授与价值引领相结合、显性教育与隐性教育相结合的思路,结合党的二十大精神,剖析本课程每个工作任务的课程思政融入点和融入形式,将专业知识与职业操守、敬业精神、工匠精神、爱国情怀相联系,将专业技能、理论基础与人生观、世界观、价值观相融合。

本教材坚持"一中心、双主体、三递进、四融合"的编写理念,以学生为中心,基于统计工作过程,采用"项目导向、任务驱动,教学做一体化"的教学模式;校企共同开发,"双主体"育人;采用"课前自学、课中巩固、课后拓展"的三段式递进模式,实现"岗课赛证"有机融合,彰显职业教育特点。

本教材数字资源丰富,根据任务点配套开发微课讲解,打破学习时空限制,为线上线下融合式教学提供保障。

本书面向高职高专院校财经大类非统计专业,建议授课学时36~48学时,不同专业在使用时,可根据教学需要加以取舍。课程采用理实一体的方法组织教学,建议采用理论考试及实训考核相结合的方式进行课业综合考查以实现课程教学目标。

本书由王玲玲、牛欣然、孟宪玲担任主编,高尚玥、李治、黄为、李博担任副主编。在编写过程中,我们参考了国内同行的大量文献和著作,并得到了出版社的大力支持,在此一并表示感谢！由于编者水平有限,书中如有不足之处敬请使用本书的师生与读者批评指正,以便修订时改进。

目　录

项目一　统计概述 ·· 1
　知识结构图 ·· 1
　学习目标 ·· 2
　案例导入 ·· 2
　任务一　认识统计 ·· 7
　任务二　统计学的基本概念 ··· 11
　任务三　大数据与统计 ·· 15
　任务实施 ··· 18
　项目小结 ··· 19
　知识巩固 ··· 19
　技能强化 ··· 20
　素养提升 ··· 20
　拓展视野 ··· 21

项目二　统计调查 ·· 22
　知识结构图 ··· 22
　学习目标 ··· 23
　案例导入 ··· 23
　任务一　统计数据 ··· 23
　任务二　统计调查方案 ·· 26
　任务三　统计调查的组织形式 ·· 28
　任务实施 ··· 30
　项目小结 ··· 31
　知识巩固 ··· 32
　技能强化 ··· 33
　素养提升 ··· 34
　拓展视野 ··· 34

项目三　统计整理 ·· 38
　知识结构图 ··· 38
　学习目标 ··· 39

案例导入 ··· 39
　　任务一　统计资料的整理 ··· 41
　　任务二　统计分组 ·· 43
　　任务三　分配数列 ·· 45
　　任务四　统计表和统计图 ··· 51
　　任务实施 ··· 57
　　项目小结 ··· 68
　　知识巩固 ··· 68
　　技能强化 ··· 70
　　素养提升 ··· 71
　　拓展视野 ··· 72

项目四　统计指标分析 ··· 74
　　知识结构图 ··· 74
　　学习目标 ··· 75
　　案例导入 ··· 75
　　任务一　总量指标 ·· 76
　　任务二　相对指标 ·· 79
　　任务三　平均指标 ·· 83
　　任务四　标志变异指标 ··· 94
　　任务实施 ··· 100
　　项目小结 ··· 104
　　知识巩固 ··· 105
　　技能强化 ··· 107
　　素养提升 ··· 108
　　拓展视野 ··· 108

项目五　时间序列分析 ·· 113
　　知识结构图 ··· 113
　　学习目标 ··· 114
　　案例导入 ··· 114
　　任务一　时间序列的意义与种类 ·· 115
　　任务二　时间序列的水平指标 ··· 117
　　任务三　时间序列的速度指标 ··· 124
　　任务四　时间序列的趋势分析 ··· 129
　　任务实施 ··· 134
　　项目小结 ··· 137
　　知识巩固 ··· 137
　　技能强化 ··· 139
　　素养提升 ··· 140

拓展视野 ··· 141

项目六　统计指数 ·· 144
　　知识结构图 ··· 144
　　学习目标 ··· 145
　　案例导入 ··· 145
　　任务一　统计指数的意义与种类 ··· 147
　　任务二　综合指数 ·· 148
　　任务三　平均指数 ·· 152
　　任务四　指数体系与因素分析 ··· 153
　　任务五　常用统计指数 ··· 158
　　任务实施 ··· 162
　　项目小结 ··· 163
　　知识巩固 ··· 164
　　技能强化 ··· 166
　　素养提升 ··· 167
　　拓展视野 ··· 167

项目七　抽样推断 ·· 170
　　知识结构图 ··· 170
　　学习目标 ··· 170
　　案例导入 ··· 171
　　任务一　抽样推断概述 ··· 172
　　任务二　抽样误差 ·· 179
　　任务三　抽样估计 ·· 185
　　任务实施 ··· 189
　　项目小结 ··· 192
　　知识巩固 ··· 193
　　技能强化 ··· 195
　　素养提升 ··· 196
　　拓展视野 ··· 196

项目八　相关与回归分析 ·· 198
　　知识结构图 ··· 198
　　学习目标 ··· 198
　　案例导入 ··· 199
　　任务一　相关关系概述 ··· 200
　　任务二　相关分析 ·· 202
　　任务三　回归分析 ·· 205
　　任务实施 ··· 208

项目小结 ·· 212
知识巩固 ·· 213
技能强化 ·· 214
素养提升 ·· 215
拓展视野 ·· 216

项目九 撰写统计调查报告 ·· 221
知识结构图 ·· 221
学习目标 ·· 221
案例导入 ·· 221
任务一 构思统计调查报告框架 ··· 222
任务二 撰写统计调查报告 ··· 224
任务实施 ·· 229
项目小结 ·· 231
技能强化 ·· 231

附录 正态分布概率表 ·· 233

参考文献 ·· 234

项目一　统计概述

【知识结构图】

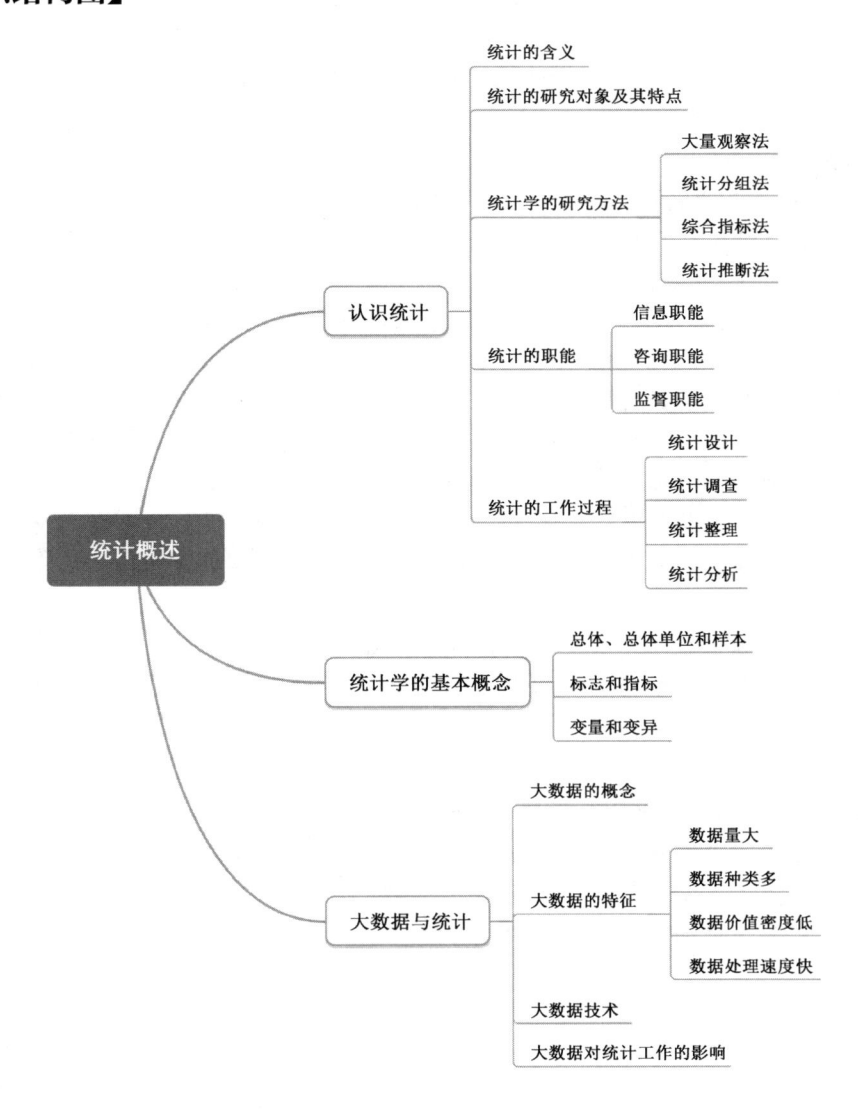

```
统计概述
├── 认识统计
│   ├── 统计的含义
│   ├── 统计的研究对象及其特点
│   ├── 统计学的研究方法
│   │   ├── 大量观察法
│   │   ├── 统计分组法
│   │   ├── 综合指标法
│   │   └── 统计推断法
│   ├── 统计的职能
│   │   ├── 信息职能
│   │   ├── 咨询职能
│   │   └── 监督职能
│   └── 统计的工作过程
│       ├── 统计设计
│       ├── 统计调查
│       ├── 统计整理
│       └── 统计分析
├── 统计学的基本概念
│   ├── 总体、总体单位和样本
│   ├── 标志和指标
│   └── 变量和变异
└── 大数据与统计
    ├── 大数据的概念
    ├── 大数据的特征
    │   ├── 数据量大
    │   ├── 数据种类多
    │   ├── 数据价值密度低
    │   └── 数据处理速度快
    ├── 大数据技术
    └── 大数据对统计工作的影响
```

【学习目标】

知识目标

1. 理解统计学的含义、研究对象与特点；
2. 了解统计学的研究方法和职能；
3. 掌握统计的工作过程；
4. 了解大数据与统计学的关系。

能力目标

1. 熟练运用统计语言描述社会经济现象；
2. 树立用统计方法观察和分析问题的理念。

素质目标

1. 提升对统计学的认知，树立统计思维，强化责任意识；
2. 能够利用统计学基本方法理论解读我国经济建设发展成就；
3. 学习统计学家勤于耕耘的工作态度和实事求是的科研精神。

【案例导入】

中华人民共和国2022年国民经济和社会发展统计公报（摘录）

2022年是党和国家历史上极为重要的一年。党的二十大胜利召开，擘画了全面建设社会主义现代化国家、以中国式现代化全面推进中华民族伟大复兴的宏伟蓝图。面对风高浪急的国际环境和艰巨繁重的国内改革发展稳定任务，在以习近平同志为核心的党中央坚强领导下，各地区各部门坚持以习近平新时代中国特色社会主义思想为指导，按照党中央、国务院决策部署，统筹国内国际两个大局，统筹疫情防控和经济社会发展，统筹发展和安全，坚持稳中求进工作总基调，完整、准确、全面贯彻新发展理念，加快构建新发展格局，着力推动高质量发展，加大宏观调控力度，应对超预期因素冲击，经济保持增长，发展质量稳步提升，创新驱动深入推进，改革开放蹄疾步稳，就业物价总体平稳，粮食安全、能源安全和人民生活得到有效保障，经济社会大局保持稳定，全面建设社会主义现代化国家新征程迈出坚实步伐。

一、综合

初步核算，全年国内生产总值1 210 207亿元，比上年增长3.0%（参见图1—1）。其中，第一产业增加值88 345亿元，比上年增长4.1%；第二产业增加值483 164亿元，增长3.8%；第三产业增加值638 698亿元，增长2.3%。第一产业增加值占国内生产总值比重为7.3%，第二产业增加值比重为39.9%，第三产业增加值比重为52.8%（参见图1—2）。全年最终消费支出拉动国内生产总值增长1.0个百分点，资本形成总额拉动国内生产总值增长1.5个百分点，货物和服务净出口拉动国内生产总值增长0.5个百分点。全年人均国内生产总值85 698元，比上年增长3.0%。国民总收入1 197 215亿元，比上年增长2.8%。全员劳动生产率为152 977元/人，比上年提高4.2%（参见图1—3）。

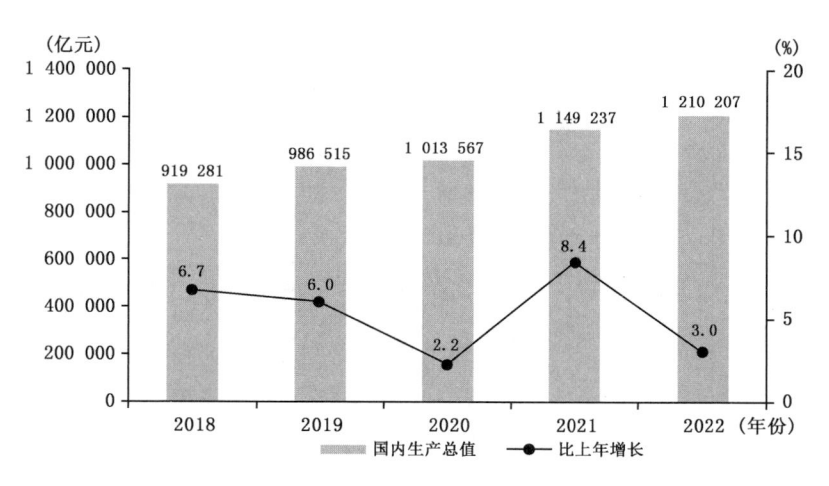

图 1—1　2018—2022 年国内生产总值及其增长速度

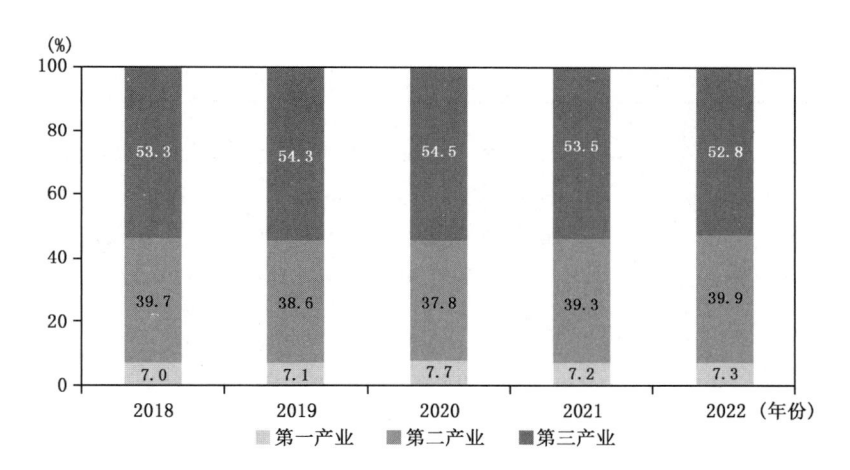

图 1—2　2018—2022 年三次产业增加值占国内生产总值比重

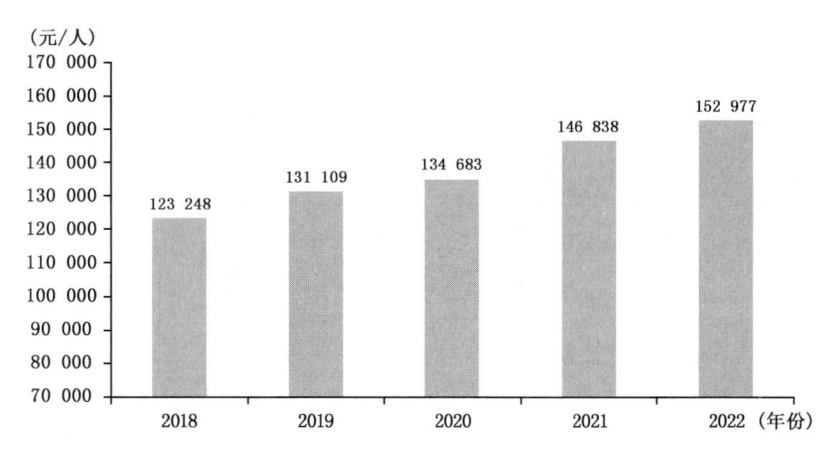

图 1—3　2018—2022 年全员劳动生产率

年末全国人口 141 175 万人,比上年末减少 85 万人,其中城镇常住人口 92 071 万人(参见表 1—1)。全年出生人口 956 万人,出生率为 6.77‰;死亡人口 1 041 万人,死亡率为 7.37‰;自然增长率为—0.60‰。

表 1—1　　　　　　　　　　　2022 年年末人口数及其构成

指标	年末数(万人)	比重(%)
全国人口	141 175	100.0
其中:城镇	92 071	65.2
乡村	49 104	34.8
其中:男性	72 206	51.1
女性	68 969	48.9
其中:0—15 岁(含不满 16 周岁)	25 615	18.1
16—59 岁(含不满 60 周岁)	87 556	62.0
60 周岁及以上	28 004	19.8
其中:65 周岁及以上	20 978	14.9

年末全国就业人员 73 351 万人,其中城镇就业人员 45 931 万人,占全国就业人员比重为 62.6%。全年城镇新增就业 1 206 万人,比上年少增 63 万人(参见图 1—4)。全年全国城镇调查失业率平均值为 5.6%。年末全国城镇调查失业率为 5.5%。全国农民工总量 29 562 万人,比上年增长 1.1%。其中,外出农民工 17 190 万人,增长 0.1%;本地农民工 12 372 万人,增长 2.4%。

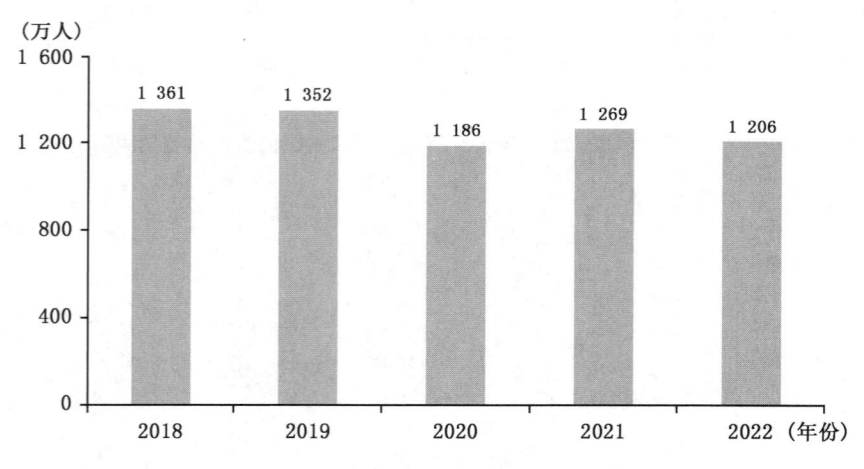

图 1—4　2018—2022 年城镇新增就业人数

全年居民消费价格比上年上涨 2.0%(参见图 1—5、表 1—2)。工业生产者出厂价格上涨 4.1%。工业生产者购进价格上涨 6.1%。农产品生产者价格上涨 0.4%。12 月份,70 个大中城市中,新建商品住宅销售价格同比上涨的城市个数为 16 个,持平的为 1 个,下降的为 53 个;二手住宅销售价格同比上涨的城市个数为 6 个,下降的为 64 个。

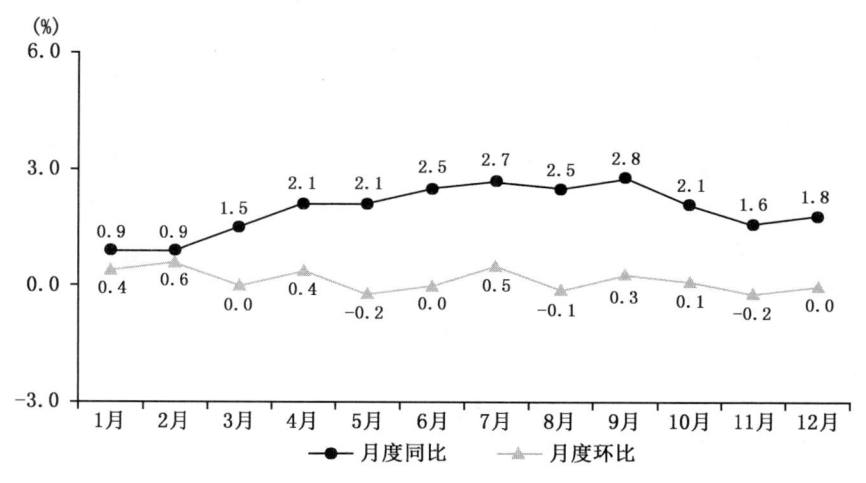

图 1-5　2022 年居民消费价格月度涨跌幅度

表 1-2　　　　　　　　　　2022 年居民消费价格比上年涨跌幅度　　　　　　　　　　单位：%

指标	全国	城市	农村
居民消费价格	2.0	2.0	2.0
其中：食品烟酒	2.4	2.6	2.1
衣　着	0.5	0.6	0.3
居　住	0.7	0.5	1.3
生活用品及服务	1.2	1.2	1.0
交通通信	5.2	5.2	5.0
教育文化娱乐	1.8	1.9	1.7
医疗保健	0.6	0.6	0.8
其他用品及服务	1.6	1.5	2.0

年末国家外汇储备 31 277 亿美元，比上年末减少 1 225 亿美元（参见图 1-6）。全年人民币平均汇率为 1 美元兑 6.726 1 元人民币，比上年贬值 4.1%。

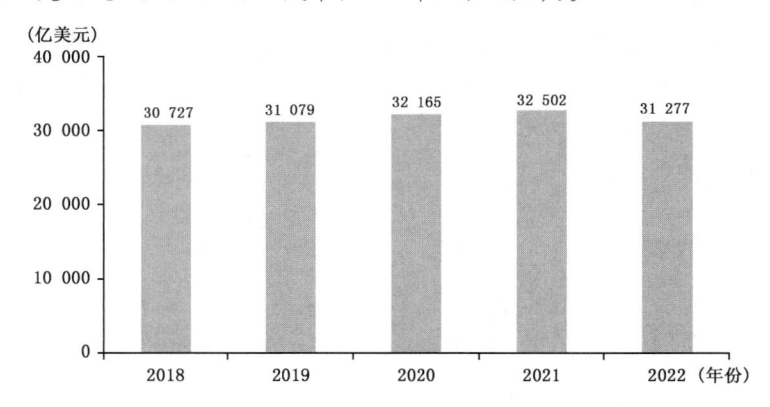

图 1-6　2018—2022 年年末国家外汇储备

新产业新业态新模式较快成长。全年规模以上工业中,高技术制造业增加值比上年增长7.4%,占规模以上工业增加值的比重为15.5%;装备制造业增加值增长5.6%,占规模以上工业增加值的比重为31.8%。全年规模以上服务业中,战略性新兴服务业企业营业收入比上年增长4.8%。全年高技术产业投资比上年增长18.9%。全年新能源汽车产量700.3万辆,比上年增长90.5%;太阳能电池(光伏电池)产量3.4亿千瓦,增长46.8%。全年电子商务交易额438 299亿元,按可比口径计算,比上年增长3.5%。全年网上零售额137 853亿元,按可比口径计算,比上年增长4.0%。全年新登记市场主体2 908万户,日均新登记企业2.4万户,年末市场主体总数近1.7亿户。

城乡区域协调发展稳步推进。年末全国常住人口城镇化率为65.22%,比上年末提高0.50个百分点(参见图1—7)。分区域看,全年东部地区生产总值622 018亿元,比上年增长2.5%;中部地区生产总值266 513亿元,增长4.0%;西部地区生产总值256 985亿元,增长3.2%;东北地区生产总值57 946亿元,增长1.3%。全年京津冀地区生产总值100 293亿元,比上年增长2.0%;长江经济带地区生产总值559 766亿元,增长3.0%;长江三角洲地区生产总值290 289亿元,增长2.5%。粤港澳大湾区建设、黄河流域生态保护和高质量发展等区域重大战略扎实推进。

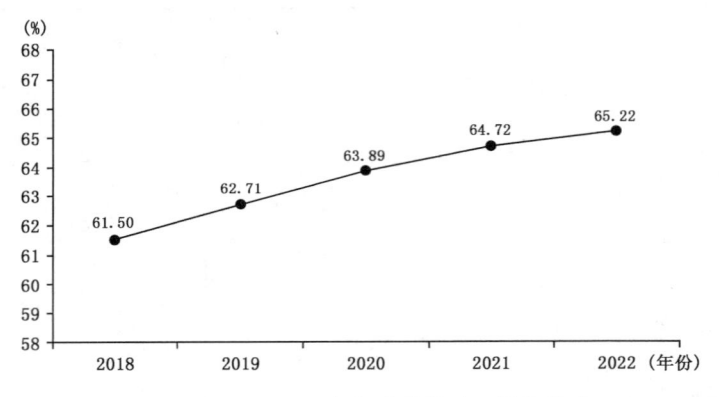

图1—7　2018—2022年年末常住人口城镇化率

绿色转型发展迈出新步伐。全年全国万元国内生产总值能耗比上年下降0.1%。全年水电、核电、风电、太阳能发电等清洁能源发电量29 599亿千瓦时,比上年增长8.5%。在监测的339个地级及以上城市中,全年空气质量达标的城市占62.8%,未达标的城市占37.2%;细颗粒物(PM2.5)年平均浓度29微克/立方米,比上年下降3.3%。3 641个国家地表水考核断面中,全年水质优良(Ⅰ～Ⅲ类)断面比例为87.9%,Ⅳ类断面比例为9.7%,Ⅴ类断面比例为1.7%,劣Ⅴ类断面比例为0.7%。

二、农业(略)

三、工业的建筑业(略)

四、服务业(略)

五、国内贸易(略)

六、固定资产投资(略)

七、对外经济(略)

八、财政金融(略)

中华人民共和国2022年国民经济和社会发展统计公报

九、居民收入消费和社会保障(略)

十、科学技术和教育(略)

十一、文化旅游、卫生健康和体育(略)

十二、资源、环境和应急管理(略)

任务发布:党的二十大报告提出"坚持全面依法治国,推进法治中国建设"。作为统计部门,全面从严治党,扎实推进依法行政,推动依法统计向纵深发展,切实提高统计数据质量,充分发挥统计在了解国情国力、服务经济社会发展中的重要作用,适应新形势新任务对统计工作的要求,推动统计工作迈向新征程。

思考:统计与人们的生活息息相关,如何开展统计工作呢?如何用统计的方法认识客观世界呢?如何利用信息化工具进行统计分析呢?

任务一　认识统计

知识链接:统计学的起源和发展

统计学的产生起源于古希腊的亚里士多德时代,迄今已有2 300多年的历史。统计学起源于研究社会经济及问题,主要经历了"城邦政情"、"政治算术"和"统计分析科学"三个发展阶段。

"城邦政情"(matters of state)阶段

城邦政情阶段始于古希腊的亚里士多德撰写"城邦政情"或"城邦纪要"。其内容包括各城邦的历史、行政、科学、艺术、人口、资源和财富等社会和经济情况的比较、分析,具有社会科学特点,是统计学的起源。

"政治算术"(political arithmetic)阶段

此阶段与城邦政情阶段没有明显分界点,本质的差别也不大。政治算术的特点是统计方法与数学计算和推理方法开始结合,分析社会经济问题的方式更加注重运用定量分析方法。

"统计分析科学"(science of statistical analysis)阶段

在"政治算术"阶段出现的统计与数学的结合趋势逐渐发展形成了"统计分析科学"。19世纪末,欧洲大学开设"统计分析科学"相关课程,它的出现是现代统计发展阶段的开端。大约开始于1477年,数学家为了解释支配机遇的一般法则进行了长期的研究,逐渐形成了概率论理论框架。在概率论进一步发展的基础上,到19世纪初,数学家们逐渐建立了观察误差理论、正态分布理论和最小平方法则。于是,现代统计方法便有了比较坚实的理论基础。

伦敦霍乱的防治

一、统计的含义

"统计"有合计、总计的意思,是指对某一现象有关的数据的搜集、整理、计算、分析、解释、表述等的活动。一般来说,统计包括三个要素:统计工作、统计资料和统计科学。

(一)统计工作

统计工作，是指利用科学的方法搜集、整理、分析和提供关于社会经济现象数量资料的工作的总称，也称统计实践，或统计活动，是统计的基础。现实生活中，统计工作作为一种认识社会经济现象总体和自然现象总体的实践过程，一般包括统计设计、统计调查、统计整理和统计分析四个环节。

(二)统计资料

统计资料，是通过统计工作取得的、用来反映社会经济现象的数据资料的总称。统计工作所取得的各项数字资料及有关文字资料，一般反映在统计表、统计图、统计手册、统计年鉴、统计资料汇编和统计分析报告中。

(三)统计科学

统计科学，也称统计学，是统计工作经验的总结和理论概括，是系统化的知识体系，即研究如何搜集、整理和分析统计资料的理论与方法。统计学是应用数学的一个分支，主要通过利用概率论建立数学模型，收集所观察系统的数据，进行量化的分析、总结，并进而进行推断和预测，为相关决策提供依据和参考。它广泛地应用于自然和社会的各门学科之中。

总体来说，"统计"一词的三方面含义是紧密联系的，统计工作的成果是统计资料；统计资料和统计科学的基础是统计工作；统计科学既是统计工作经验的理论概括，又是指导统计工作的原理、原则和方法。统计资料是统计工作的成果，统计工作与统计科学之间是实践与理论的关系。

二、统计的研究对象及其特点

(一)统计学的研究对象

统计学的研究对象是客观现象总体数量特征和数量关系。统计学是通过搜集、整理、分析统计资料，认识客观现象数量规律性的方法论科学。由于统计学的定量研究具有客观、准确和可检验的特点，所以统计方法就成为实证研究的最重要的方法，广泛适用于自然、社会、经济、科学技术各个领域的分析研究。

(二)统计学的特点

1. 数量性

统计学以数字和数据进行研究，通过规模、水平、速度、结构和比例关系等来描述和分析研究对象的数量表现、数量关系和数量变化。这一特点强调了统计学研究对象的基本性质，即一切客观事物都有质和量两个方面，而统计学专注于数量方面的研究。

2. 总体性

统计学关注的是客观现象的总体数量方面，通过对现象总体中各单位进行大量观察和综合分析，形成反映现象总体的数量特征。这种研究方式有助于揭示事物的本质和发展的规律性。

3. 社会性

统计学在研究社会现象的数量方面发挥着极其重要的作用，这体现了统计学在社会科学领域的广泛应用和深远影响。

4. 广泛性

统计学的应用范围非常广泛，它不仅限于某一特定领域，而是涉及全部社会现象的数量方面，从经济、政治到文化等多个领域。

5.具体性

统计学研究的数量方面是指社会现象的具体的数量方面,这强调了统计学在处理和分析具体数据时的精确性和实用性。

总之,统计学的特点不仅体现在其对数量性、总体性、社会性和广泛性的关注上,还包括其作为一门方法论科学的特性,以及在数理统计中体现的随机性和有限性。这些特点共同构成了统计学的核心价值和实际应用中的重要性。

三、统计学的研究方法

统计学作为一门方法论科学,其基本研究方法主要有以下几种。

(一)大量观察法

大量观察法是指统计研究社会经济现象的特征及其发展变化过程中,从总体上加以观察,这是统计活动中搜集数据资料阶段的基本方法,要求对所研究现象总体中的足够多的个体进行观察和研究,以便认识具有规律性的总体数量特征。它是由现象的复杂性及其联系的普遍性决定的,涉及对研究对象的全部或足够数量的个体进行观察,以消除偶然因素造成的不确定性,从而揭示现象的一般特征。在实际统计工作中,广泛采用大量观察法,例如统计报表、普查、重点调查和抽样调查等。

(二)统计分组法

统计分组法是将研究对象按照一定的标志进行分组,以了解总体的内在结构,体现总体的内在构成及其统计分析所需的指标确定和计算。由于研究现象本身的复杂性、差异性及多层次性,需要对所研究现象进行分组或分类研究,以便在同质的基础上探求不同组或类之间的差异性。

(三)综合指标法

综合指标法是一种运用多种统计综合指标来反映社会经济现象总体的一般数量特征和数量关系的研究方法。这种方法主要通过对大量的原始资料进行整理汇总,并计算各种综合指标,从而揭示现象在具体时间、地点条件下的总量规模、相对水平、平均水平和变异程度等。这些综合指标能够概括地描述总体各单位在数量方面的综合特征和变动趋势。

(四)统计推断法

统计推断法是根据局部样本资料,按一定的置信标准,用样本数据来推断总体数量特征的统计分析方法。利用样本信息推断总体特征,包括参数检验等方法,用于检验两个或多个样本之间是否存在显著差异。它广泛用于对总体数量特征的估计和对总体某些假设的检验,是现代统计学的基本方法之一。

(五)统计模型法

统计模型法是一种利用数学方程式来模拟和描述社会经济现象之间关系的研究方法。这种方法基于经济理论和假设条件,通过数学方程式来近似描述复杂现象在空间和时间上的数量关系,并对社会经济现象的发展变化进行数量上的评估和预测。统计模型包括三个基本要素:变量、基本关系式和参数。变量可以是总体中一组相互联系的统计指标,其中因素指标作为自变量,结果指标作为因变量。统计模型法在经济管理、经济预测与决策中是一种常用的统计方法,它大大提高了统计分析的认识能力。

总的来说,统计学的研究方法多种多样,每种方法都有其特定的应用场景和目的。在实际应用中,研究者需要根据研究问题的性质和数据的特点选择合适的方法进行分析。这些方法共同构成了统计学的基础,使得统计学能够在各个领域发挥其数据分析和决策支持的作用。

思考

如何统计一个水库里的鱼?

四、统计的职能

《中华人民共和国统计法》第二条规定:"统计的基本任务是对经济社会发展情况进行统计调查、统计分析,提供统计资料和统计咨询意见,实行统计监督。"统计作为政府管理系统启动、运行所不可缺少的条件和重要的组成部分,同时兼有信息、咨询和监督三大职能。

统计的信息职能是指系统地搜集、整理和提供以数量描述为基本特征的信息,它确保了数据的系统性和准确性,为决策提供了量化的依据。

统计的咨询职能涉及利用丰富的统计信息资源,通过统计分析为科学决策和管理提供咨询意见和对策建议。这一职能体现了统计在解读数据、提供专业见解方面的作用。

统计的监督职能则是基于统计调查和分析,对国民经济和社会运行状况进行全面、系统的定量检查、监测和预警。这一职能有助于及时发现和揭示经济运行中的问题,促使社会经济按照客观规律的要求发展。

统计的三大职能是相互作用、相辅相成的。信息职能是最基本的职能,它保证咨询和监督职能的有效发挥;咨询职能是信息职能的延续和深化;而监督职能则是在信息与咨询职能基础上的进一步拓展和优化。

总的来说,统计工作的正确完成对于提供优质的统计服务和实现统计监督至关重要。它不仅能够全面反映经济社会发展的水平,还能够预测发展趋势,阐明经济社会发展的规律,为党政领导决策和宏观调控管理提供依据。此外,统计工作还涉及系统地检查国家政策的实施和计划完成进度,分析执行政策和计划情况,考核经济效益、社会效益和工作实绩,揭示经济社会发展中出现的问题,实行全面的、严格的统计监督。同时,统计工作还能深入发掘提高社会生产力、繁荣科学文化的潜在力量,为总结经济建设和文化建设经验、推广先进科学技术成果、探索改善人民物质文化生活的途径,提供有力的统计数据支撑。

五、统计的工作过程

统计工作是人们运用各种统计方法对社会经济现象进行调查研究以认识其本质和规律性的一种工作。一个完整的统计工作可以分为四个步骤:统计设计、统计调查、统计整理和统计分析。

(一)统计设计

统计设计是根据研究对象的特点和研究的目的、任务,对统计工作的各个方面和各个环节的通盘考虑和安排,是统计工作过程中定性认识的阶段。统计设计是统计工作的第一阶段,是整个统计工作协调、有序、顺利进行的必要条件,是保证统计工作质量的重要前提。其结果表现为各种统计设计方案,如统计指标体系、统计分类目录、统计表制度、统计调查方案、资料汇总或整理方案、统计分析提纲等。

(二)统计调查

统计调查是根据统计设计的要求,采用科学的方法,针对调查对象有计划、有系统地收集资料的过程。统计调查是统计工作的基础阶段,担负着收集基础资料的任务,收集的资料是否准确,关系到统计工作的质量。

（三）统计整理

统计整理是根据统计的目的,采用科学的方法,对调查资料进行分组汇总,使之系统化、条理化的过程。统计整理的主要任务就是为统计分析阶段准备能在一定程度上说明总体特征的统计资料。在实际工作中,统计整理与统计调查、统计分析并非截然分开,而是相互交织在一起的。它是统计调查的继续,统计调查和统计整理都是一种定量认识活动。

（四）统计分析

统计分析是在统计整理的基础上,对调查到的资料加以科学汇总,使它条理化、系统化,揭示现象的数量特征和内在联系,阐明现象的发展趋势和规律,作出科学结论的过程。这是统计研究中定性认识和定量认识相结合的阶段,是统计工作最后阶段,也是统计工作获取成果的阶段。

从认识的顺序来看,统计设计、统计调查、统计整理和统计分析这四个阶段,是从定性认识开始,经过定量认识,再到定性认识与定量认识相结合的循环往复的过程,即定性认识（统计设计）—定量认识（统计调查和统计整理）—定性认识与定量认识相结合（统计分析）的过程。虽然每个阶段有各自的独立性,但它们又是相互连接的统一过程,缺少哪个环节都会出现偏差。

任务二 统计学的基本概念

一、统计总体和总体单位

（一）统计总体

统计总体是由客观存在的、具有某种共同性质的许多个别事物组成的整体。例如,我们要研究全国汽车企业的生产经营情况,则全国的汽车企业就是总体。

总体和总体范围的确定,取决于统计研究的目的要求。而形成总体的必要条件,亦即总体必须具备的三个特性。

1. 大量性

总体是由现实存在的许多个别单位组成的,仅仅个别或少数单位不能形成总体。这是因为统计研究的目的是要揭示现象的规律性,而这种规律只有在大量事物的普遍联系中才能表现出来。由于个别单位的特征是多种多样的,但总体的各个单位特征表现的综合,能够说明客观规律在一定条件下发生作用的结果,可以反映现象的内在联系。

2. 同质性

所谓统计总体的同质性,是指同一总体的所有单位都必须具有某一共同性质。总体的同质性是一切统计研究的最重要的前提。它意味着统计总体中各个单位,必须具有某种共同的性质,否则对总体各个单位标志表现的综合就没有意义,甚至会混淆矛盾,歪曲现象的真相。例如,要研究全国的工业企业,则所有的工业企业组成总体,这些工业企业的经济职能都是进行工业生产活动,具有相同的性质。

3. 变异性

构成统计总体的单位在某一方面的特征是相同的,但在其他方面又存在差异。也就是说,各单位有某一个共同标志作为它们形成统计总体的客观依据,但其余所要研究的总体单位的特征不可能都相同。如某工业企业的全体职工是一个总体,该总体内的职工都是这个单位的职工,这是共同的特征,但在工资水平、性别、年龄等许多方面存在差异。总体的同质性和单位差异性是相对的,它们都是统计核算的前提条件。

拓展资料：统计总体分类

1. 按总体容量是否可以计量把统计总体分为有限总体与无限总体

总体容量是指一个统计总体所包含的总体单位数。总体容量可以是无限的也可以是有限的。按照这种区别,统计总体可以分为有限总体(Finite Population)和无限总体(Infinite Population)。有限总体是指总体中包含的单位数是有限的,可以计量并且能够穷尽,可以用确切的数值表示。例如,全国人口总数、工业企业总数等,不论它们的数量有多大,都是有限的、可计量的,并有一个确切的数字。无限总体是指总体中包含的单位数是无限的,可计量但不能穷尽。例如,工业中连续大量生产的产品,其产量虽然可以计量,但是不能穷尽。在社会经济现象中,大多数是有限总体,无限总体只是少数。统计总体是否有限对统计调查方法的确定十分重要,对无限总体显然不能采用全面调查方法,而对有限总体则既可以用全面调查方法,也可以用非全面调查方法。当然,即使是有限总体也应该根据现实需要和可能来确定统计调查方法,只要被调查的总体单位足够多就可以了。

2. 按研究的范围分,把统计总体分为大总体和小总体

大总体和小总体是相对而言的。如全国的人口和河南省的人口都是总体,但全国人口相对于河南省的人口是大总体,河南省的人口则是小总体,这两个总体的总体单位都是每个人。在研究实际问题时,不要将小总体当成总体单位

3. 按统计总体是否可加把统计总体分成可相加总体和不可相加总体。

可相加总体是指各统计总体中的总体单位能够相加。相加后使总体的范围扩大总体单位数增加,小总体变为大总体。如某地区的人口、土地面积等都是可相加总体,把全国各个省、自治区、直辖市的人口、土地面积分别相加就是全国的人口、土地面积。不可相加总体是指各总体中的总体单位数不能相加。如工业企业的产量,由于不同的工业企业生产的产品品种不同,使用价值不同,计量单位不同,不同企业的工业产品产量就不能相加。

（二）总体单位

总体单位是构成总体的每一个单位。例如,我们要研究全国汽车企业的生产经营情况,则全国的每一家汽车企业就是总体单位,只有对每一家汽车企业的属性和数量加以登记,再对收集的这些资料进行汇总和综合,才能说明全国汽车企业的生产经营情况。

（三）总体和总体单位的关系

（1）总体和总体单位是整体与个体的关系。总体是整体,总体单位是个体。总体的特征是通过对总体单位归纳综合加以体现的。

（2）总体和总体单位的划分不是绝对的,而是相对统计研究目的而言的。随着统计研究目的的变化,总体和总体单位也会发生相应的变化。例如,在对全国的汽车企业进行调查时,每一个汽车企业便是构成总体的一个总体单位,如东风汽车就是其中一个总体单位;但要研究一所典型汽车企业的经营状况,如果选中了东风汽车,则它就成了统计总体,它生产汽车的每一种车型就是总体单位。

（3）总体和总体单位互为依存的条件。总体和总体单位是相互依存的,没有总体单位,就

没有总体；没有总体，总体单位也不复存在。

思考

在对2024年5月份某市中小学老师的收入情况进行调查时，总体和总体单位是什么？同质性是什么？变异性又是什么？

二、标志和指标

（一）标志

1. 标志的概念

每个总体单位都具有许多属性和特征，标志就是说明总体单位属性和特征的名称。例如，每个学生作为总体单位，表示每个学生特征的名称有性别、籍贯、民族、年龄、身高、体重、学习成绩等，这些属性都是标志。

2. 标志的种类

标志按性质不同可以分为品质标志和数量标志。反映总体单位属性的标志，称为品质标志。上述例子中，学生的性别、籍贯、民族等都是属于品质标志，是用文字表示其属性的。反映总体单位数量特征的标志，称为数量标志。学生的年龄、身高、体重、学习成绩都属于数量标志，是用数值表示其数量特征的。

3. 标志表现

标志表现是指标志在各个总体单位中的具体表现。标志表现分为品质标志表现和数量标志表现。例如，性别是品质标志，其特征只能用文字来表现，表现为男或女。男或女是品质标志表现。年龄是数量标志，具体表现为18岁、19岁、20岁等，这些数值都是数量标志表现。数量标志表现是用数值来表现的，故又称为标志值。

4. 不变标志和可变标志

标志按变异情况不同可分为不变标志和可变标志。在一个总体中，对于某一个标志来说，如果总体各单位具有相同的标志，则该标志叫不变标志。例如，在全国私营企业这一总体中，所有制是不变标志。因为标志的具体表现在总体各单位相同，都表现为私营。每个总体必须至少有一个不变标志，正是这个不变标志使总体具有同质性。在一个总体中，对于一个标志来说，如果总体各单位具有不同的标志表现，则该标志叫可变标志。在全国私营企业总体中，职工人数、工资总额、注册资本、投资总额、利润等均是可变标志，因为其具体表现在总体单位中不完全相同，有的数值大，有的数值小。又例如，在男性人口总体中，性别是不变标志，而年龄、民族、籍贯等则为可变标志；在40岁教师总体中，年龄、职业是不变标志，而性别、专业、工资等则为可变标志。不变标志是个别事物（单位）得以结合起来形成总体的条件，可变标志则是进行分组，研究总体的数量特征、数量关系及数量界限的基础。

思考

如果对全国大学生的身体状况进行调查，请填写以下表格：

总体	总体单位	品质标志	数量标志	不变标志	可变标志

(二)指标

1. 指标的概念

指标就是反映总体数量特征的概念和具体数值。它是利用科学的统计方法,对总体各单位标志值进行综合汇总后计量形成的。例如,2022年末全国大陆人口总数(指标名称)为141 175万人(指标数值)。这个指标既表明所指的总体是全国大陆人口,又表明数量特征,通过这个指标对我国人口规模就有了确切的认识。可见,统计指标规定了总体范围与性质,又反映了总体的数量特征。一项完整的统计指标,应该由时间、地点、指标名称、指标数值和计量单位等构成。在实际工作中,有时也将一个单独的指标名称理解为指标,例如人口总数、企业总数、国内生产总值等。

2. 指标的种类

指标按反映的数量特点不同分为数量指标和质量指标。数量指标是反映总体总规模、总水平的绝对数量多少的指标,又称总量指标,用绝对数表示。例如,人口总数、国民生产总值、工业总产值、工资总额、职工总数等均是数量指标,其特点是指标数值随总体范围的增减而增减。质量指标是反映总体相对水平或平均水平的指标,表明现象的对比关系,用相对数或平均数表示。例如,平均工资、人均工资、人均收入、人口密度、出勤率、设备利用率等均是质量指标。

(三)指标与标志的关系

标志和指标都是反映现象特征的概念,它们之间既有联系又有区别。

1. 标志与指标的区别

标志是指统计总体各单位所具有的共同特征的名称,而指标是说明总体的数量特征的名称和数值。标志可用数值表示其特征,如数量标志,也可以不用数值表示其特征,如品质标志;而所有的指标都可用数值表示其特征。

2. 标志与指标的联系

数量指标的数值是根据数量标志的标志值汇总而来的。例如,对某企业全部职工这一总体,每个职工是总体单位,每个职工工资是数量标志。工资总额是数量指标。工资总额是对每个职工的工资额进行汇总而得到的。指标与标志之间存在变换关系。随着研究目的的改变,原来的总体变为总体单位,原来的指标相应的变为数量标志;反之,原来的总体单位变为总体,原来的数量标志相应的变为指标。

统计学中上述基本概念之间的关系如图1—1所示。

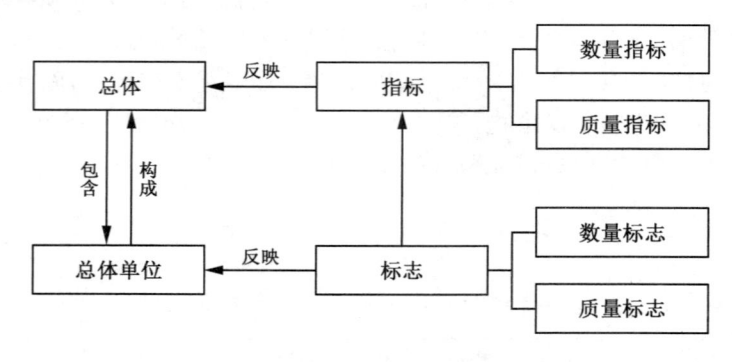

图1—1 统计学中基本概念之间的关系

（四）指标体系

一个统计指标只能反映社会经济现象某一方面的数量特征。社会经济现象是一个复杂的有机整体，现象之间存在着各种复杂的联系。要全面反映客观经济现象整体，描述事物发展的全过程，只用一个统计指标是不够的，需要采用统计指标体系。

统计指标体系是由若干个相互联系、相互补充的统计指标组成的整体，用以说明社会经济现象各方面相互联系和相互制约的关系。例如，为了反映公司的经营状况，只设立利润这一指标是不够的，还必须设立由产量、产值、增加值、工人劳动生产率、职工人数、工资总额、利润、产值利税率、资金成本利润率等构成的指标体系，才能反映公司的经营全貌。又如，为了反映商品流转情况，必须设立由商品购进总额、商品销售总额、期末库存额等构成的指标体系；为了反映全国工业经济运行情况，必须设立由产品销售收入、利润总额、税金总额、亏损企业亏损额、应收账净额、产成品数量等构成的指标体系。

思考

如果对全国人口状况进行调查，请填写以下表格：

总体	总体单位	品质标志	数量标志	数量指标	质量指标

三、变异与变量

（一）变异

变异是指标志的具体表现在总体各单位间的差异，包括品质变异和数量变异。例如在人口总体中，性别是个标志。男、女是标志的表现。在这个总体中，性别这个标志的具体表现在总体各单位间是有差异的，这就是品质变异。同样，在人口总体中，年龄是标志。年龄在总体各单位间表现是不同的，有 0 岁、1 岁、2 岁等，这就是数量变异。

（二）变量

变量是指可变的数字标志。比如，某公司每个职员的工资不可能都一样，那么，工资这一数量标志就是一个变量，变量的具体数值叫作变量值，又称标志值。比如，某公司职工的月工资有 2 820 元、3 030 元、3 200 元等几种，这些数字就是变量值。

变量按其取值的连续性分为离散型变量和连续型变量两种。离散型变量是指变量值通常是整数而不会出现小数，即当取小数的时候，变量就失去了经济含义。例如，各企业职工人数、机器设备台数，其取值是不会有小数的，这类变量属于离散型变量。离散型变量可以用计数的方法取得变量值。连续型变量是指变量在整数之间可以无限地取值，取整数和取小数都具有经济意义。例如，人的身高、体重、粮食亩产量、银行存款额，它们的取值可以是小数，也可以是整数，这类变量属于连续型变量。连续型变量的取值要利用计量工具，通过测量或度量的方法取得。

任务三　大数据与统计

大数据技术的快速发展，是 21 世纪信息技术革命浪潮中最为瞩目的现象之一。它根植于计算机技术、网络技术、通信技术以及存储技术的飞速进步,这些技术领域的不断创新为大数据的产生、存储、处理和分析提供了前所未有的可能性。

一、大数据的概念

大数据(big data),或称巨量资料,指所涉及的资料量规模巨大到无法通过主流软件工具,在合理时间内达到撷取、管理、处理并整理成为帮助企业经营决策更积极目的的资讯。大数据技术的战略意义不在于掌握庞大的数据信息,而在于对这些含有意义的数据进行专业化处理。换而言之,如果把大数据比作一种产业,那么这种产业实现盈利的关键,在于提高对数据的"加工能力",通过"加工"实现数据的"增值"。

二、大数据的特征

大数据的特征,又称为"4V"特征,包括数据量大、数据种类多、数据价值密度低和数据处理速度快。具体如下:

数据量大(Volume):在数字时代,每时每刻都有大量的数据产生。这些数据不仅仅来自传统的数据库,还包括社交媒体、物联网设备、网络日志等。数据的量级已经从 GB、TB 跃升到 PB、EB 甚至 ZB。

数据种类多(Variety):数据不再局限于传统的结构化数据,还包括半结构化和非结构化数据,如文本、图片、视频等。这些多样化的数据类型要求我们使用不同的技术和工具进行处理和分析。

数据价值密度低(Value):尽管数据量庞大,但并非所有数据都包含有价值的信息。因此,从海量数据中提取有价值的信息是大数据分析的一个重要任务。

数据处理速度快(Velocity):数据的产生和处理速度非常快,要求实时或近实时地分析和响应。这对于数据处理能力和算法的效率提出了更高的要求。

除了这四个核心特征,一些文献还提到了数据的真实性(Veracity)作为第五个特征。这意味着在大数据分析中,需要确保数据的准确性和可靠性,以便能够信任分析结果。

总的来说,大数据的这些特征共同定义了它与传统数据处理方式的区别,并对如何存储、管理和分析数据提出了新的挑战。随着技术的发展,大数据分析已经成为许多行业,包括文化产业和疫情防控等领域的重要工具。

三、大数据技术

大数据技术是指从各种各样类型的海量数据中快速获得有价值信息的技术。从处理流程来看,它涵盖了数据采集与预处理、数据存储、数据清洗、数据分析到数据可视化等整个生命周期的各个环节。在大数据采集与预处理阶段,主要涉及网络爬虫技术、社交媒体数据接口(API)、物联网(IoT)传感器、日志文件分析、事务数据捕获、用户在线行为追踪等技术。在大数据存储方面,则包括各种数据库技术和数据库系统,例如 MySQL、Oracle、SQLite、Hadoop等。在数据清洗阶段,主要是处理大数据中存在的缺失值、重复项等问题。在数据分析阶段,主要是为了从大数据中获取知识,涉及数据挖掘、机器学习等技术,例如,通过分析电商平台消费数据,平台能甄别不同类别消费者的偏好,从而对其进行个性化的商品推荐。在数据可视化阶段,主要是将大数据蕴含的知识以图表的形式展示出来,涉及各类数据可视化工具,Excel就是一种非常常见的可视化技术。此外,大数据安全与隐私保护技术贯穿大数据管理的全过程,涉及隐私计算、数据加密等技术。

大数据技术应用的过程可以被形象地比喻为一场数字化的盛宴。首先,就像准备一场盛宴,你需要收集各种食材,在大数据的世界里,这就是数据采集和整合的过程。然后,你需要一个地方来存放这些食材,这就涉及数据的存储和管理。就像是你需要一个地方来存放食材,你需要一个地方来存放数据。

接下来,你需要烹饪这些食材,这就是数据处理和分析的过程。你可能会一次性准备一大桌菜,这就是批处理;也可能会一边接收食材一边烹饪,这就是流处理。

烹饪完成后,你需要将美食展示给客人,这就涉及数据的可视化。你可能会精心布置餐桌,让客人可以根据自己的喜好选择菜品,这就是交互式仪表板;也可能会设置一个动态更新的菜单板,实时显示哪些菜品最受欢迎,这就是实时数据大屏。

最后,确保食品安全是非常重要的,同样,数据安全和隐私保护也是至关重要的。你需要给你的食材加上锁,只有你有钥匙才能打开,这就是数据加密;你需要设置门卫,只有持有邀请函的客人才能进入,这就是访问控制和身份验证;你需要对一些特殊的调料保密,不让客人知道具体的配方,这就是数据脱敏。

通过这些方法,大数据技术就像是一位大厨,精心准备着一道道美味佳肴,满足不同顾客的需求。无论是在商业分析、市场研究,还是社会服务等领域,大数据技术的应用都在为我们的生活和工作带来便利和洞见。

四、大数据对统计工作的推动

大数据技术不仅大大扩展了统计工作能够处理和分析的数据量,提供了包括数据挖掘、机器学习等在内的多种分析工具,还推动形成了"从海量数据中发现和挖掘知识"的研究范式,从而变革了传统统计工作的思维框架。尽管大数据技术已取得巨大成就,已深入全人类的生产生活,但它目前还在快速发展当中。值得注意的是,在大数据技术快速发展和应用的过程中,其带来的数据安全和隐私保护、算法歧视(对不同用户实行差别化定价)、信息茧房(只向用户个性化推荐其喜欢的内容,使用户接收不到其他信息)等问题需要引起足够重视并逐渐加以解决。

1. 数据收集、处理和分析的范围扩大

随着互联网信息技术的发展,如电商数据、交通数据、医疗数据等海量数据得以存储在电子存储系统中。大数据技术的应用,使得政府、研究机构和企业能够从更广泛的渠道收集数据,包括在线购物平台、社交媒体等,这极大地扩展了统计数据收集、处理和分析的范围。然而需要注意的是,对于较少在互联网上留下"痕迹"的老年人来说,可能存在算法歧视。

2. 提高数据分析的准确性

传统的数据统计方式可能因为样本量有限或者抽样方法的偏差而产生误差。大数据技术通过分析海量的数据,可以减少这种误差,提供更加精确的统计分析结果。

3. 增强数据的时效性

大数据分析可以实时进行,这意味着统计结果可以更快地反映当前的情况,而不是基于过去的数据。这对于需要快速响应市场变化或政策调整的决策制定者来说尤为重要。

4. 改变统计模式

传统的统计模式可能存在一定的滞后性,而大数据技术的应用使得统计模式更具灵活性和动态可调整性,能够及时从海量数据中发掘出有价值的新知识,从而适应快速变化的社会和经济环境。

5. 促进个性化和精准化服务

大数据分析可以帮助了解个体的特定需求和行为模式,从而为不同的群体提供更加个性化和精准化的服务。然而,个性化推荐带来的信息茧房问题值得人们的重视。

6. 隐私和安全问题

虽然大数据带来了许多好处,但同时也引发了关于数据隐私和安全的担忧。如何在采集和使用大量个人数据的同时保护个人隐私不被侵犯,是大数据时代面临的一个重要挑战。

7. 技术和人才需求

大数据分析需要专业的技术和工具,以及对数据科学有深入了解的人才。这对统计人员的技能提出了更高的要求,势必会推动新时代统计学教育和培训的发展。由于大数据相关技术仍在迅猛发展,所以新时代的统计人员要树立终生学习的理念。

综上所述,大数据技术对统计领域带来了革命性的变化,不仅提高了数据采集和分析的范围、效率和准确性,也为统计工作提供了新方法、新技术和新范式。同时,也带来了隐私保护、数据安全和技术人才培养等方面的新挑战。

【任务实施】

常用的统计工具

在统计工作中,经常要用到统计软件,用于数据收集、整理、分析、解释和呈现。统计分析软件能自动化处理数据,提高工作效率,统计软件还可以重复相同的分析过程,这样可以确保统计结果的一致性和可比性。用于对数据统计分析的工具很多,每种工具都有自己的特点,以下是一些广泛使用的统计工具。

1. SPSS:它是一款专业的统计分析软件,提供了丰富的统计方法,包括描述统计、方差分析、因子分析、主成分分析、回归分析以及分布的检验等。SPSS特别适合市场研究和社会科学领域的研究,因为它的统计功能相比Excel更为强大和专业。

2. Excel:作为入门级的数据分析工具,Excel是最基础且广泛使用的。它具备多种强大的功能,如创建表单、数据透视表、使用VBA编程等,适合进行基本的数据分析和处理。对于数据量较小或者分析要求不高的情况,Excel是一个非常便捷的选择。

3. R语言:R是一种用于统计计算和图形绘制的编程语言,它的统计功能强大,提供了大量的统计分析包和函数。R语言的语法简单易学,可以快速掌握,并且输出结果非常详细,适合需要进行复杂统计分析的用户。

4. Python:Python是一种通用编程语言,但它在数据分析和统计领域也非常受欢迎。通过使用如pandas、NumPy、SciPy、statsmodels等库,Python可以进行复杂的数据处理和统计分析。

5. SAS:SAS是另一种专业的统计分析软件,广泛应用于商业和医药研究领域。它提供了大量的统计分析功能,并且支持大数据处理。

6. Stata:Stata是用于数据管理和统计分析的软件,它特别适用于经济学和流行病学研究。

总的来说,选择合适的统计工具取决于您的具体需求、数据类型、分析复杂度以及个人或团队的技术背景。对于初学者来说,Excel和SPSS可能是较好的起点,而对于需要进行更复杂分析的用户,R、Python、Stata或SAS可能更适合。本教材我们主要以Excel作为统计工作的主要软件,还将列举用Python、Uipath、用友分析云等在技能竞赛和职业技能等级证书中被应用的数据处理工具。

【项目小结】

本项目通过对统计学基本概念的学习,对如何运用统计工具分析解决社会经济中的问题提供了思路,其中重点是对总体和总体单位、标志和指标、变量和变异概念的区分,能区分对应的统计指标,是进行有效统计工作的第一步。在学习的过程中,不断用生活中所出现的各类指标进行练习,强化对概念的区分。除此之外,本项目也将大数据的特征及其对统计学的影响进行了阐述,将日益更新的技术融入我们日常统计工作中。

【知识巩固】

一、单项选择题

1. 社会经济统计现象形成统计总体的必要条件是( )。
   A. 差异性　　　　B. 同质性　　　　C. 社会性　　　　D. 综合性

2. 社会经济统计对社会经济现象总体数量的认识是( )。
   A. 从个体到总体　　B. 从总体到个体　　C. 从定性到定量　　D. 从定量到定性

3. 一个统计总体( )。
   A. 只能有一个指标　　　　　　　B. 只能有一个标志
   C. 可以有多个标志　　　　　　　D. 可以有多个指标

4. 变量包括标志和( )。
   A. 品质标志　　　B. 数量标志　　　C. 数量指标　　　D. 指标

5. 在研究某城市商业企业状况中,某商业企业的营业员人数是( )。
   A. 数量标志　　　B. 数量指标　　　C. 变量值　　　D. 标志变量

6. 以产品等级来衡量某产品质量优劣,则该产品等级是( )。
   A. 数量标志　　　B. 品质标志　　　C. 数量指标　　　D. 质量指标

7. 就统计指标而言,变异是指( )。
   A. 数量指标的具体表现各不相同　　B. 质量指标的具体表现各不相同
   C. 统计指标的具体表现各不相同　　D. 以上都是正确的

8. 商业企业的职工人数、商品销售总额,( )。
   A. 都是连续变量
   B. 都是离散变量
   C. 前者是连续变量,后者也是连续变量
   D. 前者是离散变量,后者是连续变量

9. 在统计工作中运用大量观察法其理由在于( )。
   A. 个数数量很多　　　　　　　B. 个体偶然偏差趋于抵消
   C. 如实反映情况　　　　　　　D. 个体产生的偏差忽略不计

10. 为了解某地区工业企业的工业生产设备情况,总体是( )。
    A. 该地区所有工业企业　　　　B. 该地区所有工业企业的每一台生产设备
    C. 该地区每一个工业企业　　　D. 该地区所有工业企业的全部工业生产设备

二、多项选择题

1. 统计是对社会经济现象的一种（　　）。
   A. 意识活动　　　B. 实践活动　　　C. 认识活动　　　D. 改造活动

2. 总体和总体单位的概念不是固定不变的，是指（　　）。
   A. 总体随统计研究目的的改变现而改变
   B. 在一定条件下，总体可以改变为总体单位
   C. 只能是总体变为总体单位
   D. 在一定条件下，总体单位可以改变为总体

3. 在下列统计标志中属于品质标志的有（　　）。
   A. 教师职务　　　B. 教育水平　　　C. 学习态度　　　D. 考试成绩
   E. 出勤率

4. 下列变量中，离散变量是（　　）。
   A. 总产值　　　B. 体重　　　C. 设备台数　　　D. 职工人数
   E. 牲畜存栏头数

5. 在全市所有的科技人员调查中（　　）
   A. 全市所有的科技人员是统计指标　　　B. 科技人员数是统计指标
   C. 每一科技人员是总体单位　　　D. 年龄是统计指标

【技能强化】

开展统计调查

一、实训目标

通过实训，使学生理解和掌握统计的基本概念，培养学生根据实际问题进行统计分析的能力，并能开展统计工作。

二、实训内容

自选课题确定调查目的并展开统计调查，列出此目的下的统计总体、总体单位、统计标志、统计指标、变量等，并尝试列出一套指标体系。

三、实训要求

全班按 6～8 人划分学习小组，小组成员进行角色分工及工作分工，讨论分析明确本次统计的目的和对象的特点，完成该项统计工作。

四、实训评价

每个小组形成一份实训报告并进行汇报交流，通过自评、互评和教师评价综合评定成绩。

【素养提升】

许宝騄——中国统计的一代宗师

目标：

（1）了解我国统计学发展史，尤其通过中外统计学发展史的比较，有利于我们总结历史经验，了解国情。

（2）通过对许宝騄老师等优秀统计学家热爱祖国、兢兢业业工作的光荣事迹的学习，增强爱国主义情怀。

许宝騄——中国统计的一代宗师

要求：

（1）课外阅读：统计学发展史、许宝騄——中国统计的一代宗师。

（2）课堂讨论：我国统计发展的几个阶段及其特点；中外统计发展对比（中国的统计思想前期比西方繁荣，后期发展缓慢，原因是什么？之后的改进有哪些？）；介绍一位我国的统计学家；其他读后感。

【拓展视野】

统计学在"1+X"考证和技能大赛中的应用

统计学无论是在宏观经济分析还是微观企业管理层面都有广泛的应用，在全国职业技能大赛的多个赛项，以及多项"1+X"职业技能等级证书考试中，均涉及运用统计方法和统计工具解决实际问题，此处列举了一些"1+X"考证和技能大赛任务，让同学们了解统计学在"1+X"考证或技能大赛中的应用场景，我们将在后续任务中展开对这些统计方法和统计工具的介绍。

案例来源	任务描述	统计方法	统计工具
会计实务国赛题	牵与千寻旅游公司在投资决策中使用Python爬取目标公司的相关数据和行业大数据，并利用爬取到的数据结果对公司的相关指标进行分析。	统计数据的获取 统计指标的计算和分析	Python 用友数据清洗工具
业财税融合"1+X"证书	大数据分析师编写Python程序，利用Tushare包抓取北辰实业与上证指数的指数涨跌幅度数据。	统计数据的获取	Python Excel
智能财税国赛题	根据中联玻璃制造股份有限公司的相关财务数据，计算本公司指标值和偏离度，填写并保存相关结果。	统计指标的计算和分析	Excel

项目二 　统计调查

【知识结构图】

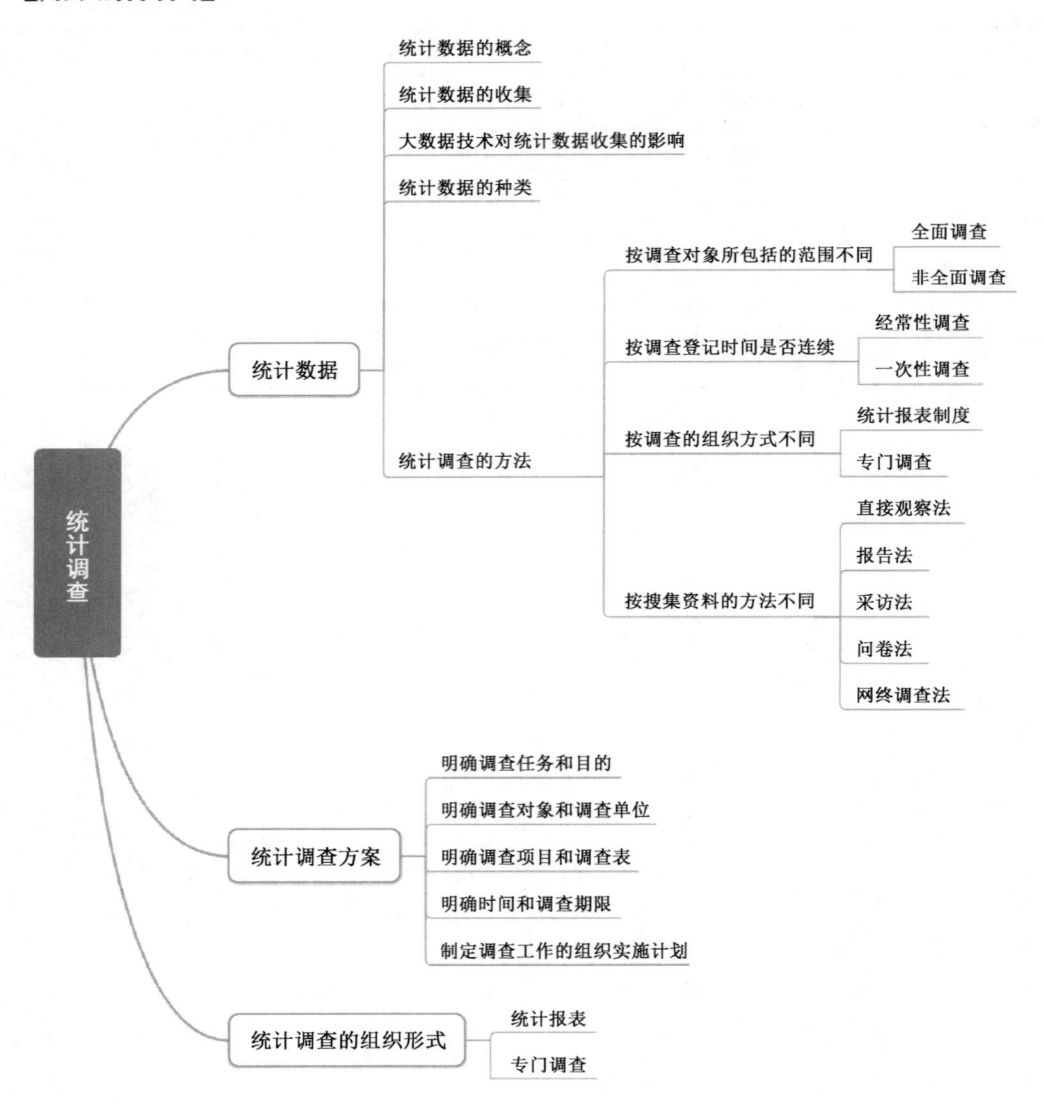

```
                                    ┌── 统计数据的概念
                                    ├── 统计数据的收集
                                    ├── 大数据技术对统计数据收集的影响
                                    ├── 统计数据的种类
                                    │                              ┌── 全面调查
                                    │         ┌── 按调查对象所包括的范围不同 ─┤
                        ┌── 统计数据 ─┤         │                              └── 非全面调查
                        │           │         │                              ┌── 经常性调查
                        │           │         ├── 按调查登记时间是否连续 ─────┤
                        │           │         │                              └── 一次性调查
                        │           │         │                              ┌── 统计报表制度
                        │           └── 统计调查的方法 ── 按调查的组织方式不同 ─┤
                        │                     │                              └── 专门调查
                        │                     │                              ┌── 直接观察法
                        │                     │                              ├── 报告法
统计调查 ─┤                     └── 按搜集资料的方法不同 ─────────────────────┤── 采访法
                        │                                                    ├── 问卷法
                        │                                                    └── 网终调查法
                        │                     ┌── 明确调查任务和目的
                        │                     ├── 明确调查对象和调查单位
                        ├── 统计调查方案 ─────┤── 明确调查项目和调查表
                        │                     ├── 明确时间和调查期限
                        │                     └── 制定调查工作的组织实施计划
                        │                     ┌── 统计报表
                        └── 统计调查的组织形式 ─┤
                                              └── 专门调查
```

【学习目标】

知识目标
1. 了解统计数据的概念及特征;
2. 掌握统计数据搜集的概念、方法和种类;
3. 了解大数据技术对统计数据收集的影响;
4. 掌握统计调查方案的内容。

能力目标
1. 能设计完整的统计调查方案;
2. 掌握统计调查的组织形式;
3. 能应用 Excel 处理统计数据。

素质目标
1. 培养学生统计思维、创新意识;
2. 了解《统计法》中统计监督职能,树立法制观念,做遵纪守法的良好公民。

【案例导入】

A 汽车公司新人小张的市场调研挑战

在 A 汽车公司,市场部的新员工小张接到一项重要任务:撰写一份汽车行业发展状况的调查方案。领导强调,这份调查方案对于新车顺利推广和公司的下一步市场战略制定至关重要。小张如何与团队成员协作完成调查方案的撰写?

任务发布:统计调查有助于人们了解社会经济现象,并为政府决策提供依据。通过科学的调查方法和数据分析,揭示问题的本质,为解决问题提供有针对性的建议。如何开展统计调查?统计数据如何收集?抽样调查如何去做?统计调查方案如何撰写?

任务一 统计数据

一、统计数据的概念

统计数据是指通过统计活动所得到的、用以描述某一总体数量特征的基本数据和资料。这些数据通常是通过观察、测量、实验或调查等方式收集而来,用于揭示现象的数量特征和变化规律,进而为科学研究、政策制定、经济分析、市场预测等提供客观依据。

二、统计数据的收集

统计数据收集是指根据统计研究的目的和要求,运用科学的统计调查方法,有组织、有计划地收集反映客观事物实际资料的过程。例如,要研究某地区人口的发展情况,就要收集该地区人口的总量、年龄结构、地域分布、人口素质、出生率和死亡率等实际资料;要研究某地区经济发展情况,就要收集该地区各行各业生产经营情况、生产能力、能源消耗、财务状况、从业人员等反映经济发展水平的客观资料。

三、大数据技术对统计数据收集的影响

大数据技术以其强大的数据处理能力、高效的数据挖掘算法和实时的数据分析特性，极大地提升了统计数据收集的效率和准确性。通过大数据平台，我们能够实现对海量数据的快速获取、存储、清洗和整合，从而获取更全面、更精细的统计信息。此外，大数据技术还能够实现数据的实时更新和分析，使得统计数据能够更及时地反映市场、社会和经济的动态变化。这些功能不仅为统计学领域的研究者提供了强大的工具支持，也为企业的决策者提供了科学、精准的数据依据，帮助他们做出更明智的决策。在本章最后的拓展视野部分，为同学们介绍了利用"RPA数据抓取机器人"帮助企业获取一个行业板块数据的案例，正是运用大数据技术进行数据收集的典型案例。

四、统计数据的种类

统计数据种类主要有两种：

（1）原始资料（一手数据），即直接向调查对象了解调查单位的统计资料，如直接到企业向有关人员询问企业的生产、销售等信息。

（2）次级资料（二手数据），即根据调查研究的目的和任务，收集加工、整理过的说明总体特征的资料，与原始数据相比，二手数据收集起来更快、更容易，所需的费用和时间也相对节约得多。如中国统计年鉴，我国统计部门每年收集的经过初步整理、加工的各行各业GDP的汇总数据，专业统计网站，等等。

五、统计调查的方法

统计研究的对象即客观事物的复杂性和统计研究目的的多样性，决定了统计调查方法的多样性。进行统计调查，必须根据统计研究目的和调查对象的特点，选择合适的调查方法。统计调查的方法，可以从不同的角度，按不同的标准进行分类。

（一）按调查对象所包括的范围不同，分为全面调查和非全面调查

全面调查是指对构成调查对象的所有总体单位全部进行调查登记的一种调查法。全面统计报表和普查都是全面调查。例如，为了研究我国人口数量、性别比例、年龄构成、民族构成、受教育程度等人口问题而进行的第五次全国人口普查，就属于全面调查。

非全面调查是指对构成调查对象的一部分总体单位进行调查登记的一种调查方法。重点调查、典型调查和抽样调查都是非全面调查。例如，为了了解某地区居民的消费水平情况，并不需要对该地区所有的居民进行调查，只需要搜集各个收入层次的一部分居民消费水平方面的实际资料；对某批产品进行质量鉴定，也不需要对所有产品逐个进行质量检验，只需要抽出一部分产品进行检验即可。这些调查都属于非全面调查。

（二）按调查登记时间是否连续，分为经常性调查和一次性调查

经常性调查是指随着调查对象的发展变化，连续不断地进行调查登记的方法。例如，要对某个工程的质量水平进行调查，就需要随着工程进度的延伸，连续不断地调查登记此项工程的质量情况和相关情况，直至工程全面竣工、验收。这种调查就属于经常性调查。又如，对社会商品零售价格的调查和监控，是长年累月地进行的，也属于经常性调查。

一次性调查是指间隔一定时间的不连续调查。例如，人口数、学校数、固定资产原值等指标，因为短时间内的变化不会太大，所以没有必要进行经常性调查。只需要间隔一定时间了解

现象在一定时点上的状况,可采用一次性调查。

(三)按调查的组织方式不同,分为统计报表制度和专门调查

统计报表制度是按一定的表式和要求,自上而下统一布置、自下而上逐级提供和报送统计资料的一种统计调查方式。我国建立了规范的统计报表制度,所有的企业、事业单位和基层行政机关,都要遵守《统计法》,按照上级部门规定的表式、项目、日期和程序向上级部门提交统计报表。统计报表包括国家的政治、经济、文化生活等各方面的基本统计指标。这种调查组织方式在我国的统计工作中占有重要的地位。负责编制和报送统计报表的组织机构是常设或固定的。统计报表制度属于经常性调查。

专门调查是指为了某些专门的目的和任务而组织的统计调查。这种调查的组织机构不是常设的,而是根据研究目的和任务临时设置的。专门调查多属于一次性调查,包括普查、重点调查、典型调查和抽样调查等。

(四)按搜集资料的方法不同,分为直接观察法、报告法、采访法、问卷法和网络调查法

直接观察法是指由调查人员亲自到现场进行实地测定计量,并将结果记录下来的方法。如对农作物的产量进行调查一般都采用此方法,可以准确地获得统计资料,但需耗费较多的时间和人力、物力、财力;同时有些社会经济现象还不能通过直接观察法获得资料,如居民家庭年收入状况调查一般不适宜用此法。

报告法是指报告单位根据统一要求填写统计表格并在规定时间内,按照行政隶属关系逐级向上提供统计资料的方法。报告法的特点是统一表式、统一项目、统一要求和统一上报程序。统计报表制度就采用此种方法,节省了调查机构的人力。若报告系统健全,报告单位的原始记录和核算工作真实、完整,采用此法可以取得比较准确的统计资料。

采访法是指由调查员询问被调查者,并根据答复做记录的一种收集资料的方法。例如,个别访问、开专题调查会。采用此方法调查双方面对面直接接触,逐项询问、相互核实,搜集的资料比较真实可靠。

问卷法是指以发放问卷并回收来收集统计调查资料的方法。通常随机或有意识地选择若干调查单位,发放问卷,要求在规定时间内提供相关信息,对信息进行统计整理分析后推断出总体的基本情况。对于一些人们感兴趣的社会问题进行民意调查时经常采用此法。

随着现代信息网络的迅速发展,越来越多的统计资料都可以通过网络调查法取得,它是通过网络向被调查单位和个人发出调查提纲、表格或问卷,被调查者通过网络向调查者反馈信息。网络调查法有其独特的优点;需要的经费较少、能在较大的范围内进行调查、传播快速且具有多媒体性、调查结果客观性高、信息质量易检验和控制。

统计调查还可以从其他的角度分类,并且各种分类也不是相互排斥的。如普查,从调查对象所包括的范围来看,属于全面调查;从调查时间的连续性来看,属于一次性调查;从组织方式上看,又属于专门调查。

拓展阅读:常用的统计数据库

常用的统计数据库有很多,以下是一些例子。

1.国家统计局数据库。这是一个权威的、全面的统计数据库,涵盖了国民经济、社会发展、人口、就业、人民生活、环境等多个领域的统计数据。用户可以通过该数据库查询各种统计指标的历史数据和最新数据,了解国家经济和社会发展的整体情况。

2.世界银行数据库。世界银行是全球最大的发展援助机构之一,其数据库提供了全球各

国和地区的经济、社会、环境等方面的统计数据。用户可以通过该数据库查询各国和地区的GDP、人口、贫困率、教育水平、健康状况等指标,进行跨国比较和分析。

3. OECD 数据库。OECD(经济合作与发展组织)是一个由 38 个国家组成的国际组织,其数据库提供了成员国的经济、社会、环境、科技等方面的统计数据。用户可以通过该数据库查询各国和地区的经济增长、就业、贸易、投资、创新等指标,了解发达国家的发展状况和趋势。

4. 联合国统计数据库。联合国是全球最大的国际组织之一,其统计数据库提供了全球各国和地区的经济、社会、环境等方面的统计数据。用户可以通过该数据库查询各国和地区的人口、就业、教育、卫生、能源等指标,了解全球范围内的发展情况和挑战。

任务二　统计调查方案

统计调查方案是指统计调查前所制定的实施计划,是全部调查过程的指导性文件,是调查工作有计划、有组织、有系统进行的保证。不同调查任务的调查方案在具体内容和形式上会有一定的差别,但包括的主要内容大体上是一致的。统计调查方案应确定的主要内容有:调查目的和任务、调查对象和调查单位、调查项目和调查表、调查时间和调查时限,以及调查工作的组织实施计划。

一、明确调查任务和目的

统计调查方案首先要解决的问题就是确定调查任务和目的。只有这样,才能确定搜集资料的范围和方法,才能有效地组织统计调查工作。

调查的任务和目的,主要是根据统计研究的实际需要并结合调查对象的特点来确定。例如,对某城市工业企业的机械设备利用情况进行调查,任务是准确掌握各个企业拥有的机械设备的数量、价值和使用情况,其目的是分析和探求机械设备在使用过程中其价值、技术性能、工作能力等变化的规律,为合理配置机械设备、提高利用率、加强设备管理和固定资产管理等提供依据。

二、确定调查对象和调查单位

明确了调查任务和调查目的后,就可以确定调查对象和调查单位。确定调查对象和调查单位,是为了解决向谁调查、由谁来提供统计资料的问题。调查对象就是根据调查目的所确定的统计总体,是由所要被调查的全部单位组成的整体。调查单位就是调查对象中所包含的每个具体单位,即总体单位,调查单位是进行调查登记的标志的承担者。明确调查单位,还要与填制单位区别开来。填报单位是填写调查内容、提供调查资料的单位。调查单位与填制单位有时一致,有时不一致,这要根据调查对象的特点和调查任务的要求来确定。比如,对某企业员工经济收入情况进行调查,调查对象就是企业所有员工,调查单位是每一个员工。如果调查表要求每个员工自己填写,则填报单位就是每个员工,这时的调查单位和填制单位是一致的;如果以车间为单位进行填报,填报单位就是车间,这时的填报单位和调查单位是不一致的。

三、确定调查项目和调查表

调查项目是调查单位所承担的基本标志,它是由调查目的、任务和调查对象的性质所决定的,包括一系列数量标志和品质标志。调查项目确定得正确与否,决定了整个调查工作的成败。选择的调查项目是调查目的和任务所需要,并且确实能够取得资料的项目。每一个项目应该有确切的含义和统一的解释,不应该设置那些不必要或虽然需要但无法取得资料的项目。对那些逻辑不完善、含义模糊、回答笼统的项目,也应避免使用。例如,在机械设备利用情况调查中,根据调查目的和任务,设备购置价值、出厂日期、日均工作时间、生产能力等标志就应作为调查项目。

调查项目确定之后,就要拟定调查表,将调查项目排列在调查表中,以便于登记调查资料。调查表的内容一般包括三部分,即表头、表体和表脚。表头在调查表的上方,主要有调查表名称、填报单位名称等;表体是调查表的主要部分,由表格、调查项目等组成;表脚包括调查人员或填表人员签名、审核人员签名、填报日期等。

调查表的表格形式有两种:单一表和一览表。单一表是指只登记一个调查单位的调查表,一般可以容纳较多的调查项目;一览表是指可以登记多个调查单位的调查表,一般不宜设置太多调查项目。调查表的设计可以多种多样,以达到调查目的为原则,应尽可能简洁、便于填写,同一调查任务必须统一格式,以便下一步的汇总和整理。

根据调查目的,机械设备利用情况调查表适宜选用单一表,以每一台设备为单位,把相应调查项目设置在表格上。

四、调查时间和调查期限

调查时间是调查资料所属的时间。调查时间可以是时期,也可以是时点。如果所要调查的是时期现象,调查时间就是资料所反映的起讫日期;如果所要调查的是时点现象,调查时间就是规定的标准时点。调查期限是进行调查工作所要经历的时间,包括搜集资料、登记调查表和报送资料等整个工作过程所需的时间。调查期限的长短根据任务量的大小以及人力、物力和财力等情况进行确定,应尽可能缩短调查期限,保证统计信息的时效性。如对某市2023年机械设备利用情况进行调查,这里的调查时间就是时期,即2023年这一年。从2023年1月1日起开始调查,截至本年1月31日将资料搜集、整理完毕,则调查期限为一个月。

五、制定调查工作的组织实施计划

严密细致的组织工作,是调查工作能够顺利进行的保证。调查的组织工作包括:调查工作领导机构的组建和调查人员的组织、调查方法的确定、人员业务培训等准备工作、调查资料的报送方式、调查经费的预算和筹集、工作进度的安排等。

以上述机械设备利用情况调查为例:某市主管工业企业部门首先成立调查工作领导小组,给各个企业布置调查任务,要求各个企业指派专人负责此项调查工作,并要求各企业主管领导对此项工作负领导责任;组织各企业调查人员进行业务培训,规定调查方式和方法,印制统一的调查表,要求对每一台机械设备的利用情况进行如实登记。进行此次调查的经费预算为2 000元,主要用于调查表的印制、人员培训等,经费列入本年业务经费。各企业首先调查登记有关资料,对资料进行核对无误后报送到相关部门,材料报送时间为2023年1月31日。

任务三　统计调查的组织形式

一、统计报表

(一)统计报表的含义

统计报表是按统一规定的表格形式、统一的报送程序和报表时间,自下而上提供基础统计资料,是一种具有法律性质的报表。统计报表是一种以单项调查为主的调查方式。它是由政府主管部门根据统计法规,以统计表格形式和行政手段自上而下布置,而后由企事业单位自下而上层层汇总上报逐级提供基本统计数据的一种调查方式。统计报表制度是一种自上而下布置,自下而上通过填制统计报表搜集数据的制度。

(二)统计报表的种类

统计报表从不同的角度,可以有不同的分类。

1. 按调查范围,分为全面统计报表和非全面统计报表

全面统计报表是调查对象的全部单位填报获得全面统计资料的报表。非全面统计报表是调查对象的部分单位填报获得非全面资料的报表。

2. 按填报单位,分为基层报表和综合报表

基层报表是由基层企事业单位根据原始资料填报的统计报表。综合报表是由上级主管部门根据基层报表逐级汇总填报的统计报表。

3. 按内容和实施范围,分为国家统计报表、部门统计报表和地方统计报表

国家统计报表也称国民经济基本统计报表,由国家统计部门统一制发,用以搜集全国性的经济和社会基本情况,包括农业、工业、基建、物资、商业、外贸、劳动工资、财政等方面最基本的统计资料。部门统计报表是为了适应各部门业务管理需要而制定的专业技术报表。地方统计报表是针对地区特点而补充制定的地区性统计报表,是为本地区的计划和管理服务的。

4. 按统计报表报送周期的长短,分为日报表、旬报表、月报表、季报表、半年报表和年报表

周期短的,要求资料上报迅速,填报的项目比较少;周期长的,内容要求全面一些。年报具有年末总结的性质,内容要求更全面和详尽,要求每年上报一次。日报和旬报称为进度报表,主要用来反映生产、工作的进展情况。月报、季报和半年报主要用来检查各月、季、半年的生产工作情况。

(三)统计报表制度的内容

1. 报表表式

指统计报表的具体格式。不同的调查任务有不同的格式,但基本上都由三部分组成,即表头(报表标题、表号、报表期别、填报单位、制表单位、计量单位等)、表身(具体填报数据和资料)和表脚(备注、填表人签章、审核人或负责人签章等)。

2. 填表说明

包括调查目的、要求和办法、统计范围、分组体系、各种统计目录、指标解释、报送日期、报送方式等,它可使填报单位明确填报任务和填报方法。

(四)统计报表的资料来源

统计报表制度的一大特点是它有可靠的资料来源。统计报表资料来源于基层单位的原

始记录和统计台账。原始记录和统计台账是各种经济核算的基础,也是填制统计报表的重要依据。没有健全的、规范的原始记录和统计台账制度,要做好统计报表的填报工作是不可能的。

原始记录是基层单位通过一定的表格形式对生产经营活动所作的最初记载。原始记录的范围广泛、种类繁多,如发货单、材料入库验收单、领料单、设备维修单等。统计台账是基层单位根据核算和填制统计报表的需要,为了积累和整理资料而设置的,按时间顺序登记原始记录的一种账册。它是从原始记录到统计报表的中间环节。如工业企业统计台账有产品产量台账、半成品台账、设备利用台账等。

二、专门调查

专门调查主要有以下几种调查方式。

（一）普查

普查是为了某一特定目的而专门组织的一次性全面调查,如全国人口普查、农业普查、经济普查等。普查具有以下几个特点:

(1) 普查是一次性或周期性调查。普查涉及面广,调查内容多,工作量大,需要大量的人力、物力和财力才能完成,所以一般间隔若干年进行一次。

(2) 普查需要规定统一的标准调查时点。为了避免调查数据的重复或遗漏,普查一般需要规定统一的标准调查时间,一般定在调查对象比较集中,变动相对较小的时间上。

(3) 普查比其他调查方式所获得的资料更准确、更全面、更系统。

（二）抽样调查

抽样调查是一种非全面调查,是从总体中随机抽取一部分单位进行调查,根据这部分单位的调查结果推断总体数量特征的一种调查方法。

抽样调查在社会经济生活中被广泛应用,对于需要了解总体情况,但在实际上不可能或时间、人力、物力等方面不允许进行全面调查的情况下,都可采用抽样调查的方法。

抽样调查方法在本教材中由专门的模块描述,故此不再赘述。

（三）重点调查

重点调查是一种非全面调查,是在调查研究总体的全部单位中,选择少数重点单位进行调查,以了解总体的基本情况的一种调查方式。

凡是在统计研究的对象中,存在重点单位,同时统计研究的目的又只需要大致了解统计总体的基本情况时,就可采用重点调查。如选取东北和甘肃、陕西等几个重点粮食生产基地进行调查,就可获得我国粮食生产的基本情况。

重点单位的选择一般应尽可能少,但这些重点单位的标志值在总体标志总量中所占比重应尽可能大。

（四）典型调查

典型调查是一种非全面调查,是从统计研究总体的全部单位中选取一个或几个具有代表性的单位进行全面深入的调查,以了解总体的本质规律性的一种调查方式。

凡在统计研究的总体中,存在具有较大代表性的典型单位,希望达到以点带面,那么均可采用典型调查方式。例如,要研究某地区的国有企业的经济效益问题,可以在该地区选择一个或几个经济效益突出的国有企业作为典型单位进行调查,总结经济效益好的原因和经验,并加以推广。

知识拓展

我国常见的统计调查

1. 人口普查：人口普查是国家定期举行的重要活动，每十年进行一次，旨在全面、准确地掌握全国人口的基本情况。这一调查涉及人口数量、结构、分布以及变化等多个方面，为政府制定人口政策、经济社会发展规划提供基础数据。在普查过程中，普查员会逐户逐人登记，确保数据的准确性和完整性。同时，政府也高度重视数据的保密工作，确保个人隐私不受侵犯。最近一次全国人口普查于2020年进行，其结果对于了解我国人口现状、预测未来发展趋势具有重要意义。

2. 农业普查：农业普查是一项重大的国情国力调查，每十年在6的年份进行。它旨在全面了解我国农业、农村和农民的基本情况，包括农业生产经营单位、农业生产、土地利用、农村劳动力及就业、农村基础设施和农民生活状况等方面。通过普查，政府可以更加准确地把握农业发展趋势，为制定农业政策和发展规划提供科学依据。同时，现代农业普查还采用了遥感技术、手持移动终端等创新手段，提高了普查的效率和准确性。

3. 经济普查：经济普查是国家对经济状况进行全面调查的重要手段，每10年进行两次，分别在逢3和逢8的年份实施。它涵盖了个人、家庭、企业、机构等所有经济活动的主体，通过普查可以了解国家的主要经济指标，如GDP、人口结构、就业状况、收入分配等。经济普查的结果为政府制定和调整经济政策、优化资源配置提供了重要的参考依据。同时，它也有助于推动经济持续健康发展，提高决策和管理水平。

第七次全国人口普查方案

【任务实施】

统计调查方案设计案例

本部分内容沿用开篇案例导入中A汽车公司市场部小张撰写汽车行业发展状况的调查方案的工作展开，小张在同事们的帮助下，最终优秀地完成了领导交代的任务，现在我们来看看他的工作成果吧！

汽车行业发展状况调查方案

一、调查目的和任务

本次调查旨在全面了解汽车行业的发展状况，包括市场规模、消费者需求、技术发展、竞争格局等方面，为汽车企业、政策制定者及投资者提供决策参考。具体任务包括收集和分析相关数据，揭示行业发展现状、趋势和问题，提出针对性建议。

二、调查对象和调查单位

1. 调查对象

本次调查的对象包括汽车生产企业、汽车销售商、消费者、行业专家及相关政府部门。

2. 调查单位

根据调查目的和任务，调查单位分为以下几类：

（1）汽车生产企业：包括国内外主要汽车制造商及其分支机构；

（2）汽车销售商：包括汽车4S店、二手车市场等销售渠道；

（3）消费者：包括有购车需求的个人和企事业单位；

（4）行业专家：包括汽车行业的学者、研究员、分析师等；

（5）政府部门：包括与汽车行业发展相关的政府机构和部门。

三、调查项目和调查表

1. 调查项目

根据调查目的和任务,本次调查将涉及以下项目:

(1)汽车市场规模及增长率;

(2)消费者购车需求及偏好;

(3)新能源汽车发展状况;

(4)智能驾驶技术研发及应用情况;

(5)汽车企业竞争格局及市场份额;

(6)政策环境对汽车行业发展的影响等。

2. 调查表

为便于数据收集和处理,将设计统一的调查表,包括问卷、访谈提纲等。调查表将针对不同调查对象设计不同的问题和选项,以确保数据的准确性和有效性。

四、调查时间和调查时限

1. 调查时间

本次调查将于××××年××月开始,预计持续××个月。

2. 调查时限

为确保调查结果的时效性和准确性,各调查单位需在规定时间内完成调查表的填写和提交。如有特殊情况需延长时限,需提前向调查组织方申请并获批准。

五、调查工作的组织实施计划

1. 成立调查小组

由调查组织方组建专业的调查小组,负责调查方案的制定、调查表的设计、数据收集和分析等工作。

2. 宣传动员

通过媒体、网络等渠道,向调查对象宣传本次调查的目的和意义,提高调查对象的参与度和配合度。

3. 数据收集

采用问卷调查、访谈、实地考察等多种方式,收集调查对象的意见和数据。

4. 数据处理与分析

对收集到的数据进行清洗、整理和分析,形成调查报告和结论。

5. 成果发布

将调查报告和结论以适当的方式向相关企业和政策制定者发布,为决策提供参考。

六、注意事项

(1)在调查过程中,应确保调查对象的隐私和信息安全,不得泄露其个人信息和敏感数据。

(2)调查过程中,应尊重调查对象的意愿,不得强制其参与调查或填写调查表。

(3)在数据处理和分析过程中,应保证数据的准确性和客观性,避免主观臆断和偏见。

(4)通过本次调查方案的实施,我们将全面了解汽车行业的发展状况,为企业提供有力的决策支持,推动汽车行业的持续健康发展。

【项目小结】

本章主要内容包括:统计数据收集的种类和方法,统计调查方案的设计以及统计调查的组织形式。在学习本章内容的过程中，需要着重把握以下知识点：

1. 统计数据收集的种类和方法

统计数据种类主要有原始资料（一手数据）和次级资料（二手数据）两种。

统计调查的方法，可以从不同的角度，按不同的标准进行分类。按调查对象所包括的范围不同，分为全面调查和非全面调查。按调查登记时间是否连续，分为经常性调查和一次性调查。按调查的组织方式不同，分为统计报表制度和专门调查。按搜集资料的方法不同，分为直接观察法、报告法、采访法、问卷法和网络调查法。

2. 统计调查方案的设计

统计调查方案应确定的主要内容有：调查目的和任务、调查对象和调查单位、调查项目和调查表、调查时间和调查时限，以及调查工作的组织实施计划。

3. 统计调查的组织形式

统计调查的组织形式主要分为统计报表和专门调查两类。

【知识巩固】

一、单项选择题

1. 以下选项中不是统计调查的基本任务的是（ ）。
   A. 收集数据　　　　B. 分析数据　　　　C. 解释数据　　　　D. 预测数据

2. 在进行统计调查时，（ ）环节不属于调查过程。
   A. 设计调查方案　　B. 实施调查　　　　C. 数据分析　　　　D. 调查报告撰写

3. 适用于对全国人口进行普查的调查方式是（ ）。
   A. 全面调查　　　　B. 抽样调查　　　　C. 重点调查　　　　D. 典型调查

4. 在统计调查中，调查单位是指（ ）。
   A. 调查对象的一个具体个体　　　　　　B. 负责实施调查的组织或个人
   C. 进行调查的地点　　　　　　　　　　D. 调查问卷上的一个问题

5. 在进行统计调查时，（ ）可能导致调查结果失真。
   A. 调查对象不真实回答问题　　　　　　B. 调查员在调查过程中作弊
   C. 数据录入错误　　　　　　　　　　　D. 以上都对

6. 在进行统计调查时，（ ）环节最重要。
   A. 设计调查方案　　B. 实施调查　　　　C. 数据分析　　　　D. 调查报告撰写

7. 为了了解学生对学校伙食的态度，学校选择了10个班级进行调查，这种调查方式是（ ）。
   A. 全面调查　　　　B. 抽样调查　　　　C. 重点调查　　　　D. 典型调查

8. 在第七次人口普查中，每个中国公民是（ ）。
   A. 调查对象　　　　B. 调查单位　　　　C. 填报单位　　　　D. 调查目的

二、多项选择题

1. 在进行统计调查时，（ ）会影响数据的准确性。
   A. 调查对象的选择　　　　　　　　　　B. 调查问卷的设计
   C. 调查者的主观判断　　　　　　　　　D. 调查时间的选择

2. 统计调查的组织形式有（ ）。

A. 抽样调查　　　　B. 重点调查　　　　C. 典型调查　　　　D. 普查
3. 在设计调查问卷时,需要遵循的原则有(　　)。
A. 简洁明了　　　　　　　　　　　　B. 主观性强
C. 问题具有针对性　　　　　　　　　D. 问题具有逻辑性
4. 影响统计调查效果的因素有(　　)。
A. 调查者的态度　　　　　　　　　　B. 调查对象的配合程度
C. 调查方法的选择　　　　　　　　　D. 调查经费的多少
5. 统计调查的基本步骤包括(　　)。
A. 明确调查目的　　　　　　　　　　B. 设计调查问卷
C. 选择调查对象　　　　　　　　　　D. 数据分析与解释
6. 在进行统计调查时,(　　)有助于提高数据的可靠性。
A. 增加样本量　　　　　　　　　　　B. 严格控制调查过程
C. 采用匿名调查方式　　　　　　　　D. 随意选择调查对象
7. 属于统计调查中的抽样方法的有(　　)。
A. 简单随机抽样　　B. 分层抽样　　　C. 整群抽样　　　　D. 观察法
8. 可以帮助减少统计调查中的误差的措施有(　　)。
A. 提高调查者的专业水平　　　　　　B. 增加调查的次数
C. 采用更精确的测量工具　　　　　　D. 随意选择调查对象

三、判断题

1. 抽样调查可以完全替代全面调查。　　　　　　　　　　　　　　　　(　　)
2. 统计数据整理的核心是复核和制作统计图表。　　　　　　　　　　　(　　)
3. 对连续大量生产某种小零食的企业进行产品质量检验,最恰当的调查方式是抽样调查。
　　　　　　　　　　　　　　　　　　　　　　　　　　　　　　　　(　　)
4. 在进行统计调查时,选择调查对象时应该尽量避免偏见和主观性。　　(　　)
5. 在进行统计调查时,调查者的态度对调查结果没有影响。　　　　　　(　　)
6. 随机抽样是一种概率抽样方法,每个样本被选中的概率是相等的。　　(　　)
7. 统计调查只能用于描述社会现象,不能用于预测未来。　　　　　　　(　　)
8. 统计调查的目的只是为了收集数据,不需要对数据进行解释和分析。　(　　)

【技能强化】

设计调查方案

一、实训目标

通过实训,使学生掌握统计数据搜集的概念、方法和种类,能够设计一份完整的调查方案,并能开展一次问卷调查。

二、实训内容

可以选取大学生感兴趣的问题,如:大学生上网情况,大学生消费情况,大学食堂的满意度等,设计一份调查方案,并做一次问卷调查。

三、实训要求

全班按6~8人划分学习小组,小组成员进行角色分工及工作分工,讨论分析明确本次统计的目的和对象,完成该项统计工作。

四、实训评价

每个小组形成一份实训报告并进行汇报交流,通过自评、互评和教师评价综合评定成绩。

【素养提升】

统计调查的诚信原则与责任意识

目标:了解统计调查最根本的素质要求,帮助我们树立对数据负责任的态度。

要求:(1)阅读以下材料。

某公司职员小赵在进行统计调查过程中,随意捏造数据,你觉得这种行为是否正确?

在统计学的世界里,数据是语言,是决策的依据,也是社会进步的阶梯。但数据的背后,隐藏着更为重要的东西,那就是统计人员的诚信与责任。我们不仅要学习统计调查的种类、方法和组织形式,更要深入理解在这一过程中,我们如何坚守诚信,如何承担起为社会提供真实、准确数据的责任。

一、统计数据收集的种类与方法:诚信的基石

在收集数据时,我们面对的是大量的信息,其中有真实的,也有虚假的。这就需要我们秉持诚信的原则,选择正确、合理的数据收集方法,如问卷调查、观察法、实验法等。这些方法的选择,不仅关系到数据的准确性,更关系到我们是否能够真实地反映社会现象,为决策提供有力的支持。

二、统计调查方案的设计:责任的体现

设计统计调查方案时,我们需要充分考虑调查的目的、对象、内容和方法。这不仅要求我们具备扎实的专业知识,更要求我们有高度的责任心。因为一个好的调查方案,能够确保数据的真实性和有效性,为社会进步提供有力的支撑。

三、统计调查的组织形式:诚信与责任的融合

统计调查的组织形式多种多样,如官方调查、民间调查、抽样调查等。无论哪种形式,都需要我们坚守诚信,承担起为社会提供真实、准确数据的责任。我们应该明确调查的目的,选择合适的调查对象和方法,确保数据的真实性和有效性。

在学习中,我们不仅要掌握统计调查的基本知识,更要深入理解诚信与责任在统计调查中的重要作用。因为只有在诚信和责任的基础上,我们才能为社会提供真实、准确的数据,为社会的进步和发展做出应有的贡献。

(2)课堂讨论:从该案例中,你对统计学有了怎样不一样的认知?

启示:

统计调查不仅仅是数据的收集和处理,更是诚信与责任的体现。作为未来的统计工作者,我们应该时刻牢记诚信与责任的重要性,用我们的专业知识和技能,为社会提供真实、准确的数据,为社会的进步和发展贡献自己的力量。

【拓展视野】

利用 RPA 批量收集数据

案例描述:

企业在进行数据分析前,首要任务就是获取数据。如果要获取网上大批量的数据,一般是通过手动下载的方式。但是并非所有网站都提供下载按钮,如果进行手动复制显然是非常低效乏味的,这样的工作非常适合让 RPA 机器人来完成。

视频讲解

RPA 是机器人流程自动化（robotic process automation）的简称，是一种使用软件机器人来自动化高频率的、重复性的业务流程的技术。市面上有多款常用的 RPA 的开发工具，本案例中我们使用 Uipath 工具完成机器人的开发。

现在我们就来设计一个"RPA 数据抓取机器人"帮助企业获取一个行业板块数据。

任务要求：

1. 机器人先接收要获取的行业板块名称；

2. 进入东方财富网，在网页中输入该行业板块名称，获取该行业板块的数据，并将数据保存到 Excel 文件中；

3. 把完成的 RPA 数据抓取机器人在本地进行发布。

流程梳理：

在实务中，用户需打开浏览器，输入行业板块名称进行搜索，将获取到的行业板块数据进行手动下载。因此，根据业务的关联程度以及技术实现的难易程度，可把抓取招聘信息机器人的主流程拆分为五个子流程：添加【输入对话框】活动、添加【打开浏览器】活动、数据抓取、将抓取的数据写入 Excel 文件、调试机器人流程。流程图如图 2—1 所示。

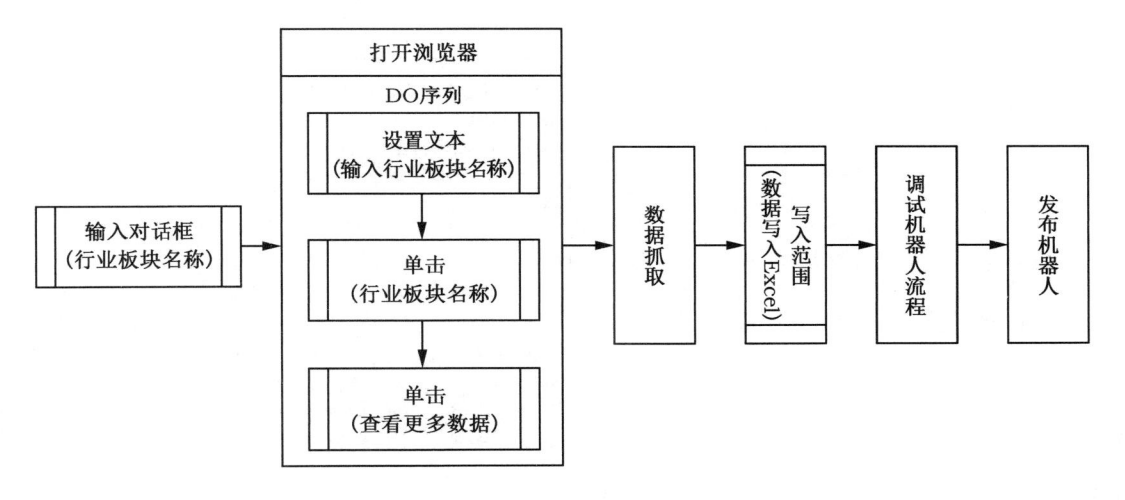

图 2—1　流程梳理

详细步骤：

步骤图片	步骤讲解
一、添加【输入对话框】活动	
	在序列内添加一个【输入对话框】活动，输入对话框标题为"RPA 数据抓取机器人"，输入标签为"请输入需要获取数据的行业板块名称"。在该活动属性面板的输出结果处创建变量 name，此变量用于接收输入的行业板块名称。此步骤功能是在执行该机器人时，告诉机器人要获取哪个行业板块数据。

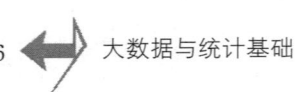

步骤图片	步骤讲解
二、添加【打开浏览器】活动	
（打开浏览器："https://www.eastmoney.com/"，Do）	①添加一个【打开浏览器】活动，输入网址为"https://www.eastmoney.com/"，更改浏览器类型为谷歌浏览器。此步骤功能使机器人模拟用户打开东方财富网。
（设置文本（行业板块名称）：富网ey.com合网站，输入股票代码、名称、简拼*，name）	②在 Do 序列内添加【设置文本】活动，并修改该活动名称为"设置文本（行业板块名称）"。单击该活动的"指出浏览器中的元素"，并在东方财富网主页中拾取搜索框元素，输入文本为变量 name，即将保存在 name 变量中的值赋值给此搜索文本框，以支持后续搜索活动的进行。此步骤是令机器人模拟用户操作将行业板块名称输入搜索框内。（注意：设计流程时需要手动导航到相应网页，以支持 UiPath 在网页中拾取操作对象。从②到④的流程设计中，采用的是在东方财富网主页中搜索"酿酒行业"为流程设计进行导航）
（单击（行业板块名称）：Ⅱ牙 BK0477 酿酒行业 NJHY）	③继续在 Do 序列内添加【单击】活动，并修改该活动名称为"单击（行业板块名称）"。单击该活动的"指出浏览器中的元素"，拾取下拉框中行业板块名称。接着，打开编辑选择器，将动态属性值使用变量 name 替换。此步骤的功能是令机器人模拟用户单击行业板块名称的操作。
（单击（查看更多数据）：点击查看更多数据》）	④继续在 Do 序列内添加【单击】活动，并修改该活动名称为"单击（查看更多数据）"。单击该活动的"指出浏览器中的元素"，用鼠标拾取"点击查看更多数据"。接着，打开编辑选择器，将 title 中的动态属性值使用通配符 * 替换。此步骤功能是令机器人模拟用户单击查看更多数据的操作。
三、数据抓取	
（提取向导-预览数据表格）	①单击 UiPath"设计"功能区中的【数据抓取】功能按钮，弹出"提取向导"对话框，单击其中的"下一步"按钮，准备选取要抓取的数据区域。接着用鼠标单击行业板块数据表的第一个数据单元，即所选数据区域的第一个字段。 ②由于上一步单击鼠标拾取的第一个字段是表格中的一个单元，故向导接着自动弹出一个"提取表"对话框，询问"您已经选择了一个表格单元，是否从整个表格中提取数据？"，单击"是"即可自动获取该表格中的其他数据。 ③接下来，"提取向导"给出了所抓取数据的预览界面，在此界面可以设置所要抓取的数据条数，如果要获取该页面的所有数据，可在"最大结果条数"处输入 0（0 代表全部数据），单击【完成】按钮完成当前网页数据的抓取。

续表

步骤图片	步骤讲解
四、将抓取的数据写入 Excel 文件	
（写入范围： "行业板块数据.xlsx" "Sheet1"　"A1" ExtractDataTable）	继续在序列内添加一个【系统】—【文件】—【工作簿】类别下的【写入范围】活动，文件路径为"行业板块数据.xlsx"，写入数据为数据表变量 ExtractDataTable。注意该活动属性面板的"添加标头"选项要打勾，否则写入 Excel 文件中的数据不会添加列名。此步骤的功能是令机器人将抓取的行业板块数据写入"行业板块数据.xlsx"文件的 Sheet1 工作表的从 A1 开始的一片区域内。
五、调试机器人流程	
（Excel 表格截图）	流程设计完成后，单击"设计"功能区中的"调试文件"，启动流程调试，流程执行结束后，在"RPA 数据抓取机器人"项目文件夹下打开"行业板块数据.xlsx"文件，会看到从网上抓取的数据已写入 Excel 表中。

项目三　统计整理

【知识结构图】

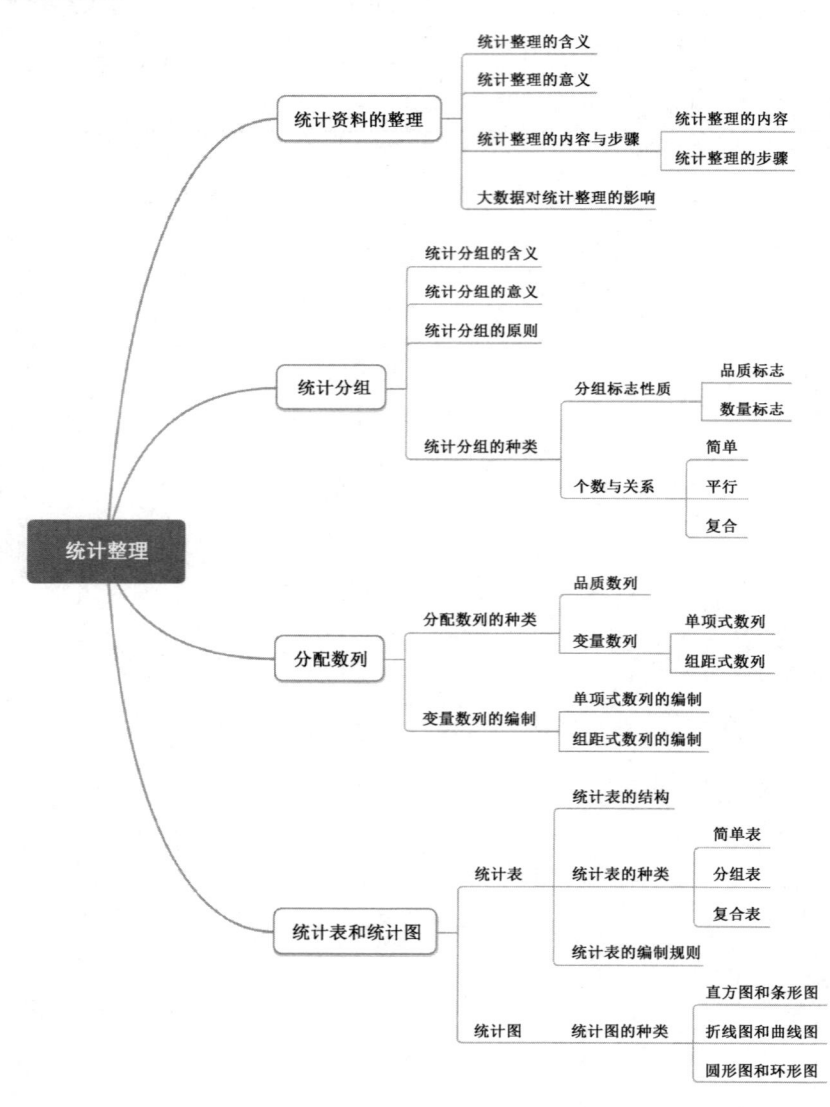

```
                            ┌─ 统计整理的含义
                            ├─ 统计整理的意义
               统计资料的整理─┤                        ┌─ 统计整理的内容
                            ├─ 统计整理的内容与步骤───┤
                            │                        └─ 统计整理的步骤
                            └─ 大数据对统计整理的影响

                      ┌─ 统计分组的含义
                      ├─ 统计分组的意义
                      ├─ 统计分组的原则
               统计分组─┤                    ┌─ 分组标志性质 ┬─ 品质标志
                      │                    │              └─ 数量标志
                      └─ 统计分组的种类─────┤              ┌─ 简单
                                           └─ 个数与关系 ┼─ 平行
统计整理 ─┤                                              └─ 复合

                                        ┌─ 品质数列
                      ┌─ 分配数列的种类─┤              ┌─ 单项式数列
               分配数列─┤                └─ 变量数列 ──┤
                      │                                └─ 组距式数列
                      └─ 变量数列的编制 ┬─ 单项式数列的编制
                                       └─ 组距式数列的编制

                                    ┌─ 统计表的结构
                                    │                   ┌─ 简单表
                            统计表 ─┼─ 统计表的种类 ───┼─ 分组表
               统计表和统计图─┤      │                   └─ 复合表
                            │      └─ 统计表的编制规则
                            │                           ┌─ 直方图和条形图
                            └─ 统计图 ─── 统计图的种类 ─┼─ 折线图和曲线图
                                                        └─ 圆形图和环形图
```

【学习目标】

知识目标

1. 了解统计整理的含义、意义和内容；
2. 了解大数据对统计整理的影响；
3. 掌握统计分组的种类；
4. 熟悉变量数列的编制方法；
5. 掌握统计表的结构和统计图的种类。

能力目标

1. 具有对不同的社会经济现象进行统计分组的能力；
2. 具有编制统计分布数列的能力；
3. 能够应用 Excel 工具编制频数分布数列；
4. 能够借助 Excel 工具汇总统计资料并绘制统计图表。

素养目标

1. 能够应用唯物主义世界观,实事求是地对待客观数据；
2. 能够应用信息技术处理不同类型数据；
3. 能够团队合作完成数据整理工作。

【案例导入】

近日,A 汽车公司的行政人员小红需要对下属车间工人年龄、学历、职称等情况进行统计,为公司领导对员工的培养、晋升提供参考。同时,为了增强职工之间的凝聚力,A 公司开展了一场趣味运动会,小红需要将趣味运动会得分整理成表格并按照得分排序,为奖品采购提供依据。表 3—1 为以上信息的初始表格。

表 3—1　　　　A 汽车公司下属车间工人年龄、学历、职称、趣味运动会得分信息

序号	姓名	年龄	学历	职称	得分
1	张伟	28	大专	初级	65
2	李婷	32	本科	初级	82
3	王磊	26	高中	初级	75
4	刘洋	29	技校	初级	60
5	陈芳	30	大专	初级	90
6	赵刚	31	本科	初级	100
7	郭丽	27	高中	初级	68
8	黄明	25	技校	初级	78
9	韩强	24	大专	初级	83
10	林华	23	本科	初级	84
11	程浩	35	高中	初级	51

续表

序号	姓名	年龄	学历	职称	得分
12	高杰	34	技校	初级	86
13	王建国	38	大专	中级	87
14	赵志强	40	本科	中级	72
15	孙志勇	32	高中	中级	75
16	周晓明	29	技校	中级	76
17	吴海涛	37	大专	中级	94
18	郑丽丽	24	本科	中级	82
19	陈志军	36	高中	中级	83
20	刘志伟	30	技校	中级	86
21	高峰	42	大专	中级	81
22	黄建国	27	本科	中级	89
23	马文强	45	高中	中级	78
24	胡志强	34	技校	中级	85
25	郭晓华	25	大专	中级	74
26	林志远	39	本科	中级	79
27	罗志强	23	高中	中级	63
28	何伟强	31	技校	中级	99
29	谢明	37	大专	中级	65
30	吕晓华	41	本科	中级	77
31	张志勇	33	高中	中级	74
32	李晓伟	35	技校	中级	77
33	王晓军	26	大专	中级	80
34	赵文强	28	本科	中级	85
35	孙海涛	43	高中	中级	95
36	周志伟	30	技校	中级	76
37	吴丽丽	29	大专	中级	84
38	郑志勇	40	本科	中级	68
39	陈文强	27	高中	中级	53
40	刘晓华	32	技校	中级	52
41	高建明	38	大专	高级	84
42	黄志勇	40	本科	高级	89
43	马晓华	26	高中	高级	75
44	胡文强	34	技校	高级	80

续表

序号	姓名	年龄	学历	职称	得分
45	郭志明	42	大专	高级	69
46	林志强	25	本科	高级	89
47	罗志勇	31	高中	高级	88
48	何建华	36	技校	高级	100
49	谢志伟	41	大专	高级	75
50	吕文强	37	本科	高级	86

任务发布：在现实生活中有很多数据，如何将这些数据分门别类并清晰地呈现出来？如何根据数据类型选择合适的图表？本项目将介绍统计整理的方法，并教会大家如何正确呈现相应的数据。

任务一　统计资料的整理

一、统计整理的含义

统计整理就是根据统计研究目的和任务的要求，对统计调查所搜集到的原始资料进行分组、汇总，使其条理化、系统化，从而得到表现总体特征的综合统计资料的工作过程。对于已整理过的初级资料进行再整理，也属于统计整理。

二、统计整理的意义

统计调查取得的是总体各单位的原始资料，是分散的、不系统的感性材料，只能表明各个被调查单位的具体情况，反映事物的表面现象或一个侧面，不能说明事物的总体情况与全貌。因此，只有对这些资料进行加工、整理，才能认识事物的总体及其内部联系。例如工业企业普查中，所调查的每个工业企业资料，只能说明每个工业企业的经济类型、注册资本、职工人数、工业总产值、工业增加值、实现利税等具体情况。因此，必须通过对所有资料进行分组、汇总等加工处理后，才能得到全国工业企业的综合情况，从而分析工业企业的构成、经营状况等，达到对全国工业企业的全面、系统的认识。

统计整理是统计调查的继续，也是统计分析的前提，它在统计研究中起着承前启后的作用。因此，资料整理得是否正确，直接决定着整个统计研究任务的完成。不恰当的加工处理，不完善的整理方法，往往使调查得来的丰富、完备的资料失去价值。因此，必须十分重视统计整理工作。

三、统计整理的内容与步骤

（一）统计整理的内容

统计整理内容主要有以下几个方面：

(1)根据研究任务的要求，选择应整理的指标，并根据分析的需要确定具体的分组。

(2)对统计资料进行汇总、计算。

(3)通过统计表描述汇总结果。在统计整理中,抓住最基本的、最能说明问题本质特征的统计分组和统计指标对统计资料进行加工整理,这是进行统计整理必须遵循的原则。

(二)统计整理的步骤

统计整理既有理论性的问题,又有综合汇总的技术问题,是一项细致的工作。为保证统计整理有计划、有组织的进行,统计资料通常按以下步骤进行。

1. 设计整理方案

整理方案与调查方案应紧密衔接。整理方案中的指标体系与调查项目要一致,或者是其中的一部分,绝不能矛盾、脱节或超越调查项目的范围。整理方案是否科学,对于统计整理乃至统计分析的质量都至关重要。

2. 对调查资料的审核

为了确保统计工作的质量,在统计整理过程中首先要做好原始资料的审核工作,资料的审核是统计整理的前提,主要包括以下几点:

(1)准确性审核。准确性审核主要包括两种方法:计算检查和逻辑检查。计算检查就是审核资料的统计口径和范围、计算方法和计量单位等是否符合要求,计算结果是否准确,是否符合实际情况。逻辑检查就是从理论上或根据常识来判断调查资料内容是否合情合理,各个项目之间是否有矛盾等。如在人口调查表中,"与户主关系"一栏中填"父子",而在"性别"一栏中却填"女",这其中必有一栏填错了。

(2)完整性审核。完整性审核就是审核调查中应调查的单位是否有遗漏或重复,调查表中应填的项目是否填写齐全等。如果调查单位不全,调查项目缺报,据此整理出的资料就会不正确。

(3)及时性审核。及时性审核就是审核资料是否按规定的时间上报,如果迟报,则需要分析迟报的原因。

3. 统计分组

只有进行统计分组和依据相应的统计指标对统计资料进行加工整理,才能对被研究的社会经济现象进行准确的数量描述和数量分析。因此,统计分组是统计整理的基础,是统计整理的关键环节。统计分组科学与否直接影响到统计整理工作的质量。

4. 统计汇总

统计汇总是选择适当的汇总组织形式和技术方法,按分组要求对原始资料进行汇总,计算各组及总体单位数和标志总量。统计汇总是统计整理的中心内容。

5. 编制统计表和统计图

编制统计表和统计图是指以简明扼要的表格和图形形式表示统计汇总的结果,反映社会经济现象在数量方面的具体表现和有关联系。统计表和统计图是统计整理的结果。

6. 统计资料的保管与积累

统计资料通过上面的步骤已经形成相应的结果,这些数据为下一步的统计分析提供帮助,更多的时候这些数据对其他的统计研究具有一定的意义。例如,农业普查,必须对这些统计资料进行妥善保存,形成系统积累。

四、大数据对统计整理的影响

大数据对统计整理的影响主要体现在以下几个方面:首先,大数据提供了丰富的数据源,使得统计整理能够覆盖更广泛的领域和更细致的层面；其次，大数据的实时更新特性使得统计结果能够更快速地反映现实情况，为决策提供及时的数据支持；再次，大数据的多样性和复杂性促使统计整理方法不断创新，提高了数据处理的效率和准确性；最后，大数据的广泛应用推动了统计学科与其他学科的交叉融合，促进了统计学的理论创新和实践应用。在本章最后的拓展视野部分，为同学们介绍了"Python 在数据整理方面的应用"案例，正是大数据技术对数据进行整理的典型案例。

任务二　统计分组

统计研究的目的，在于反映所研究总体的状况和特征。统计为了认识总体，不仅要研究总体的一般特征，还需要对总体内所有单位在质量与数量上存在的差异进行分析。统计分组就是基于这种需要而产生的。

一、统计分组的含义

统计分组就是根据统计研究的需要，按照一定的标志，将统计总体划分为若干个组成部分的一种统计方法。总体的这些组成部分，称为"组"。也就是大总体中的小总体。通过统计分组，使同一组内的各单位在分组标志上的性质相同，不同组之间的性质相异。例如，在我国人口普查中，作为个体的每个人，在年龄、性别、民族、文化程度以及住址等诸多调查标志上不完全相同，为反映我国人口总体内部的差异，就需要按照不同的标志进行分组，如性别可分为男、女两组，按年龄、民族可分为若干组等。

二、统计分组的意义

统计分组实质上是对统计总体内部进行结构分类。它是统计特有的方法，在统计工作中发挥着重要作用。只有对总体进行科学分组，才能对社会经济现象进行分门别类的研究，通过对现象各个局部的了解，可以更加深刻地认识事物的本质。对于统计总体中的各个单位，一方面，在某一个或几个标志上具有相同的性质，可以被结合在同一性质的总体中；另一方面，又在其他标志上具有彼此相异的性质，从而又可以被区分为性质不同的若干个组成部分。例如，在全部国有工业企业这个总体中，我们可以按照企业生产规模将企业划分为大型企业、中型企业和小型企业三个组，每一组内各企业规模相同，而组与组之间的企业规模不同。

三、统计分组的原则

在统计分组中，必须遵循两大原则：完备原则和互斥原则。完备原则是指要使总体中的每一个单位都应有组可归，或者说每个分组的空间能够容纳所有的总体单位。例如，我们将从业人员按文化程度分组时，分为高等教育、中等教育和初级教育三组，那么，那些文盲的人就无组可归，所以在按这个标志分组时须加入"文盲"这一组。互斥原则是指在一定的分组标志下，总体中的一个单位只能归属于某一组，不能同时归属于几个组。例如，商场把服装分为男装、女装和童装三类，这不符合互斥原则，因为童装也有男装、女装之分。如先把服装分为成人和儿童两类，然后每类再分为男装、女装两组，这就符合互斥原则了。

四、统计分组的种类

(一)根据分组标志的性质不同,分为品质标志分组和数量标志分组

1. 品质标志分组

品质标志分组就是根据统计研究的目的,选择反映事物性质、属性差异的品质标志作为分组标志,在品质标志变异的范围内划定各组的界限,将总体区分为若干个性质不同的部分或组。如人口总体按性别、民族、文化程度分组,企业按所有制形式分组等。

2. 数量标志分组

数量标志分组就是根据统计研究的目的,选择反映事物数量差异的数量标志作为分组标志,在数量标志变异范围内划定各组的数量界限,将总体划分为性质不同的若干部分或组。如人口按年龄分组,企业按产值分组等。

可变的数量标志具体表现就是许多不等的变量值。在少数情况下根据变量值的大小不等来确定分组的数量界限是比较容易的,如家庭按家庭人口数分组,工人按日产量分组,学生按成绩分组等。而在多数情况下,按数量标志分组的分组界限往往不易确定,要使分组的数量界限能够确切地反映各组的差别比较困难,即使同一资料,也会产生多种分组形式。因此,对于数量标志分组,应当根据统计研究目的,选定数量标志,进行科学分析,先确定总体有多少种性质不同的组别,然后按实际情况研究确定各组之间的数量界限。

总之,按数量标志进行分组,要从各组的量的变化中研究,确定各组的质的特征,其中涉及变量的类型、变量值的多少、变化范围大小等问题,以及如何相应地确定组数、组距和组限等问题。

(二)根据分组标志的个数以及分组之间的关系不同,分为简单分组、平行分组和复合分组

1. 简单分组

简单分组是指按一个标志进行分组,只反映总体某一方面的数量状况和结构特征,比如职工按年龄分组、企业按经济类型分组等。简单分组的划分比较简单、方便,但只能反映现象在某一标志特征方面的差异,而不能反映现象在其他标志方面的差异。

2. 平行分组

平行分组是对同一总体选择两个或两个以上的标志分别进行简单分组形成的分组体系,平行分组中每一个分组只能反映各总体单位在一个标志上的差异,所有分组都是独立进行的,各分组之间是平行并列的关系。例如,对人口按年龄、性别和文化程度分组形成的平行分组体系。

3. 复合分组

复合分组是指按两个或两个以上的标志重叠分组形成的分组体系,即先按一个主体标志分组,然后再按另一个从属标志在已分好的各组中再分组。复合分组应根据统计分析的要求,在选择分组标志的同时,确定它们的主次顺序。首先要按照主要标志对总体单位进行第一次分组,然后按次要标志在第一次分组的基础上进行第二次分组,依次按所有标志至最后一层为止。复合分组能对总体作出更加深入的分析,反映其内部类型和结构特征。但复合分组的组数将随着分组标志个数的增加而成倍地增加。因此,在进行复合分组时,分组标志个数不宜过多,要适当加以控制。例如,对某高校在校学生按学科、学历和性别分组形成的复合分组体系。

任务三　分配数列

一、分配数列的种类

分配数列是将总体按某一标志进行分组，并按一定顺序排列出每组的总体单位数，用来反映总体单位在各组中的分布状况的数列，又称为分布数列。在分配数列中，分布在各组的总体单位数叫作次数，又称频数，用 f 表示。各组单位数与总体单位数之比称为比重，又称频率，用 $\dfrac{f}{\sum f}$ 表示。由此可见，分配数列有两个组成要素：一个是分组，另一个是次数或频率。任何一个频率的分布都必须满足：各组的频率≥0 和各组的频率总和＝1（或 100%）两个条件。

分配数列是统计整理的结果，是进行统计描述和统计分析的基础，它可以表明总体分布特征及内部结构情况，并可据此研究总体单位某一标志的平均水平及其变动的规律性。分配数列根据分组标志的性质不同，可以分为品质数列和变量数列。

（一）品质数列

品质数列是按品质标志分组形成的分组的分配数列，用来观察总体单位中不同属性的单位的分布情况。例如，我国历次的人口普查中，全国人口按民族、性别、户口所在地等分组形成的数列都属于品质数列。如表 3—2 就是人口按性别分组形成的品质数列。

表 3—2　　　　　　　　2022 年我国人口性别构成情况

人口按性别分组	人口数 f（万人）	比重 $\dfrac{f}{\sum f}$（%）
男	72 206	51.15
女	68 969	48.85
合　计	141 175	100

资料来源：2022 年国民经济运行情况新闻发布会。

品质数列的编制比较简单，但要注意在分组时，应包括分组标志的所有表现，不能有遗漏，各种表现要互相独立，不得相融。

（二）变量数列

变量数列是按数量标志分组形成的分配数列，用来观察总体中不同变量值在各组的分布情况。如表 3—3 和表 3—4，变量分为离散型变量和连续型变量。在编制变量数列时，其方法是不同的。变量数列按各组表现形式不同又可分为单项式数列和组距式数列。

1.单项式数列

单项式数列是指数列中每组中的分组只用一个数值表示的变量数列，即一个变量值就代表一组。单项式数列一般在按离散型变量分组且变量值变动幅度小、个数不多时采用，如表 3—3 所示。

表3-3　　　　　　　　某小区500户家庭按家庭人口数分组情况

按家庭人口数分组(人)	家庭数 f(户)	比重 $\frac{f}{\sum f}$(%)
1	10	2
2	50	10
3	200	40
4	150	30
5	50	10
6 以上	40	8
合　计	500	100

2.组距式数列

组距式数列是指数列中每一组由两个变量值所确定的一个数值范围来表示的变量数列。在实际应用时,如按离散型变量分组且变量变动幅度很大、个数很多时采用;而按连续型变量分组时由于不能一一列举它的变量值,所以只能采用组距式数列,如表3-4所示。

表3-4　　　　　　　　某企业工人按月工资分组情况

按月工资分组(元)	工人数(人)	比重(%)
2 500 以下	50	10
2 500～3 000	125	25
3 000～3 500	225	45
3 500～4 000	75	15
4 000 以上	25	5
合　计	500	100

在组距式变量数列中,需要明确以下要素:

(1)组限。组距式变量数列中,各组的界限称为组限。如表3-4中的"2 500""3 000""3 500""4 000"均为各组的组限。组限分为上限和下限。下限是每组最小的标志值,上限是每组最大的标志值。如在"2 500～3 000"这一组中,2 500为该组的下限,3 000为该组的上限。如果该组的组限都齐全,称为闭口组;组限不齐全,即最小组缺下限或最大组缺上限的组,称为开口组。当变量出现极大值或极小值时,可采用开口组,即用"××以下"或"××以上"表示。如"2 500以下"和"4 000以上"这两组。

划分连续型变量的组限时,采用"重叠分组"和"上限不在内"的原则。即在划分相邻两组的组限时,前一组的上限与后一组的下限采用同一数字,而且将该数字归到其为下限的组中。

划分离散型变量的组限时,相邻的上下限应当间断,但在实际中为求简便也可采用"重叠分组"。

(2)组距。每组下限与上限之间的距离称为组距,即:

$$组距 = 上限 - 下限$$

按照每组的组距是否相等,组距式变量数列有等距数列和不等距数列两种。等距数列是指各组的组距都相等,适用于现象的变动比较均匀的情况。如某企业职工按收入水平分组、播种面积按单位农产品产量分组等。但在现象的变动不均匀或者为了特定的研究目的时,常常采用不等距数列。如人口的年龄分组常采用不等距分组。

(3)组数。组数是指某个变量数列共有多少组。在所有研究总体一定的情况下,组数的多少和组距的大小是紧密联系的。一般来说,组数和组距成反比例,即组数少,则组距大;组数多,则组距小。但如果组数太多,组距过小,会使分组资料烦琐,难以体现总体现象的特征和分布规律;如果组数太少,组距过大,可能会失去分组的意义,达不到正确反映客观事实的目的。因此,在确定组距和组数时,既要保证各组有足够的单位数,又要使得组数不多不少,准确地体现现象的分布特征。

(4)组中值。每组上限与下限之间的中点称为组中值。计算公式为:

$$组中值 = \frac{上限 + 下限}{2}$$

在开口组中计算组中值的公式:

$$缺下限组的组中值 = 该组上限 - \frac{相邻组组距}{2}$$

$$缺上限组的组中值 = 该组下限 + \frac{相邻组组距}{2}$$

组距式分组掩盖了各组标志值的分布情况。为了反映各组标志值的一般水平,通常用组中值作为各组的代表值。利用组中值的前提是:假定各组变量值的分布是均匀的或对称的。但在实际工作中大多数资料并非如此,因此,组中值作为各组的代表值只是一个近似值。

学中做

请计算表3—4中各组的组距、组数和组中值。

二、变量数列的编制

数列的编制首先应弄清变量的性质是离散变量还是连续变量。由于离散变量只表现为整数,可以一一列举,如果变量值的项数不多,可以采用单项式变量数列的形式编制;如果变量值的项数很多,可以采用组距式变量数列的形式编制。对于连续型变量,其变量值可表现为任何小数,无法一一列举,只能采用组距式的方法来编制。

(一)单项式数列的编制

单项式数列的编制步骤如下:

(1)将变量值由小到大依次排列;
(2)按变量值分组;
(3)整理各组出现的次数和计算频率;
(4)以表格形式表现出来,如表3—5所示。

表3—5　　　　　　　　　　某小区家庭面积分组情况

按家庭面积分组(平方米)	家庭数(户)	比重(%)
45	20	5.56
95	90	25.00

续表

按家庭面积分组(平方米)	家庭数(户)	比重(%)
112	130	36.10
145	100	27.78
173	20	5.56
合　计	360	100.0

(二)组距式数列的编制

离散型变量,若变动幅度较大,变量值的种类较多,则宜编制成组距式数列。由于连续型变量取值不能一一列举,只能编制成组距式数列。编制过程如下。

1. 数据排序

将原始数据按大小顺序排列,并确定最大值、最小值和全距。

2. 确定组距数列的类型

在组距分组时,如果各组的组距相等则称为等距分组。对于某些特殊现象或为了特定研究的需要,各组的组距也可以是不相等的,称为不等距分组。例如,对人口年龄的分组,可根据人口成长的生理特点分成 0～6 岁(婴幼儿组)、7～17 岁(少年儿童组)、18～35 岁(青年组)、36～60 岁(中年组)、60 岁以上(老年组)。

3. 确定组数和组距

组数的多少和组距的大小是相互制约的。组数越多,组距越小;组数越少,组距越大。等距数列组距＝全距/组数。确定组数和组距时,一般遵循以下几条原则:

(1)考虑到组距内的同质性;

(2)要能反映总体分布规律,即要体现原始数据分布的集中趋势或离中趋势;

(3)组距不能太大或太小,一般组数应在 5～7 组内,组距最好是 5 的整数倍数;

(4)在等距数列情况下,如果总体单位数不是很多,变量变动范围不是太大时,可用斯特吉斯经验公式计算出一个参考组距。公式为:

$$K = 1 + \frac{\lg n}{\lg 2}$$

式中,K 为组数,n 为总体单位数。

4. 确定组限

组距、组数确定后,需进一步确定组限。组限应根据变量的性质来确定,要有利于反映出总体各单位的实际分布特征,具体应考虑以下几个方面:第一,组限最好用整数表示,如果组距是 5,10,…,100,则每组的下限最好是它的倍数;第二,应使第一组下限略小于资料中的最小值,最末组上限略大于资料中的最大变量值;第三,对于连续型变量,应采用重叠组限,而对于离散型变量,两种方法都可以采用。

5. 计算频数和频率

在分组的基础上,从最小组起依次排列,并分别计算各组频数和其他有关指标,形成分组统计表。

6. 计算累计频数和累计频率

为了更详细地认识变量分布特征,我们常常还需要计算累计频数和累计频率,编制累计频

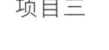

数数列和累计频率数列。

计算累计频数（累计频率）的方法有两种：一种叫向上累计，一种叫向下累计。所谓的上或下是以变量值小的组为下，变量值大的组为上。向上累计是从变量值最小一组的频数或频率起逐项累计，包括累计频数及频率，各累计数的意义是各组上限以下的累计频数或累计频率。当我们所关心的是标志值比较低的现象的次数分布情况时，通常采用向上累计，以表明在这些数值以下的单位数所占的比重。向下累计是从变量值最大一组的频数或频率起逐项累计，各累计数的意义是各组下限以上的累计频数和累计频率。当我们所关心的是标志值比较高的现象的次数分布情况时，通常采用向下累计，以表明在这些数值以上的单位数所占的比重。

学中做

A公司开展趣味运动会，某车间工人得分如下，要求编制变量数列。

65	82	75	60	90	100	68	78	83	84
81	89	76	85	74	79	63	99	56	77
74	77	80	86	95	76	84	68	63	52
84	89	75	80	69	89	88	97	76	86

第一步，输入数据。

将工人得分的原始数据输入Excel的单元格中A列（A2:A41）。

第二步，数据排列。

应用"开始"中的排序选项，找出数据中的最大值和最小值，计算全距，确定数据项数、组数、组距和组限，

全距＝A41－A2＝100－52＝48，数据项数40，可分5组，组距＝全距/组数＝48/5≈10，组限依次为60以下、60~70、70~80、80~90、90~100。

第三步，确定分段点。

分段点即为每组的上限，FREQUENCY函数要求按上限分组，其统计结果是包括上限不包括下限，为了与常用的分组办法协调，应处理为：以数组形式输入中间5个组限，且每个组限小一个单位，即输入"59、69、79、89、100"。

第四步，确定频数放置区域。

即选取结果存放的区域，本例中选取结果存放的单元格区域D3:D7，并同时将该区域全部选中。

第五步，计算频数。

从"公式"菜单中选择"插入"，在弹出的"插入函数"对话框中单击"选择类别"栏中的下拉箭头，选择"统计"，再在"选择函数"栏中选择"FREQUENCY"函数，单击"确定"按钮，弹出"FREQUENCY"函数参数设置对话框。

在函数参数对话框中的数据区域Data_array文本栏中输入待分组的原始数据区域，本例应输入"A2:A41"；在数据接收区间Bins_array栏中输入组限C3:C7，如图3—1所示。最后点击确定，即可得到各组相应的频数，如图3—2所示。

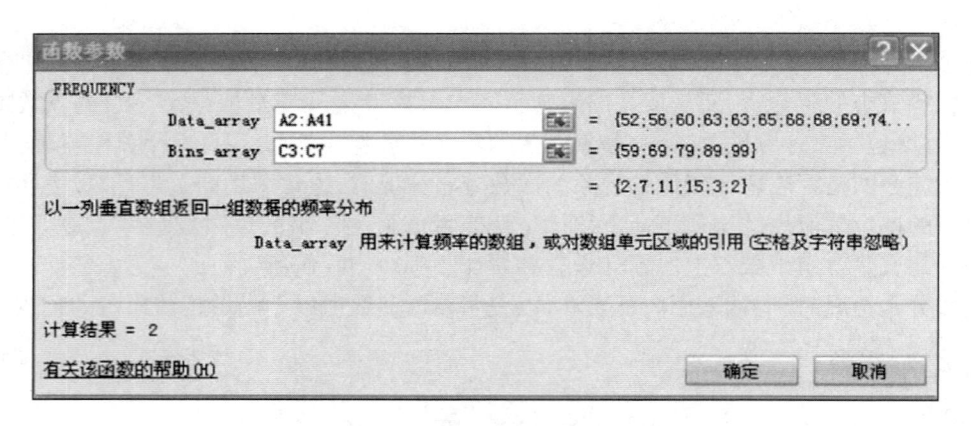

图 3—1　FREQUENCY 函数参数设置对话框

	A	B	C	D
1	得分			
2	65		分段点	工人人数（人）
3	82		59	2
4	75		69	7
5	60		79	11
6	90		89	15
7	100		100	5

图 3—2　频数分布

第六步，频数分布表的文字输入。

为了使计算出的分布表更清晰，需要输入相应的文字，具体处理方式为在 D 列前插入一列，在 D2 单元格输入"按得分分组"，E2 单元格中输入"工人人数（人）"，D3～D7 单元格中分别输入各组组限，即 60 以下，60～70，…，90～100，此时完整的频数分布表编制完成，如图 3—3 所示。

C	D	E
分段点	按得分分组	工人人数（人）
59	60以下	2
69	60~69	7
79	70~79	11
89	80~89	15
100	90~100	5

图 3—3　频数分布表

第七步，计算频率。

频率的计算主要是使用 Excel 的填充柄和求和功能。

(1)合计频数。单击 E8 单元格，输入"＝SUM(E3:E7)"，按"Enter"键，得到结果为 40 人（SUM 是求和函数）。或选定 E3 至 E7 单元格，单击常用工具栏"∑"按钮，即得到这一栏的合计数。

(2)计算频率。单击 F3 单元格，输入"＝E3＊100/＄E＄8"，按"Enter"键，得出本组频率为5%；然后单击F3，将鼠标移至单元格右下角的小黑方块上，鼠标变成黑十字形，利用填充柄功能按住鼠标左键向下拖至F7，松开鼠标即得到各组频率；最后使用SUM函数或按"$\sum$"按钮得到F8的频率总和为100%或1。结果如图3—4所示。

分段点	按得分分组	工人人数（人）	频率%
59	60以下	2	5
69	60~69	7	17.5
79	70~79	11	27.5
89	80~89	15	37.5
100	90~100	5	12.5
		40	100

图 3—4　A 公司某车间工人得分频数分布表

从图3—4可以看出，A公司某车间工人得分分布比较集中，大多数人都是中等以上，说明工人们运动会得分普遍不错。得分主要集中在70~79分和80~89分，其中70~79分的工人共11人，占车间总人数的27.5%；80~89分的工人共15人，占车间总人数的37.5%。有5名工人得分在90分以上，占车间总人数的12.5%。

任务四　统计表和统计图

一、统计表

统计调查得来的大量原始资料，经过汇总整理之后，按照规定的要求填在相应的表格内，这种填有统计资料的表格叫作统计表。统计表对表现统计资料具有重要的作用：第一，它能够把说明总体单位特征的原始资料过渡为综合反映总体数量特征的表格资料，使统计资料的表现条理化、系统化和标准化；第二，它能够科学合理地组织统计资料，便于比较对照、分析研究现象的规模、速度和比例关系。

（一）统计表的结构

(1) 从统计表的形式看，统计表由四部分组成，如表3—6所示。

① 总标题：它是统计表的名称，用以概括表中统计资料的主要内容。

② 横行标题：它是各组的名称，反映总体单位的分组情况。

③ 纵栏标题：它是统计指标的名称，说明纵栏所列资料的内容。

④ 数字资料：也称指标数值，它是统计表的具体内容，每一项指标数值都由相应的横行标题和纵栏标题加以限定。

(2) 从统计表的内容看，统计表包括主词和宾词两个部分。主词是统计表所要说明的总体以及总体的各单位、各组的名称，或者各个时期。宾词是统计表用来说明主词的各个指标，包括指标名称、指标数值和计算单位。

表 3-6　　　　　　　　　　　2023 年 1-9 月湖北省主要经济指标

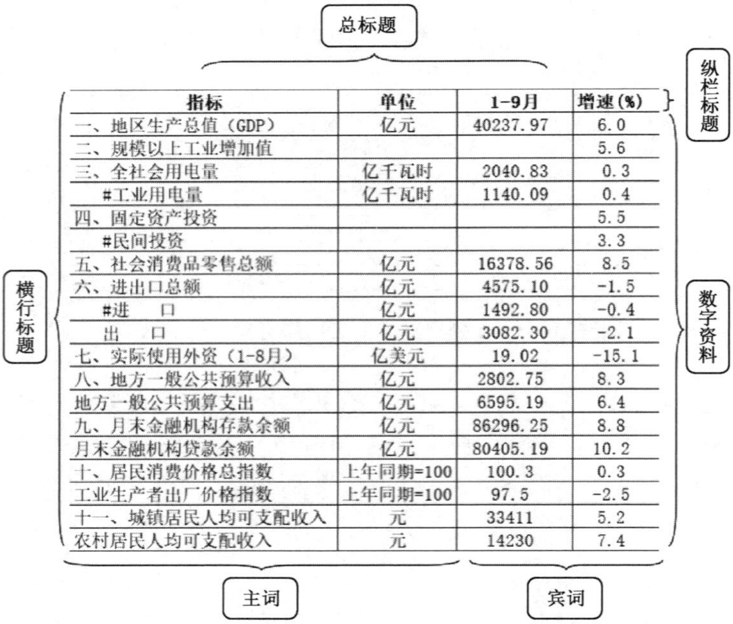

指标	单位	1-9月	增速(%)
一、地区生产总值（GDP）	亿元	40237.97	6.0
二、规模以上工业增加值			5.6
三、全社会用电量	亿千瓦时	2040.83	0.3
#工业用电量	亿千瓦时	1140.09	0.4
四、固定资产投资			5.5
#民间投资			3.3
五、社会消费品零售总额	亿元	16378.56	8.5
六、进出口总额	亿元	4575.10	-1.5
#进　　口	亿元	1492.80	-0.4
出　　口	亿元	3082.30	-2.1
七、实际使用外资（1-8月）	亿美元	19.02	-15.1
八、地方一般公共预算收入	亿元	2802.75	8.3
地方一般公共预算支出	亿元	6595.19	6.4
九、月末金融机构存款余额	亿元	86296.25	8.8
月末金融机构贷款余额	亿元	80405.19	10.2
十、居民消费价格总指数	上年同期=100	100.3	0.3
工业生产者出厂价格指数	上年同期=100	97.5	-2.5
十一、城镇居民人均可支配收入	元	33411	5.2
农村居民人均可支配收入	元	14230	7.4

（图中标注：总标题、纵栏标题、横行标题、数字资料、主词、宾词）

（二）统计表的种类

统计表的种类可根据主词的结构来决定，按照主词是否分组和分组的程度，分为简单表、分组表和复合表。

1. 简单表

简单表是主词未经任何分组的统计表。例如，主词是由总体单位名称组成的一览表；主词是由地区、国家、城市等目录组成的区域表；主词是按时间顺序组成的编年表等等。表 3-6 就是简单表的一个例子。

2. 分组表

表的主词按一个标志进行分组的统计表，利用分组揭示现象的不同特征，研究总体的内部构成，分析现象之间的依存关系。表 3-4 就是分组表的一个例子。

3. 复合表

复合表是主词按两个或两个以上标志进行复合分组的统计表，如表 3-7 所示。复合表能更深刻、更详细地反映客观现象，但使用复合表应恰如其分，并不是分组越细越好。因为复合表中多进行一次分组，组数将成倍增加，分组太细反而不利于研究现象的特征。

表 3-7　　　　　　　　　　　2017—2021 年中国人口数及构成

年　份	总人口（年末）	按性别分			按城乡分		
^	^	男		女		城镇		乡村	
^	^	人口数	比重(%)	人口数	比重(%)	人口数	比重(%)	人口数	比重(%)
2017	140011	71 650	51.17	68 361	48.83	84 343	62.24	55 668	39.76
2018	140541	71 864	51.13	68 677	48.87	86 433	61.50	54 108	38.50
2019	141008	72 039	51.09	68 969	48.91	88 426	62.71	52 582	37.29

续表

年 份	总人口(年末)	按性别分				按城乡分			
^	^	男		女		城镇		乡村	
^	^	人口数	比重(%)	人口数	比重(%)	人口数	比重(%)	人口数	比重(%)
2020	141212	72 367	51.24	68 855	48.76	90 220	63.89	50 992	36.11
2021	141260	72 311	51.19	68 949	48.81	91 425	64.72	49 835	35.28

来源：《2022年中国统计年鉴》。

(三)统计表的编制规则

为使统计表的设计合理、科学、实用、简明、美观，在编制统计表时，必须遵循以下规则：

(1)要合理安排统计表的结构。例如，行标题、列标题、数字资料的位置应安排合理。当然，由于强调的问题不同，行标题和列标题可以互换，但应使统计表的横竖长度适当，避免出现过高过长的表格形式。

(2)表头一般应包括表号、总标题和表中数据的单位等内容。总标题应简明地概括出统计表的内容，一般需要表明统计数据的时间(When)、地点(Where)以及何种数据(What)，即标题内容应满足"3W"要求。

(3)如果表中的全部数据都是同一计量单位，可放在表的右上角标明，若各指标的计量单位不同，则应放在每个指标后或单列出一列标明。

(4)表中的上下两条线一般用粗线，中间的其他线要用细线，看起来清楚、醒目。通常情况统计表的左右两边不封口，列标题之间一般用竖线隔开，而行标题之间通常不必用横线隔开。总之，表中尽量少用横竖线。表中的数据一般是右对齐，有小数点时应以小数点对齐，而且小数点的位数应统一。对于没有数字的表格单元，一般用"—"表示，填好的统计表不应出现空白单元格。

(5)在使用统计表时，必要时可在表的下方加上注释，特别要注意应注明资料来源，便于读者查阅使用。

二、统计图

(一)统计图的概念

统计图是利用几何图形或具体形象表现统计资料的一种形式。用统计图表现统计资料，具体鲜明醒目，富于表现，易于理解的特点，因而绘制统计图是统计整理的重要内容之一。

统计图可以表明现象的规模、水平、结构、对比关系、依存关系、发展趋势和分布状况，有利于进行统计分析和研究。目前主要利用Excel绘制统计图。

(二)统计图的种类

常用的统计图主要有直方图、条形图、折线图、曲线图、饼图和环形图等。

1.直方图和条形图

直方图是用矩形的宽度和高度来表示频数分布的图形。在平面直角坐标系中，横轴表示数据分组，纵轴表示频数或频率，这样各组与相应的频数就形成了一个矩形，即直方图。图3—5即为根据表3—8数据绘制的直方图。

表 3—8　　　　　　　　　　　某村人口按年龄分组统计

按年龄分组(岁)	2以下	2～4	4～6	6～8	8～10	10～12	12～14	14～16	16～18	18～20
各组人数(人)	50	70	100	110	140	150	165	170	185	200
按年龄分组(岁)	20～22	22～24	24～26	26～28	28～30	30～32	32～34	34～36	36～38	38～40
各组人数(人)	210	225	235	240	250	265	270	275	283	295
按年龄分组(岁)	40～42	42～44	44～46	46～48	48～50	50～52	52～54	54～56	56～58	58～60
各组人数(人)	300	294	285	270	260	250	240	230	215	200
按年龄分组(岁)	60～62	62～64	64～66	66～68	68～70	70～72	72～74	74～76	76～78	78以上
各组人数(人)	190	185	170	160	150	145	120	105	80	45

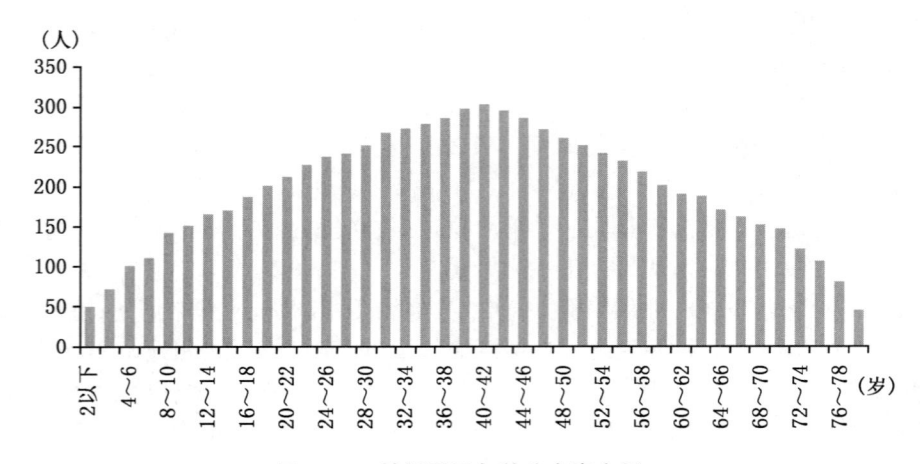

图 3—5　某村居民年龄分布直方图

条形图是用宽度相等,高度或长度不同的条形来表示现象之间对比关系的统计图。条形图可以横置和纵置,纵置时也称为柱形图。图 3—6 即为根据表 3—9 数据绘制的条形图。

表 3—9　　　　　　　　　某学院职工按工作岗位分组资料

按劳动岗位分组	人数(人)	比重(%)
专职教师	600	40.00
教辅人员	150	10.00
管理人员	100	6.67
服务人员	200	13.33
其他人员	50	3.33
附属机构人员	400	26.67
合　计	1 500	100.00

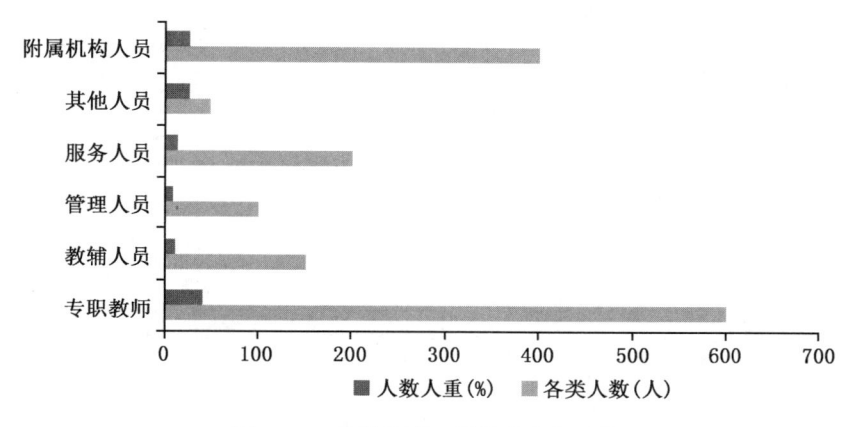

图 3-6　某学院职工岗位分布条形图

条形图与直方图在数据可视化中各具特色。条形图通过直条的长度展示离散型或计数数据的多少，直观对比各类别间的数据差异。而直方图则利用紧密相接的柱形面积表示连续数据的分布情况，每个柱形代表数据的一个分组区间，通过其高度反映该区间的频数或频率，从而揭示数据的中心趋势和离散程度。两者在描述数据类型、展示方式及应用场景上各有侧重，共同丰富了数据可视化的手段。

2. 折线图和曲线图

折线图是在直方图的基础上把相邻直方形的顶边中点连接成一条折线，再把折线两端与横轴上直方形两侧延伸的假象组中点相连，就形成了频数分布折线图，也称为频数多边图。折线图也可以用组中值与次数求点坐标连接而成。如图 3-7 所示。

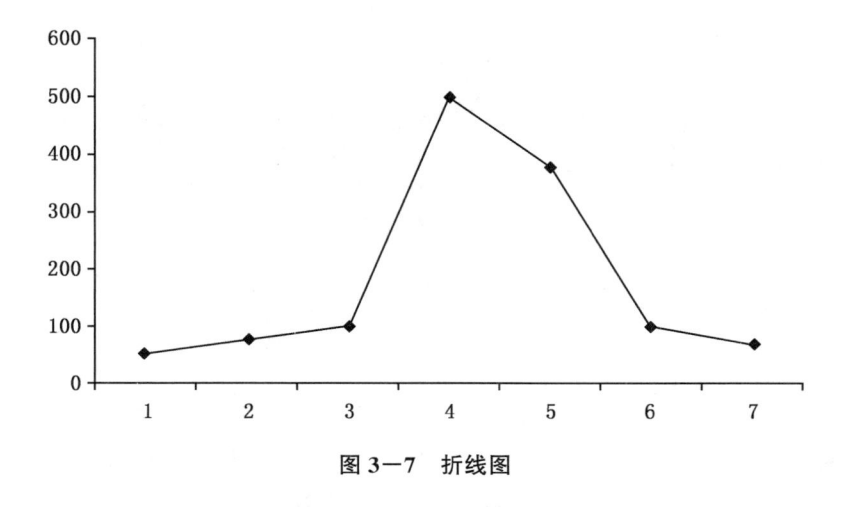

图 3-7　折线图

曲线图是用曲线的升降起伏来表示被研究现象的变动情况以及其趋势的图形。曲线图根据所示数据的性质和作用不同，可分为频数分布曲线图、动态曲线图和依存关系曲线图。

在频数分布折线图的基础上，当变量数列的组数无限增多时，折线图便近似地表现为一条平滑的曲线，折线图就变成了频数分布曲线图。例如，根据表 3-8 的资料，可绘制出下列频数分布曲线图，如图 3-8 所示。

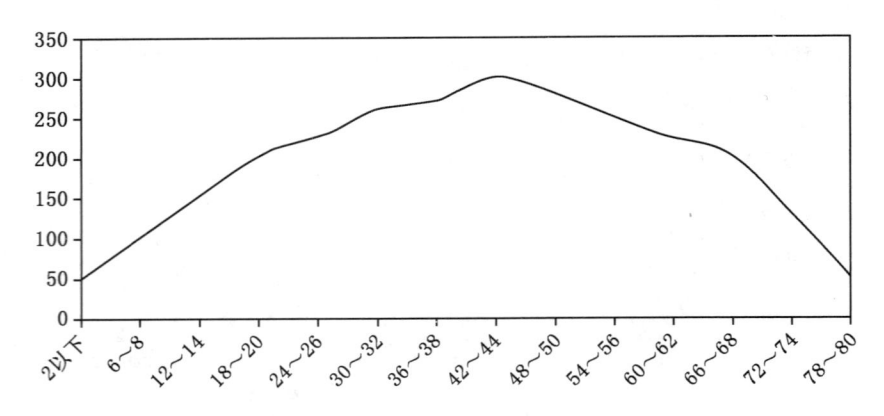

图 3—8　频数分布曲线图

3. 圆形图和环形图

圆形图是以圆的面积或圆内各扇形的面积来表示数值大小或总结内部结构的一种图形，也称饼图。根据圆形图的作用不同，可分为圆形比较图、圆形结构图和圆形结构比较图。这里主要介绍圆形结构图。

圆形结构图通过圆内各扇形的面积来反映总体中各组成部分所占的比例，对于研究结构性问题十分有用。绘制圆形结构图的关键是正确计算各扇形的面积。由于在相同半径条件下，扇形面积与圆心角成正比，且圆心角度数为360度，故各扇形的中心角度为360度×各组频率。例如，在表3—9中，专职教师占40%，那么扇形的中心角度数应为360°×40%，其余类推。根据表3—9绘制圆形结构图如图3—9所示。

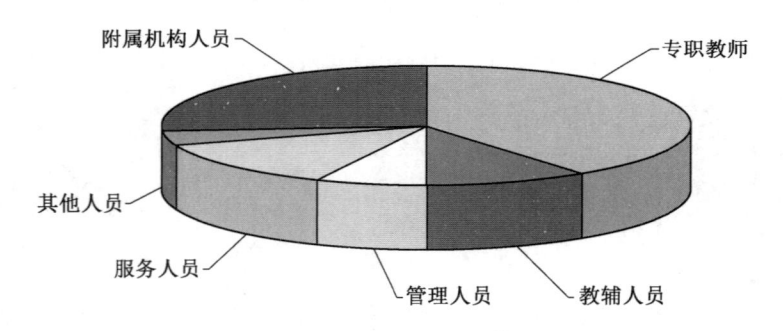

图 3—9　某学院职工岗位圆形结构图

环形图中间有一个"空洞"，总体中的每一个部分数据用环中的一段表示。环形图可以同时绘制多个总体的数据系列，每一个数据系列为一个环，可以显示多个总体各部分所占的相应比例，从而有利于进行比较研究。例如，设甲、乙两个班学生对某门课程教学情况评价资料表见表3—10，据此资料作环形图如图3—10所示。

表 3—10　　　　　　　　　　　课堂教学情况评价

班别	很不满意	不满意	一般	满意	很满意
甲班	2%	5%	20%	50%	23%
乙班	5%	10%	30%	40%	15%

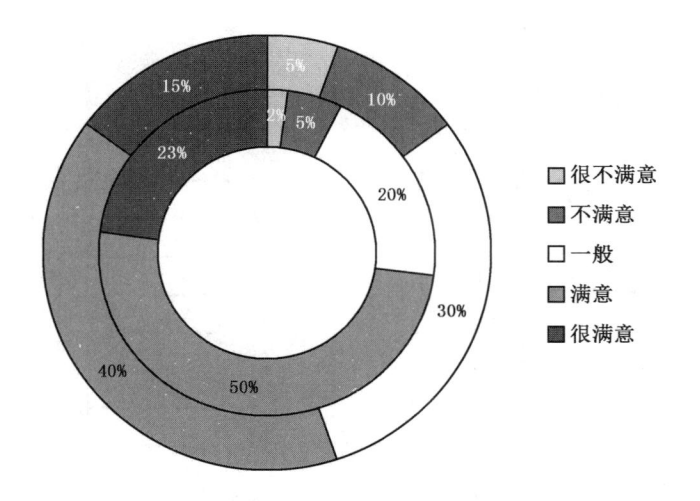

图3—10 课堂教学情况评价意见环形图

【任务实施】

Excel 在统计整理中的应用

一、编制统计分配数列

（一）编制品质数列和单项式数列

分配数列可分为品质数列和变量数列，变量数列可分为单项式数列和组距式数列。如果编制品质数列和单项式数列，可以用 Excel 中的 COUNTIF 函数，用来计算区域中满足给定条件的单元格的个数。以下就具体介绍 COUNTIF 函数的操作步骤。

视频讲解

例如，调查 A 公司车间 50 名工人的年龄，然后编制品质数列分析其分布情况。

我们将年龄划分为几个特定的类别："20—30 岁"、"31—40 岁"、"40 岁以上"，此时年龄段这个变量为一个品质数列。我们可以使用 COUNTIF 函数来统计各个年龄段的工人数量。我们按照"20—30 岁"、"31—40 岁"、"40 岁以上"三个年龄段来划分，并希望知道每个年龄段的工人数量。

第一步，输入数据。

将 50 名工人年龄的原始数据输入 Excel 的单元格中 A 列（A2：A51）。如图 3—11 所示。

第二步，数据排列。

应用"开始"中的排序选项，找出数据中的最大值为 45，最小值为 23。如图 3—12 所示。

第三步，在表格的 B2、B3、B4 列，分别输入三个年龄段的标签，B2 输入"20—30 岁"，B3 输入"31—40 岁"，B4 输入"40 岁以上"。

在 C2、C3、C4 列，使用 COUNTIF 函数来计算各个年龄段的工人数量。

在 C2 单元格中输入公式：=COUNTIF(A2:A51,">=20")-COUNTIF(A2:A51,">30")，这个公式计算的是年龄大于等于 20 岁且小于等于 30 岁的工人数量。

在 C3 单元格中输入公式：=COUNTIF(A2:A51,">30")-COUNTIF(A2:A51,">40")，这个公式计算的是年龄大于 30 岁且小于等于 40 岁的工人数量。

在 C4 单元格中输入公式：=COUNTIF(A2:A51,">40")，这个公式计算的是年龄大于

	A	B
1	年龄	
2	28	
3	32	
4	26	
5	29	
6	30	
7	31	
8	27	
9	25	
10	24	

图 3—11　原始数据

	A	B
1	年龄	
2	23	
3	23	
4	24	
5	24	
6	25	
7	25	
8	25	
9	26	
10	26	

图 3—12　升序排序后数据

40 岁的工人数量。

按下 Enter 键，Excel 会自动计算出各个年龄段的工人数量。如图 3—13 所示。

C2　fx　=COUNTIF(A2:A51,">=20")-COUNTIF(A2:A51,">30")

	A	B	C	D	E	F	G	H	I
1	年龄								
2	23	20-30岁	21						
3	23	31-40岁	23						
4	24	40岁以上	6						
5	24								
6	25								

图 3—13　每个年龄段的工人数量

(二)编制组距数列

在 Excel 的统计函数中有一个专用于组距式分组的 FREQUENCY 函数。另外在数据分析工具中有一个“直方图”工具，可以一次完成分组、计算频数和频率、绘制直方图和累计频率折线图等全部操作。下面分别介绍这两种方法的使用。

1. 用 FREQUENCY 函数编制组距式数列

下面利用案例导入 A 公司某车间开展趣味运动会得分举例说明组距式数列的编制步骤。

第一步，先将原始数据输入到 Excel 的单元格，如图 3—14 所示。

	A	B	C	D	E	F	G	H	I	J
1	65	82	75	60	90	100	68	78	83	84
2	51	86	87	72	75	76	94	82	83	86
3	81	89	78	85	74	79	63	99	65	77
4	74	77	80	85	95	76	84	68	53	52
5	84	89	75	80	69	89	88	100	75	86

图 3—14　得分原始数据

第二步，确定每一组的上限值，确定上限值是编制频数表的关键，确定了上限值实际就确定了每一组的组距和组限。本例输入的上限值分别为59，69，79，89，100，把这些上限值输入到A7:A11中。

第三步，选取结果存放的单元格区域B7:B11。

第四步，在"编辑"栏输入公式"＝frequency(A1:J5,A7:A11)"，点击确定，即可获得各组相应的频数，结果如图3－15所示。

	A	B	C	D	E	F	G	H	I	J
1	65	82	75	60	90	100	68	78	83	84
2	51	86	87	72	75	76	94	82	83	86
3	81	89	78	85	74	79	63	99	65	77
4	74	77	80	85	95	76	84	68	53	52
5	84	89	75	80	69	89	88	100	75	86
6										
7	59	3								
8	69	7								
9	79	14								
10	89	20								
11	100	6								

图3－15　频数分布

取得频数分布后，可使用公式输入与函数相结合的方法继续计算频率，方法是：

(1)首先合计频数。单击B12单元格，输入"＝SUM(B7：B11)"。回车确认，得出的结果为50人(SUM为求和函数)。或选定B7至B11单元格，点击常用工具栏"∑"按钮，即得到这一栏的合计数。

(2)计算频率。单击C7单元格，输入"＝B7/＄B＄12"，回车得出本组频率6％；然后，点击C7，将鼠标移至单元格右下角的小黑方块上，鼠标变成黑十字形，按住鼠标左键向下拖至C11，松开鼠标即得各组的频率；最后，使用SUM函数或按"∑"按钮，得到C12的频率总和100％或1。结果如图3－16所示。

	变量	频数	频率
6			
7	59	3	0.06
8	69	7	0.14
9	79	14	0.28
10	89	20	0.4
11	100	6	0.12
12	合计	50	1

图3－16　频率分布

2.采用数据分析工具编制组距式数列

第一步，如果在"工具"菜单中没有"数据分析"命令，必须在Microsoft Excel中安装"分析工具库"。方法是：进入Microsoft Excel，单击"工具"菜单中的"加载宏"，在弹出"加载宏"对话框中勾选"分析数据库"，单击"确定"按钮，即完成了Excel数据分析程序的安装。在Excel的"工具"菜单里将出现"数据分析"的命令。

第二步，在"工具"菜单中单击"数据分析"选项，从打开对话框的"分析工具"列表框中选择"直方图"，打开"直方图"对话框，如图3－17所示。

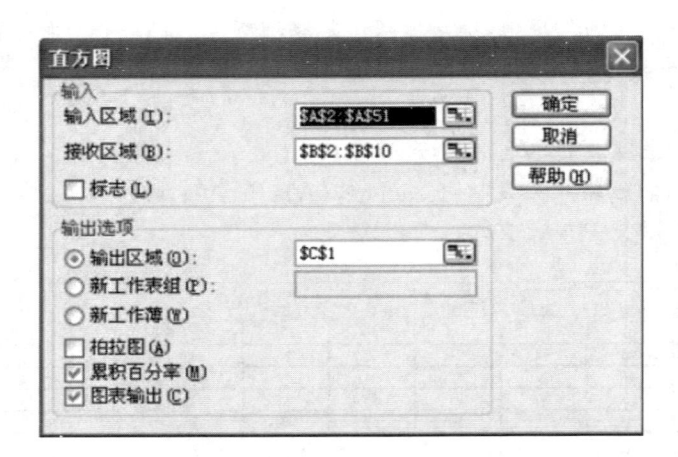

图 3—17　直方图对话框

第三步，在"输入区域"输入"＄A＄1：＄J＄5"，在"接收区域"输入"＄A＄7：＄A＄11"。接收区域指的是分组标志所在的区域，假定我们把分组标志输入到 A7：A11 单元格，注意这里只能输入每一组的上限值，即 59，69，79，89，100。

第四步，选择输出选项，可选择"输出区域"、"新工作表组"或"新工作簿"，在这里，选择"新工作表组"。

第五步，选择"图表输出"，可以得到直方图；选择"累计百分率"，系统将在直方图上添加累计频率折线；选择"柏拉图"，可得到按降序排列的直方图。

第六步，单击"确定"按钮，可得输出结果，如图 3—18 所示。

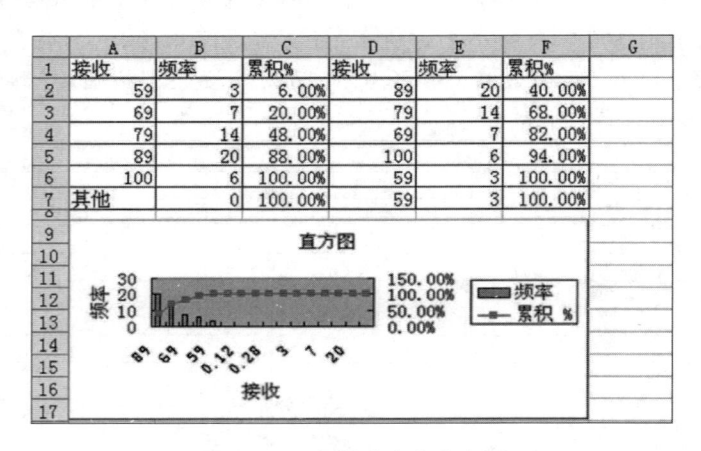

图 3—18　频数分布和直方图

二、绘制统计图

Excel 提供的统计图有多种，包括柱形图、条形图、折线图、饼图、散点图、面积图、环形图、雷达图、曲面图、气泡图、股价图、圆柱体和圆锥图等，各种图形的做法大同小异。下面介绍几种常用统计图的绘制方法。

（一）柱形图

第一步，将 A 公司主要行政人员职称分布资料输入表中，如图 3—19 所示。

图 3—19　A 公司主要行政人员职称分布

第二步，单击"插入"菜单对话框，选择"图表"选项，或直接在工具栏单击"图表向导"，弹出"图表类型"对话框，如图 3—20 所示。

图 3—20　"图表类型"对话框

第三步，在"图表类型"中选择"柱形图"，然后在"子图表类型"中选择一种类型。这里选择"簇状柱形图"，然后单击"下一步"按钮，打开"图表源数据"对话框，如图 3—21 所示。

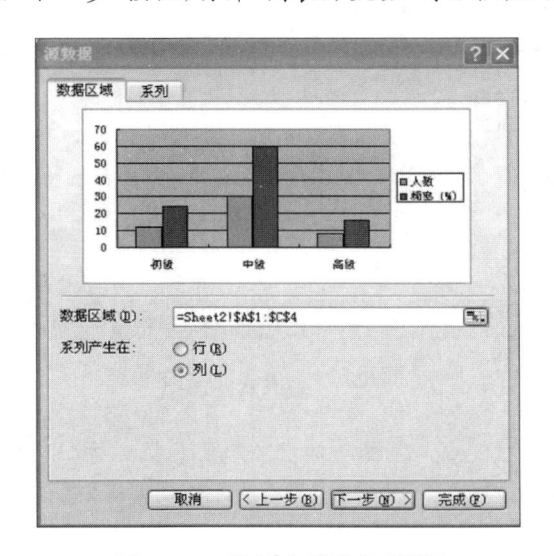

图 3—21　"图表源数据"对话框

第四步,在"图表源数据"对话框中输入数据所在区域"＝Sheet！＄A＄1：＄C＄4",本例选择系列产生在"列",单击"完成"按钮,即可得到如图3—22所示的柱形图。

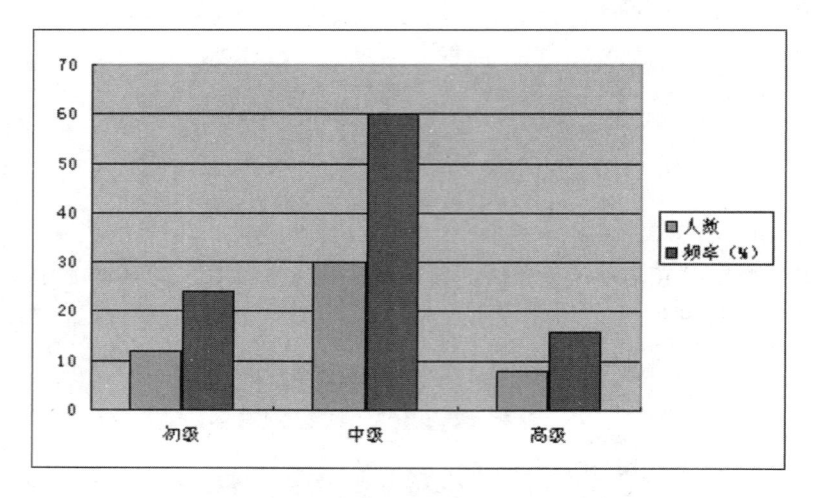

图 3—22　柱形图

(二)饼图

下面仍以图3—19的资料为例介绍绘制饼图的步骤。

第一步,单击"插入"菜单,选择"图表选项",或直接在工具栏上单击"图表向导"按钮,弹出"图表类型"对话框,如图3—23所示。

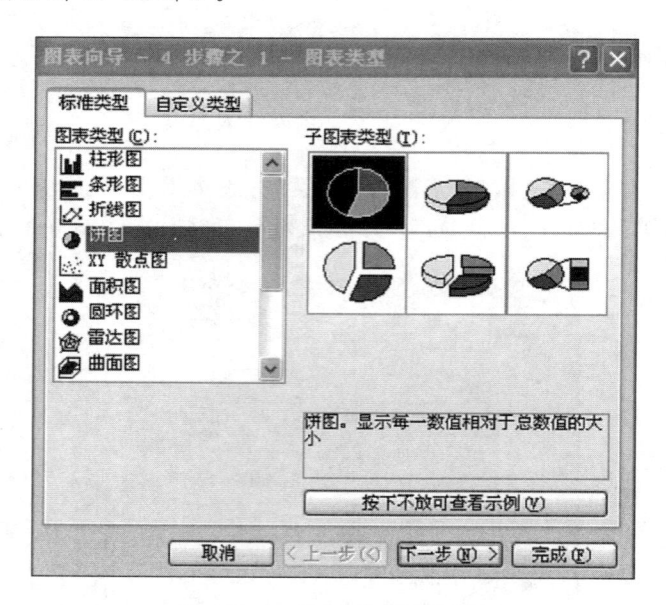

图 3—23　"图表类型"对话框

第二步,在"图表类型"中选择"饼图",然后在"子图表类型"中选择一种类型。这里选择"分离型三维饼图",然后单击"下一步"按钮,打开"图表源数据"对话框,如图3—24所示。

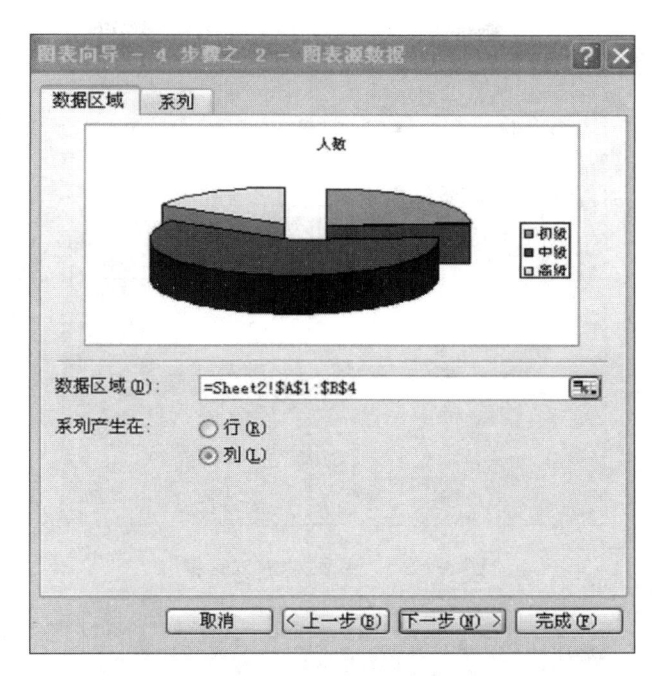

图 3—24 "图表源数据"对话框

第三步,在"图表源数据"对话框中输入数据所在区域"=Sheet！＄A＄1：＄C＄4",本例选择系列产生在"列",单击"完成"按钮,即可得到如图 3—25 所示的饼图。

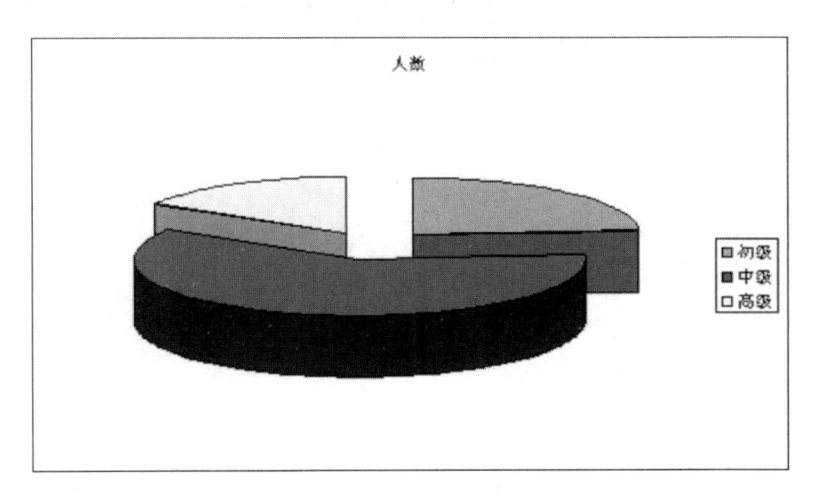

图 3—25 饼图

(三)折线图

下面仍以图 3—19 的资料为例介绍绘制折线图的步骤。

第一步,单击"插入"菜单,选择"图表选项",或直接在工具栏上单击"图表向导"按钮,弹出"图表类型"对话框,如图 3—26 所示。

第二步,在"图表类型"中选择"折线图",然后在"子图表类型"中选择一种类型。这里选择"数据点折线图",然后单击"下一步"按钮,打开"图表源数据"对话框,如图 3—27 所示。

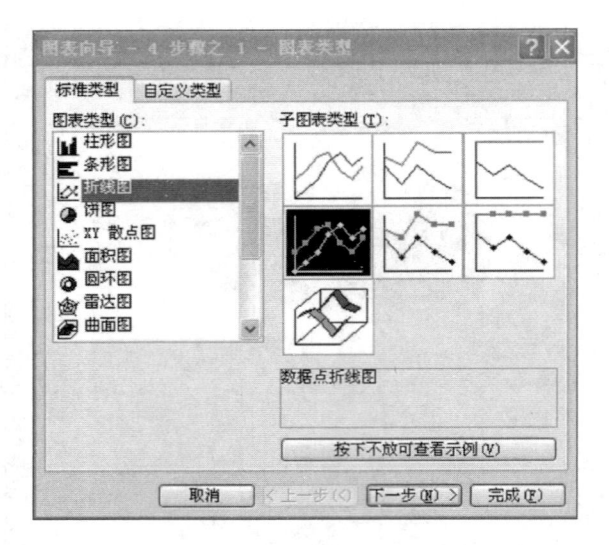

图 3—26 "图表类型"对话框

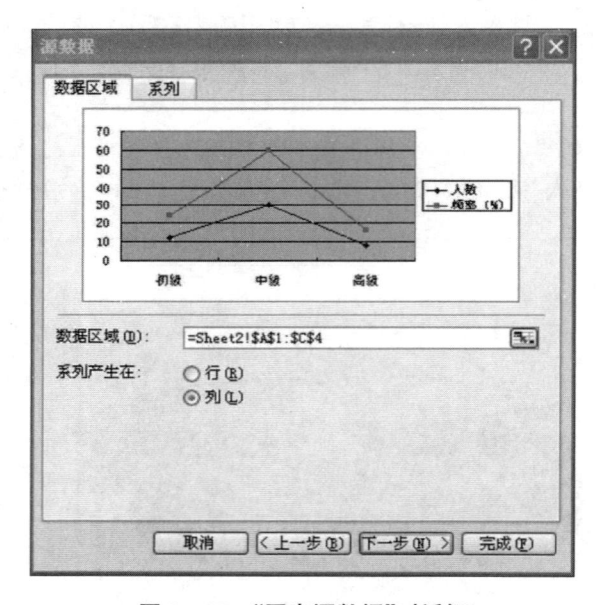

图 3—27 "图表源数据"对话框

第三步,在"图表源数据"对话框中输入数据所在区域"＝Sheet！＄A＄1：＄C＄4",本例选择系列产生在"列",单击"完成"按钮,即可得到如图 3—28 所示的折线图。

三、数据透视表

数据透视表是一种交互式的表,可以进行某些计算,如求和与计数等。所进行的计算与数据跟数据透视表中的排列有关。

本项目开篇案例导入部分,A 汽车公司的行政人员小红需要对下属车间工人年龄、学历、职称等情况进行统计,为公司领导对员工的培养、晋升提供参考。其中涉及多维数据,利用数据透视表的方法能够让我们快速获取某一具体维度的汇总信息。

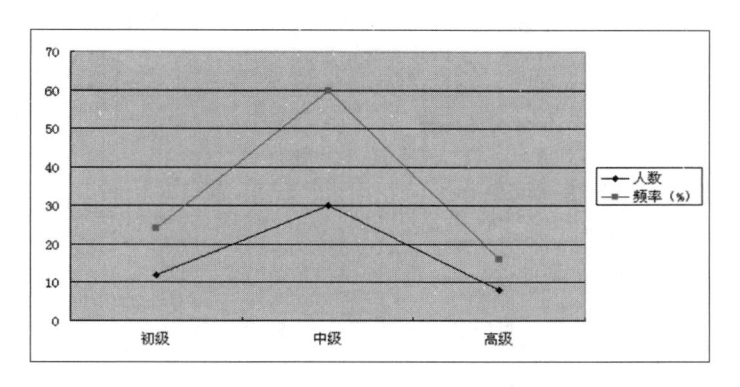

图 3—28 折线图

创建数据透视表的步骤如下：

第一步，选择数据源：在 Excel 中，首先选择包含车间工人信息的整个数据区域。如图 3—29 所示。

图 3—29 选中整个区域

第二步，插入数据透视表：点击"插入"选项卡下的"数据透视表"按钮，选择"新工作表"作为数据透视表的位置。如图 3—30 所示。

图 3—30 插入"数据透视表"

第三步，设置字段布局，分析不同学历层次员工的数量分布。将"学历"字段拖到"行"区域。将"姓名"字段拖到"值"区域，并设置其计算方式为"计数"。如图 3—31 所示。通过数据透视表，我们可以清晰地看到不同学历层次员工的数量分布。

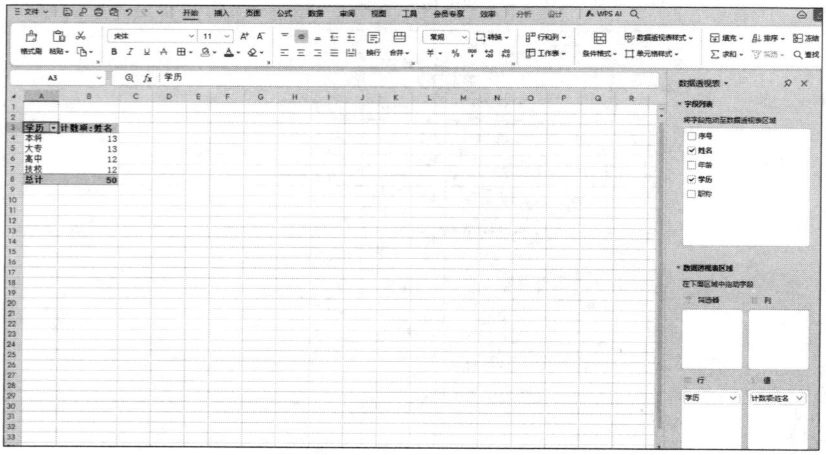

图 3—31 不同学历层次员工的数量分布

第四步，设置字段布局，分析不同职称下员工的年龄分布情况。将"职称"字段拖到"行"区域。将"年龄"字段拖到"值"区域，在"计数项:年龄"处点击鼠标右键，选择"值字段设置"，设置为"平均值"来计算每个职称的平均年龄。如图3—32所示。

数据透视表会显示每个职称的平均年龄或年龄分布。通过分析发现,高级职称的员工平均年龄较高,中级职称的员工平均年龄适中,而初级职称的员工平均年龄较低。这有助于了解不同职称与年龄之间的关系。

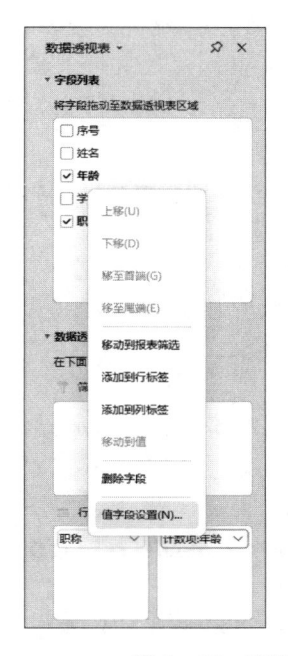

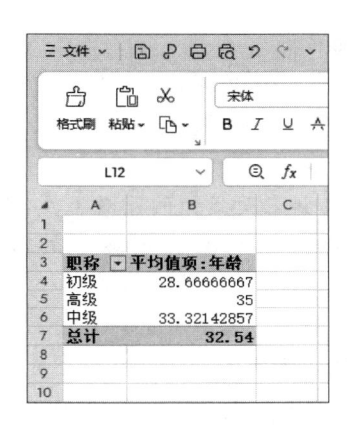

图3—32 不同职称下员工的年龄分布情况

第五步,设置字段布局,分析每个职称下不同学历员工的数量。将"学历"字段拖到"列"区域。将"职称"字段拖到"行"区域。将"姓名"字段拖到"值"区域,并设置其计算方式为"计数"。如图3—33所示。

通过数据透视表,我们可以观察到每个职称下不同学历员工的数量。例如,可能发现本科学历的员工在中级职称中占据较大比例,而大专学历的员工在初级职称中占据较大比例。这有助于了解职称与学历之间的关系,并为招聘、晋升等人力资源管理活动提供决策依据。

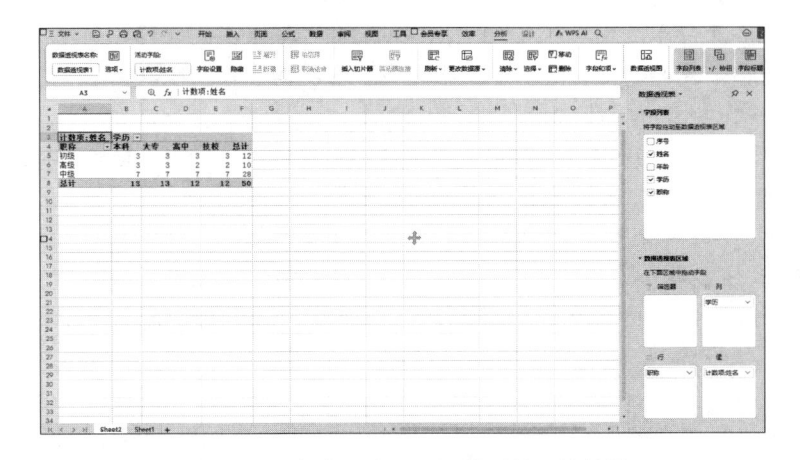

图3—33 每个职称下不同学历员工的数量

【项目小结】

本章主要内容包括:统计资料的整理,统计分组,分配数列以及统计表和统计图。在学习本章内容的过程中,需要着重把握以下知识点:

1. 统计整理的内容与步骤

统计整理内容主要有三个方面:(1)根据研究任务的要求,选择应整理的指标,并根据分析的需要确定具体的分组;(2)对统计资料进行汇总、计算;(3)通过统计表描述汇总结果。在统计整理中,抓住最基本的、最能说明问题本质特征的统计分组和统计指标对统计资料进行加工整理,这是进行统计整理必须遵循的原则。

统计整理的步骤包括:(1)设计整理方案;(2)对调查资料的审核;(3)统计分组;(4)统计汇总;(5)编制统计表和统计图;(6)统计资料的保管与积累。

2. 统计分组的种类

根据分组标志的性质不同,分为品质标志分组和数量标志分组;根据分组标志的个数以及分组之间的关系不同,分为简单分组、平行分组和复合分组。

3. 变量数列的编制

对于离散变量,如果变量值的项数不多,可以采用单项式变量数列的形式编制,如果变量值的项数很多,可以采用组距式变量数列的形式编制。对于连续型变量,则只能采用组距式的方法来编制。

单项式数列的编制步骤如下:(1)将变量值由小到大依次排列;(2)按变量值分组;(3)整理各组出现的次数和计算频率;(4)以表格形式表现出来。

组距式数列的编制过程如下:(1)数据排序;(2)确定组距数列的类型;(3)确定组数和组距;(4)确定组限;(5)计算频数和频率;(6)计算累计频数和累计频率。

4. 统计表和统计图包括直方图、条形图、折线图、曲线图、饼图和环形图等的绘制。

【知识巩固】

一、单项选择题

1. 完整的统计工作过程的第一阶段是(　　)。
   A. 统计调查　　　B. 统计设计　　　C. 统计整理　　　D. 统计分析
2. 统计研究对象的各个组成部分,在统计设计中是指(　　)。
   A. 统计工作各个环节　　　　　　　B. 统计工作各个过程
   C. 统计工作各个方面　　　　　　　D. 统计工作各个阶段
3. 统计分组中,各组频率的总和应该(　　)。
   A. 大于100%　　B. 小于100%　　C. 等于100%　　D. 不确定
4. 统计分组的组数和组距是相互制约的,表现在(　　)。
   A. 组数越大,组距越大　　　　　　B. 组数越大,组距越小
   C. 组距越小,组数越小　　　　　　D. 组数和组距无关
5. 某单位人均月收入最高为30 000元,最低为8 500元,据此分为5组,形成等距数列,其组距为(　　)。
   A. 4 300　　　　B. 5 000　　　　C. 4 200　　　　D. 4 100
6. 数据整理的第一步是(　　)。
   A. 数据分类　　B. 数据收集　　C. 数据录入　　D. 数据分析

7. 在数据整理中,(　　)是为了确保数据的准确性。
A. 数据筛选　　　B. 数据编码　　　C. 数据清洗　　　D. 数据分组
8. 频数分布表用于展示(　　)。
A. 数据的平均值　　　　　　　　B. 数据的离散程度
C. 数据的分布情况　　　　　　　D. 数据的相关性
9. 在数据分组时,避免过宽的组距是为了(　　)。
A. 简化计算　　　　　　　　　　B. 减少数据的数量
C. 保持数据的准确性　　　　　　D. 方便数据展示

二、多项选择题

1. 在数据整理的过程中,以下步骤中必要的有(　　)。
A. 数据收集　　　B. 数据清洗　　　C. 数据分类　　　D. 数据预测
E. 数据展示
2. 在Excel中,(　　)功能可以帮助我们进行数据整理。
A. 排序　　　　　B. 筛选　　　　　C. 条件格式　　　D. 图表
E. 公式计算
3. 数据可视化的常见类型包括(　　)。
A. 柱状图　　　　B. 折线图　　　　C. 饼图　　　　　D. 直方图
E. 散点图
4. 在统计分析中,(　　)可以用来描述数据的分布情况。
A. 平均数　　　　B. 方差　　　　　C. 频数分布表　　D. 相关系数
E. 箱线图
5. 定量数据的特点包括(　　)。
A. 可以计数　　　　　　　　　　B. 通常用文字描述
C. 可以测量　　　　　　　　　　D. 有序分类
E. 不能用数值表示
6. 在数据整理过程中,(　　)可能影响数据的准确性。
A. 数据来源的可靠性　　　　　　B. 数据录入时的错误
C. 数据筛选的标准　　　　　　　D. 数据分析的方法
E. 数据编码的规则
7. 数据整理的基本流程有(　　)。
A. 数据收集　　　B. 数据分类　　　C. 数据计算　　　D. 数据展示
E. 数据预测

三、判断题

1. 在等距数列中,组距的大小与组数的多少成反比。(　　)
2. 两个简单分组并列起来就是复合分组。(　　)
3. 在确定组限时,最小组的下限应高于最小变量值。(　　)
4. 组中值是各组的实际平均数的近似代表值,因此,用组中值来计算总平均数,只是一个近似值。(　　)

5. 简单分组与复合分组的根据是分组对象的复杂程度。（   ）
6. 在数据分组时，组距越宽，数据的分组效果越好。（   ）
7. 在数据整理过程中，数据清洗是为了确保数据的准确性和一致性。（   ）
8. 数据的离散程度可以通过计算平均数来衡量。（   ）

四、分析题

查询《中国统计年鉴》，找到近五年我国城镇居民人均可支配收入和农村居民人均可支配收入数据，自行绘制统计表，并绘制折线图，分析我国城镇居民人均可支配收入和农村居民人均可支配收入走势，并做出对比分析。

【技能强化】

统计分组和绘制统计图

一、实训目标

1. 培养学生对统计分组与汇总的应用能力；
2. 培养学生应用 Excel 进行数据整理的能力；
3. 培养学生具有团队合作与协调能力。

二、实训内容

2023 年 S 市某设备制造企业为考察所属的 33 个销售地区的销售情况，进一步开发市场，对 2022 年企业所涉及的 33 个销售地区进行产品销售收入调查，具体资料见表 3—11。

表 3—11　　　　　某企业 2022 年销售状况表

序号	销售地区	销售收入（万元）	序号	销售地区	销售收入（万元）
1	山东	124	18	内蒙古	92
2	江苏	152	19	宁夏	85
3	安徽	129	20	新疆	78
4	浙江	90	21	青海	68
5	福建	85	22	陕西	85
6	上海	168	23	甘肃	78
7	广东	104	24	四川	96
8	广西	92	25	云南	65
9	海南	86	26	贵州	70
10	湖北	88	27	西藏	50
11	湖南	97	28	重庆	102
12	河南	95	29	辽宁	112
13	江西	87	30	吉林	125
14	北京	105	31	黑龙江	106
15	天津	100	32	台港澳地区	90

续表

序号	销售地区	销售收入(万元)	序号	销售地区	销售收入(万元)
16	河北	103	33	国外	135
17	山西	98			

该企业实行大区域销售的策略,共分为五大区域。具体为东部区域,包括山东、江苏、安徽、浙江、上海五大地区;南部区域,包括广东、广西、海南、湖北、湖南、河南、江西、福建八大地区;北部区域,包括北京、天津、河北、山西、内蒙古、辽宁、吉林、黑龙江八大地区;西部地区,包括宁夏、新疆、青海、陕西、甘肃、四川、云南、贵州、西藏、重庆十大地区;台港澳地区及国外地区。

请以该公司销售经理的身份对2022年的销售情况作出分析,根据销售额和销售区域情况分析具体的销售情况,并依据销售情况制定2023年的销售策略。

三、实训要求

1. 学生分组,每组5~6人,查阅相关数据分组知识;
2. 设计和编制统计资料的整理方案;
3. 对提供的资料进行审核;
4. 对资料进行分组和编码;
5. 利用Excel工具建立数据库;
6. 根据分组资料编制分布数列;
7. 按分组数据制作统计图。

四、实训评价

每个小组形成一份实训报告并进行汇报交流,通过自评、互评和教师评价综合评定成绩。

【素养提升】

2022年国民经济和社会发展公报

目标:

(1)了解2022年我国国民经济和社会发展基本情况。

(2)通过对国民经济和社会发展的统计数据整理,明晰统计对于经济发展的重要性。

要求:

(1)阅读2022年国民经济和社会发展公报简报内容。

2022年全年全国居民人均可支配收入36 883元,比上年增长5.0%,扣除价格因素,实际增长2.9%。全国居民人均可支配收入中位数31 370元,增长4.7%。按常住地分,城镇居民人均可支配收入49 283元,比上年增长3.9%,扣除价格因素,实际增长1.9%。城镇居民人均可支配收入中位数45 123元,增长3.7%。农村居民人均可支配收入20133元,比上年增长6.3%,扣除价格因素,实际增长4.2%。农村居民人均可支配收入中位数17 734元,增长4.9%。城乡居民人均可支配收入比值为2.45,比上年缩小0.05。全年脱贫县农村居民人均可支配收入15111元,比上年增长7.5%,扣除价格因素,实际增长5.4%。

资料来源:"中华人民共和国2022年国民经济和社会发展统计公报",http://www.stats.gov.cn/sj/zxfb/202302/t20230228_1919011.html。

(2)课堂讨论:可以从该简报中得到怎样的感受呢?

启示：

党的二十大以来，我国经济从高速发展迈向高质量发展，消费逐渐成为拉动经济增长的第一动力，而支撑消费的必要条件就是居民可支配收入。数字是平面的，老百姓的感受却是立体而真实的。"钱袋子"逐渐鼓起来，生活水平逐步提高，幸福感、获得感、安全感触手可及。从如期打赢脱贫攻坚战、全面建成小康社会，到深化教育、医疗、养老、住房等领域改革，再到统筹推进疫情防控和经济社会发展，最大限度保护人民生命安全和身体健康……一份份民生成绩单，兑现着"人民对美好生活的向往，就是我们的奋斗目标"的庄重承诺，也不断转化为拉动未来消费的动力源。

【拓展视野】

Python 在数据整理方面的应用

案例描述：已知某公司的销售信息，部分如图 3—34 所示。要求绘制散点图，反映消费次数与消费金额的关系。

案例实施：需要先计算每个消费者的购买次数、每个消费者的购买总金额，然后绘制散点图。

图 3—34　消费者购物信息

代码如下：

```python
# 导入 pandas、matplotlib 数据包
import pandas as pd
import matplotlib.pyplot as plt
# 读取 xls 文件
df = pd.read_excel('销售信息.xls')
# 计算每个消费者的购买次数
x = df.groupby('user_id')['order_id'].nunique()
# 计算每个消费者的总金额
```

```
y = df.groupby('user_id')['price'].sum()
# 绘制图像大小
plt.figure(figsize=(8,5))
# 绘制散点图
plt.scatter(x,y)
# 给横纵坐标轴加个名字
plt.xlabel('消费次数')
plt.ylabel('消费金额')
# 给图像命名
plt.title('消费次数与消费金额的关系')
# 将图像保存并命名
plt.savefig("2.png")
```
调试运行,结果如图3-35。

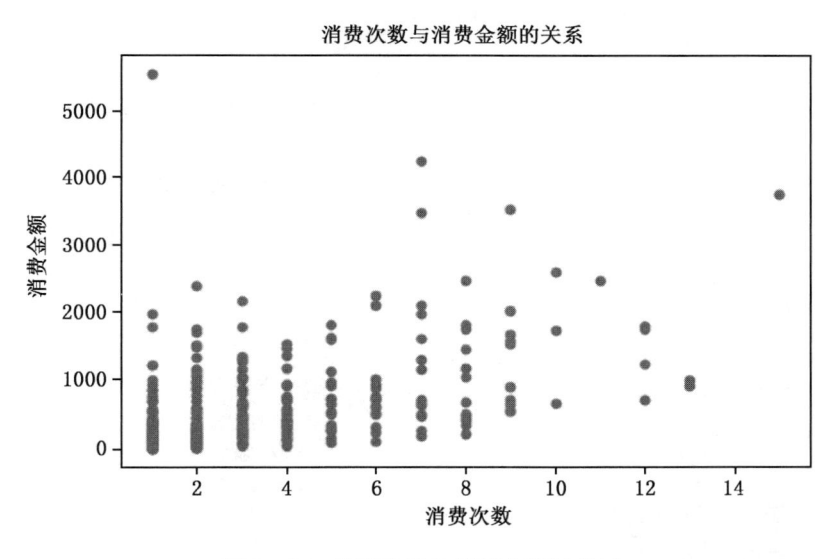

图3-35 消费次数与消费金额的关系

项目四　统计指标分析

【知识结构图】

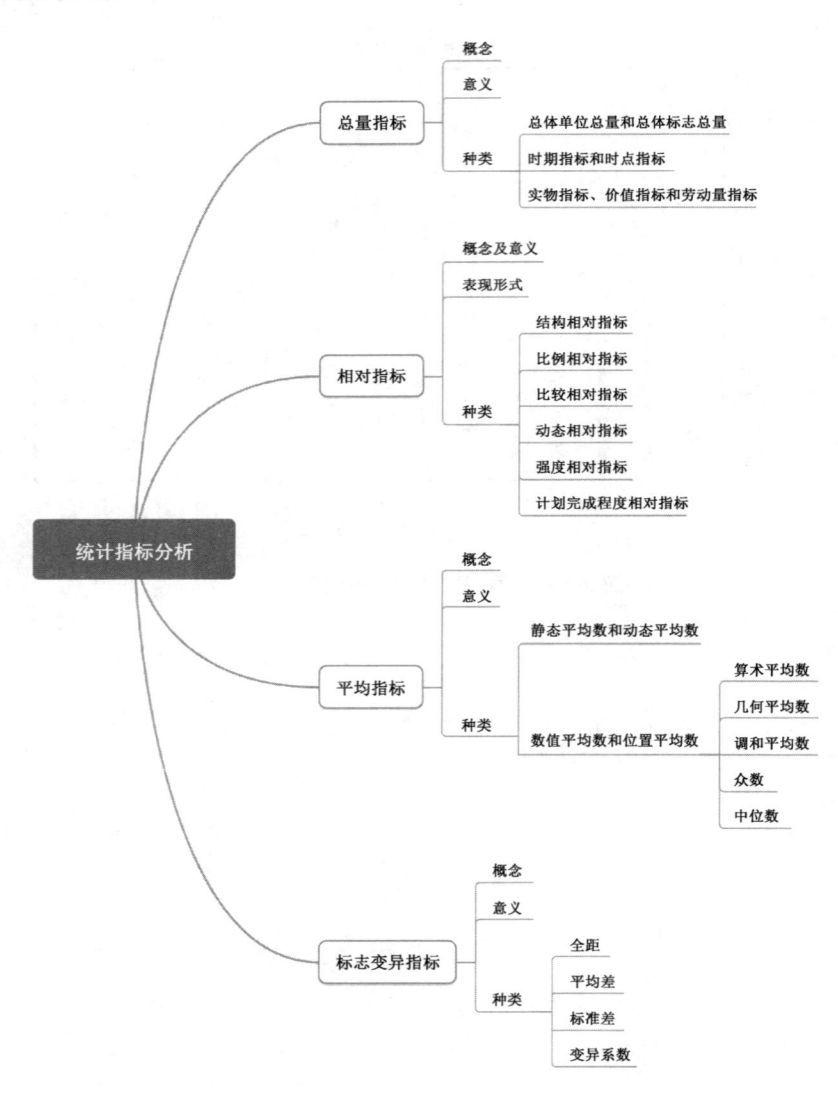

- 统计指标分析
  - 总量指标
    - 概念
    - 意义
    - 种类
      - 总体单位总量和总体标志总量
      - 时期指标和时点指标
      - 实物指标、价值指标和劳动量指标
  - 相对指标
    - 概念及意义
    - 表现形式
    - 种类
      - 结构相对指标
      - 比例相对指标
      - 比较相对指标
      - 动态相对指标
      - 强度相对指标
      - 计划完成程度相对指标
  - 平均指标
    - 概念
    - 意义
    - 种类
      - 静态平均数和动态平均数
      - 数值平均数和位置平均数
        - 算术平均数
        - 几何平均数
        - 调和平均数
        - 众数
        - 中位数
  - 标志变异指标
    - 概念
    - 意义
    - 种类
      - 全距
      - 平均差
      - 标准差
      - 变异系数

项目四 统计指标分析

【学习目标】

知识目标

1. 了解总量指标、相对指标、平均指标和变异指标的概念与意义；
2. 掌握总量指标、相对指标、平均指标和变异指标的计算；
3. 掌握总量指标、相对指标、平均指标和变异指标的应用。

能力目标

1. 具有运用总量指标描述社会经济现象的规模、水平和数量关系的能力；
2. 具有运用常见几种相对指标对社会经济现象进行简单分析的能力；
3. 具有应用 Excel 工具分析社会经济现象的规模与对比关系的能力。

素养目标

1. 培养学生数据安全意识，学会保护个人隐私和信息安全；
2. 深入社会实践、关注现实问题，培育经世济民、德法兼修的统计职业素养；
3. 培养实事求是的统计工作态度和互助共进的统计工作精神。

【案例导入】

汽车行业作为国民经济的重要支柱产业，发挥着工业经济稳增长的"压舱石"作用。在发展过程中需要坚持创新、协调、绿色、开放、共享的发展理念，以深化供给侧结构性改革为主线，坚持电动化、网联化、智能化发展方向，深入实施发展新能源汽车国家战略，以融合创新为重点，突破关键核心技术，提升产业基础能力，构建新型产业生态，完善基础设施体系，优化产业发展环境，推动我国新能源汽车产业高质量可持续发展，加快建设汽车强国。

2022 年，我国某汽车集团受宏观经济下行的影响，商用车市场需求收缩，营业收入大幅下滑。公司实现营业总收入 121.90 亿元，同比下降 21.61%。分季度来看，第一季度营业收入 35.88 亿元，占比 29.43%；第二季度 27.15 亿元，占比 22.27%；第三季度 28.20 亿元，占比 23.14%；第四季度 30.67 亿元，占比 25.16%，如图 4—1 所示。

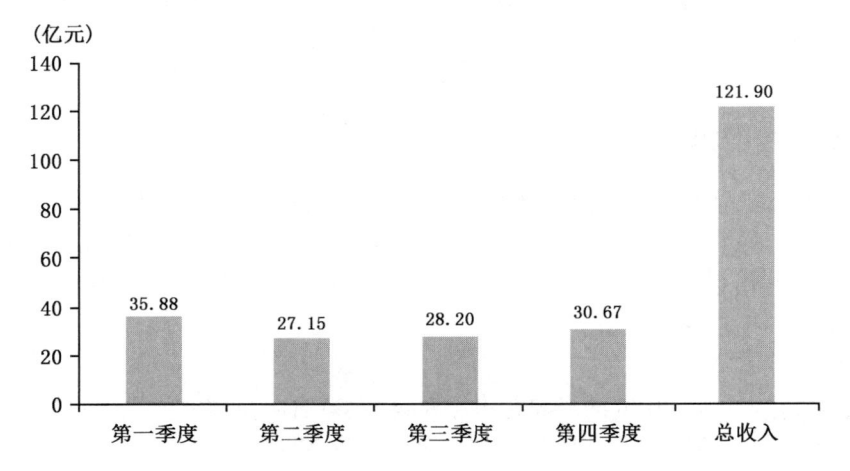

图 4—1 某汽车集团 2022 年营业收入数据

为了改变公司营业收入下行的颓势,该集团积极改变销售战略,努力降低产品生产和分销成本,从而使自己产品价格低于竞争者的价格,以迅速扩大销售量,提高市场占有率。表4—1为该集团2023年全国10个省份的全年累计销售量数据,从表中可以看出,该集团2023年累计销售汽车189万辆,10个省份平均销售18.9万辆汽车,标准差为0.94万辆。其中销售数量最多省份为北京、上海和广东,销售数量最少的省份为江西,差距为3万辆,省份之间整体销售数量稳定而均衡。

表4—1　　　　　某集团2023年全国10个省份汽车销售量数据　　　　　单位:万辆

省份	汽车销售量	省份	汽车销售量
北京	20	上海	20
山东	19	河南	19
安徽	19	海南	19
湖北	18	湖南	18
江西	17	广东	20

任务发布:在上述案例中,出现了收入和销售量的数据,这些数据是如何计算出来的,哪些是总量指标,哪些是相对指标,哪些是平均指标? 它们之间有什么区别? 案例中的平均销售量和标准差如何计算得出,平均数和标准差分别代表了什么含义?

任务一　总量指标

在日常生活中,总量指标无处不在。我国经济年报经常会使用总量指标来反映国民经济和社会发展的情况,比如2023年全年国内生产总值1 260 582亿元,全年人均国内生产总值89 358元,年末全国人口140 967万人,年报中还涉及农业、工业、服务业以及对外贸易的情况,通过这些指标可以对我国经济发展有一个大致了解。我们生活周围也有着总量指标,比如某高校总占地面积1 850亩,建筑面积61万平方米,现有馆藏图书135万余册,电子图书40余万册,在校生近1.6万人,这些也是总量指标。

一、总量指标的概念

总量指标是反映社会经济现象总体在一定的条件下的总规模、总水平或工作总量的综合指标,其表现形式是绝对数。2022年国内生产总值达1 210 207亿元,2022年末全国人口为141 175万人,这些指标都属于总量指标,通过上述总量指标数值的大小,就可以对我国经济、人口总体情况有一个直观的认识。

总量指标有如下特点:
(1)社会经济统计调查研究的对象是有限总体,只有有限总体才能计算总量指标;
(2)总量指标的数值随着研究范围的大小而增加或减少;
(3)总量指标是统计中最常用的基本指标,是计算相对指标和平均指标的基础,相对指标和平均指标是总量指标的派生指标。

有时总量指标也表现为同一总体在不同的时间、空间条件下的差数。例如,"2022年末全国人口141 175万人,比上年末减少85万人",这一减少值也是总量指标。总量指标作为增加值时,其数值表现为正值;作为减少值时,其数值表现为负值。

二、总量指标的意义

总量指标在统计分析和经济研究中有着十分重要的作用,具体表现为:

(1)认识客观现象的起点。总量指标能具体表明一个国家的基本国情、国力的规模和水平,以及各地区、部门、单位的经济活动成果和工作总量。比如国家之间GDP的比较,省份之间人口和面积的比较,企业之间利润的比较。

(2)实行经济管理的依据。各项政策和计划,都是从客观实际出发的,而总量指标正是对客观实际的反映。比如国家"十四五"规划就是根据各行业的综合生产情况制定的。

(3)基础性的统计指标。相对指标和平均指标是总量指标的派生指标,相对指标和平均指标一般是由两个总量指标对比而来的。

三、总量指标的种类

(一)总体单位总量和总体标志总量

总量指标按其反映的内容不同可分为总体单位总量和总体标志总量。

总体单位总量,简称单位总量,是总体内所有单位数的总和,表示总体本身的规模大小。总体标志总量,简称标志总量,是总体各单位某一标志值的总和。在一个确定的总体内,总体单位总量只有一个,而总体标志总量可有若干个。例如,研究某市工业企业生产情况时,对每个工业企业进行调查,经过汇总得到该市工业企业的总个数就是总体单位总量;而每个工业企业的职工人数、工业总产值、利税总额等就是总体标志总量。

一个总量指标究竟属于总体单位总量还是属于总体标志总量,根据研究目的不同研究对象的变化而定。如上例,当研究该市工业企业生产情况时,职工总数为总体标志总量;当改变研究目的,以该市工业企业职工为总体时,职工总数成了总体单位总量。

(二)时期指标和时点指标

总量指标按其反映的时间状态不同可分为时期指标和时点指标。

1.时期指标

时期指标是反映某种现象在一段时期内发展过程总量的总量指标,如全年的国内生产总值、粮食总产量、人口出生总数、商品零售总额等。它具有以下特点:

(1)各个时期指标数值可以累计,即具有可加性。如一年产品总量是本年12个月产量之和。

(2)时期指标数值的大小与时期长短有直接关系,一般情况下,时期越长,指标数值越大;反之,指标数值越小。如在正常情况下,某总体的年产量必然大于月产量。

(3)时期指标数值一般通过连续登记加总求得。如要取得某月的产量,必须将月初到月末每天登记的产量相加才能得到。

2.时点指标

时点指标是反映现象在某一时刻(或瞬间)上所处状况的总量指标,如人口总数、企业数、商品库存量、牲畜存栏数等。它具有以下特点:

(1)各个时点指标数值有重复,不能累计相加。如第七次全部人口普查数为144 349万人,就是2020年11月1日零时这个时刻上我国的常住人口数,而不是各月人口数之和,各年年末人口数或各月月末人口数相加,是没任何实际意义的。

(2)时点指标数值的大小,与时间间隔长短无直接关系。即时点之间间隔长,数值不一定大;间隔短,数值也不一定小。如年末商品库存数并不一定比某个月的月末数大。

(3)时点指标数值通过间断登记取得,如我国七次人口普查总数,是分别通过对1953年、1964年、1982年、1990年、2000年、2010年和2020年的普查标准时点的资料登记得来的。

一个指标属于时期指标还是属于时点指标,可以根据以上特点来判断。正确区分时期指标和时点指标,对社会经济现象进行动态分析研究有重要意义。

(三)实物指标、价值指标和劳动量指标

总量指标的计算单位有实物单位、货币单位和劳动量单位三种。由于采用不同的计量单位,总量指标可划分为实物指标、价值指标和劳动量指标三种。

1.实物指标

实物指标是采用实物单位计量的总量指标,用于表现经济现象总体的使用价值总量,实物单位是根据社会经济现象的自然属性、物理属性或化学属性而确定的计量单位,包括自然单位、度量单位、多(双)重单位、复合单位和标准实物单位五种。如人口数以"人"为计量单位,重量以"千克"为计量单位,长度以"米"为计量单位等。

实物指标能够直接反映事物的使用价值和现象的实物内容,是基础的总量指标,因而能够具体表明事物的规模和水平。但实物指标的综合性较差,不能反映多种不同类事物的总规模、总水平。例如,我们不能用一个指标数值来表达冶金、纺织、机械加工三个行业的产品总产量。

2.价值指标

价值指标是采用货币单位计量的总量指标,用于表现经济现象总体的价值总量。货币单位是根据经济现象的社会属性,以货币来计量社会财富和劳动成果的一种计量单位,如人民币以"元"为计量单位。价值指标充分弥补了实物指标不能跨实物形态的缺点,综合性较强,但价值指标不能表现事物的使用价值和实物内容。

价值一般要通过价格体现出来,即价值指标=实物指标×价格。

3.劳动量指标

劳动量指标是采用劳动量单位计量的总量指标,用于反映企业的基层生产单位生产各种产品(主要是半成品、在制品等)的工作总量。劳动量单位是用劳动时间来表示的计量单位。在劳动统计中通常采用工时、工日、工月、工年等来计量工作总量,把不能直接相加的实物产量变换成可以相加的劳动时间数量。由于具体条件不同,不同企业的劳动量指标不具有可比性,所以劳动量指标多限于企业内部在确定劳动定额、计算劳动生产率、编制和检查生产作业计划等时使用。

学中做

1.要了解一个班级的整体情况,一般需要了解哪些总量指标?它们是计算哪些指标的基础?

2.要调查某市所有学校的教学环境,调查得知全市学校的学校总数、教师总数、在校学生总数、固定资产总额、教育经费、教职工工资总额等总量指标,你能判断出它们属于总量指标中的哪些具体种类吗?

任务二　相对指标

相对指标与日常生活联系非常紧密,常常和总量指标一起出现。比如 2023 年我国第一、第二、第三产业的增加值分别为 89 755 亿元、482 589 亿元和 688 238 亿元,在国民经济中的比重分别为 7.1%、38.3%和 54.6%,通过相对指标,可以清晰看到我国的经济结构。在生活中也存在有趣的相对指标,比如 2022 年,我国高等教育在校生中女生为 2 903.3 万人,比 2021 年增加 122.5 万人,占在校生的 50.0%,男女比例保持均衡。但有趣的是,女生硕士研究生比例略高于男生,而博士研究生的比例男生略高于女生。

一、相对指标的概念及意义

相对指标是两个有联系的统计指标数值的比值,其表现形式是相对数。它可以用来反映现象的发展速度、结构、强度、密度、普及程度、计划完成程度等比例关系,在国民经济管理、企业经济活动分析和统计研究中应用很广泛。例如,2022 年全国居民人均可支配收入 36 883 元,比上年增长 5.0%,扣除价格因素,实际增长 2.9%,说明了全国居民生活水平的提高程度。所以,相对指标为深入认识现象的发展状况提供了依据。

相对指标的意义如下:

(1)反映社会经济现象之间的相对水平和联系程度。人们常用计划完成相对数判断一个企业任务的完成情况,用人均国民收入衡量一个国家的经济实力,用耐用消费品平均拥有量评估一个地方的生活状况。

(2)抽象化总量指标具体差异,使不可比的现象转化为可比现象。考察不同企业的生产经营状况,由于条件不同和产品不同,很难直接进行比较,但如果根据工人数、投入和产出等计算劳动生产率和产值利润率等相对指标,就可以进行企业间的对比。

二、相对指标的表现形式

(一)无名数

一种抽象化数值(无单位),是最常用的相对指标表现形式。无名数常用倍数、系数、成数、百分数或千分数来表示。

(二)有名数

一种有具体名称的数值(有单位),一般是将对比的分子指标与分母指标数值的计量单位同时使用,以双重计量单位表示。如人均粮食产量用千克/人表示,人口密度用人/平方公里表示。

三、相对指标的种类与计算

由于相对指标的计算方法不同,其作用也不相同。在实际工作中,将相对指标分为结构相对指标、比例相对指标、比较相对指标、动态相对指标、强度相对指标和计划完成程度相对指标六种。

(一)结构相对指标

结构相对指标是将总体划分为几个部分后,各部分数值与总体数值之比,用来反映总体内

部的构成情况,又称为比重。其计算方式为:

$$结构相对指标=\frac{总体中某一部分数值}{总体全部数值}$$

结构相对指标以统计分组为基础,指标数值一般采用百分数表示。指标的分子是分母的一部分,所以分子、分母不能互换,总体内各部分所占比重之和等于100%或1。

【例4—1】 我国2022年人口构成资料如表4—2所示。

表4—2　　　　　　　　　2022年我国人口主要构成情况

指　标	年末数(万人)	比重(%)
全国总人数	141 175	100.00
其中:城镇	92 071	65.22
乡村	49 104	34.78
其中:男性	72 206	51.15
女性	68 969	48.85

表4—2中比重的计算过程如下:

　　　　城镇人口所占比重=92 071/141 175×100%=65.22%
　　　　乡村人口所占比重=49 104/141 175×100%=34.78%
　　　　男性人口所占比重=72 206/141 175×100%=51.15%
　　　　女性人口所占比重=68 969/141 175×100%=48.85%

由此可见,计算各组结构相对指标可以说明该组在总体中的地位和作用;将不同时间的结构相对指标进行对比分析,可以说明总体结构变化的过程。

(二)比例相对指标

比例相对指标是同一总体内不同部分的指标数值之比,可以表明总体内各部分之间数量联系程度和比例关系。其计算公式为:

$$比例相对指标=\frac{总体中某一部分数值}{总体中另一部分数值}$$

比例相对指标的计算结果通常以百分比或几比几来表示,由于比例相对指标分子与分母是并列关系,因而分子分母可以互换。

【例4—2】 在表4—2中,利用相关资料可计算出2022年末我国人口的比例关系为:

　　　　男女性别比=72 206/68 969×100%=104.69%=104.69∶100
　　　　城镇乡村人口比=92 071/49 104×100%=187.50%=187.50∶100

在实际工作中,应将比例相对指标和结构相对指标结合起来应用,既可分析总体各部分构成比例的协调和平衡程度,也可研究总体的结构是否合理,这对于合理安排人力、物力、财力都有重要作用。

(三)比较相对指标

比较相对指标是同类指标在同一时间不同空间上的数值之比。它可以反映同一时间同类事物在不同空间条件下的差异程度,不同空间可以是不同的国家、不同地区、不同部门、不同单位等。其计算公式为:

$$比较相对指标=\frac{甲空间某类指标数值}{乙空间某类指标数值}$$

比较相对指标既可以用百分数表示,也可以用倍数表示;用以比较的既可以是总量指标,也可以是相对指标或平均指标。不论采用哪种指标对比，都必须注意分子和分母的可比性。

【例 4—3】 甲、乙两商场 2022 年的销售额分别为 4 亿元和 3.2 亿元，则甲商场销售额是乙商场销售额的 1.25 倍(4/3.2)。甲商场的某种蔬菜平均价格为 2.4 元/千克，乙商场同种蔬菜平均价格为 2.0 元/千克，则甲商场价格是乙商场价格的 1.2 倍(2.4/2.0)，或乙商场价格是甲商场价格的 83%(2.0/2.4)。这种利用两个价格(即平均指数)之比来确定的比较相对指标，才能真实反映两个商场价格水平的差异。

在经济管理工作中，常常运用比较相对指标比较同行业同类指标在不同单位的指标数值，从而找出差距，为提高经营管理水平提供依据。

（四）动态相对指标

动态相对指标又称发展速度，它是同一指标在不同时间上的数值之比，说明同类现象发展变化的方向和发展程度。通常将所研究的时期称为报告期，为研究需要而作比较基础的时期称为基期。其计算公式为：

$$动态相对指标 = \frac{报告期指标数值}{基期指标数值}$$

动态相对指标通常以百分数表示，当分子比分母大很多时，也用倍数表示。有关动态相对指标的具体计算和应用，将在项目五中作详细介绍。

【例 4—4】 2023 年我国全社会固定资产投资 503 036 亿元，2022 年全社会固定资产投资 572 138 亿元，则 2023 年是 2022 年的 87.9%(503 036/572 138×100%)，比上年减少 12.1%。

（五）强度相对指标

强度相对指标是两个性质不同但是有联系的总量指标数值之比，用来反映现象的强度、密度和普及程度。其计算公式为：

$$强度相对指标 = \frac{某一总量指标数值}{另一性质不同但有联系的总量指标数值}$$

强度相对指标的特点在于它是两个不同总体的总量指标数值之比。例如，人口数与国土面积数对比得到的人口密度指标，人口数是以人口为总体计算的总量指标，而国土面积数是以整个国土为总体计算的总量指标，两个不同总体的总量指标之比，就是强度相对指标。强度相对指标一般用有名数表示，而且是复名数。比如人口密度的计量单位是人/平方公里，储蓄网点普及程度的计量单位是个/平方公里。强度相对指标也有用无名数表示的。比如人口死亡率以千分数表示，流通费用率以百分数表示。

【例 4—5】 2022 年底我国人口数为 141 175 万人，按 960 万平方公里的面积单位，则我国人口密度=141 175÷960=147.1(人/平方公里)。

强度相对指标分子和分母可以互换，从而形成正、逆指标。正指标越大，逆指标越小，说明其强度、密度、普及程度越大。比如，每千人拥有的商业机构个数，或每个商业机构服务的人数。前者是正指标，指标数越大，普及程度越大，表明商业越发达，人民生活越方便；后者是逆指标，指标数值越小，普及程度越大，表明商业越发达，人民生活越方便。

强度相对指标应用广泛，在进行国力比较、地区经济实力比较时都经常使用这一指标。

（六）计划完成程度相对指标

计划完成程度相对指标是现象某一时期的实际完成数与计划任务数之比，用来反映计划的完成情况，一般用百分数表示，简称为计划完成百分比。其计算公式为：

$$计划完成程度相对指标 = \frac{实际完成数}{计划任务数} \times 100\%$$

公式中的分母是计划任务指标数值,分子是实际完成指标数值,计划任务指标数值是用于衡量计划完成情况的标准,所以公式中的子项和母项不得互换,而且子项和母项的指标口径(指标含义、计算口径和方法、计量单位及时间和空间范围)应保持一致。同样是计划完成程度相对指标,表示成本、费用之类的计划完成程度相对指标小于100%,说明超额完成计划;表示收入、利润之类的计划完成程度相对指标大于100%,说明超额完成计划。

计划完成程度相对指标表明实际计划完成的程度,子项数值减母项数值,表明计划执行的绝对结果。计划完成程度相对指标具体的经济含义要根据实际经济内容而定。由于经济现象的特点不同,在下达任务时,计划指标可能表现为总量指标,也可能表现为相对指标或平均指标。下面举例说明不同情况下的计划完成程度相对指标的计算方法。

(1)当计划任务以总量指标或平均指标下达时,计划完成程度相对指标的计算方法,就是将实际完成数与计划任务数直接对比。

【例4—6】 某公司第四季度计划销售额为6 000万元,实际销售额为6 800万元,则该公司第四季度销售额计划完成程度113.33%(6 800/6 000×100%),这个相对数表明实际比计划超额完成13.33%,超额完成销售额800万元(6 800-6 000)。

【例4—7】 某企业的甲种材料计划平均成本为1 200元/吨,实际平均成本为1 326元/吨,则甲种材料单位成本计划完成程度为110.5%(1 326/1 200×100%),表明实际比计划还差10.5%,即没有完成计划,实际成本多消耗126元/吨(1 326-1 200)。

(2)当计划任务以相对指标下达时,根据计划任务的具体表现形式,计算计划完成程度相对指标的方法也不相同。其计算公式如下:

$$计划完成程度相对指标 = \frac{1 \pm 实际提高(降低)百分比}{1 \pm 计划提高(降低)百分比}$$

【例4—8】 某公司利润规定2023年比2022年提高8%,实际提高10%,则利润的计划完成程度相对指标 $= \frac{1+10\%}{1+8\%} \times 100\% = \frac{110\%}{108\%} \times 100\% = 101.85\%$,结果表明该公司的利润完成超计划1.85%。

实际工作中,有时也采用实际提高(或降低)百分比与计划提高(或降低)百分比相减的方法,但相减的结果代表的含义却与前述方法计算的结果含义不同,它以百分点表示。如上例中利润完成计划情况:10%-8%=2%,说明实际比计划提高2个百分点。

相对指标在实际应用中,需要注意两个问题:

第一,相对指标的分子分母必须可比。可以是指内容要相同,总体范围要一致,不能将不可比的两个指标强行凑到一起进行对比。例如,比较两个公司的劳动生产率水平的高低,那么劳动生产率的计算口径就应保持一致,才可以对比。如果甲公司的劳动生产率是产量与全体职工人数的对比,而乙公司的劳动生产率却是产量与工人人数的对比,那么这两个公司的劳动生产率就是不可比的。

第二,要将相对指标与总量指标结合运用。这点在进行统计分析时尤其重要,因为总量指标说明现象总体的绝对数量,受总体规模大小的影响,不便于不同总体之间的比较,而相对指标将现象的绝对水平抽象化了,又不能说明现象的绝对差异。所以要把总量指标与相对指标结合运用,既看到现象的绝对水平,也要分析现象的相对水平,以便深入地认识现象的实质。

知识拓展

习近平总书记指出:"共同富裕是社会主义的本质要求,是中国式现代化的重要特征。"中国共产党坚持人民至上,坚持全心全意为人民服务的根本宗旨,践行以人民为中心的发展思想,不断促进人的全面发展和全体人民共同富裕,更好满足人民对美好生活的向往。

当前,我国已经进入高质量发展阶段。在高质量发展中促进共同富裕,加强保障和改善民生,有利于扩大居民消费,提升增长潜力,增加社会活力;有利于为人民提高受教育程度创造更加普惠公平的条件,促进人的发展能力全面提升;有利于畅通向上流动通道,为人们勤劳致富创造更加良好的制度环境,形成人人参与的发展环境;有利于强化社会主义核心价值观引领,发展公共文化事业,完善公共文化服务体系,不断满足人民群众多样化、多层次、多方面的精神文化需求。在持续健康发展的基础上,着力解决好发展不平衡不充分的问题,大力提升发展质量和效益,这样才能更好满足人民在经济、政治、文化、社会、生态等方面日益增长的需要,更好推动人的全面发展、社会全面进步。

思考: 从相对指标的角度思考共同富裕的内涵和实现路径。

任务三　平均指标

一、平均指标的概念

平均指标又称平均数,是反映同类社会经济现象在一定时间、地点条件下,总体单位某一数量标志的一般水平的综合指标,是将总体内各单位某标志数量差异抽象化的代表性指标。平均指标能够反映总体内部某标志的一般分布特征。例如,某班学生期末考试成绩不可能完全相同,每个分数分别代表学生们的各自水平,使得构成该研究总体的个体之间存在着明显的差异,统计研究的目的就在于通过这些差异反映总体的一般水平。为此,需要找出一个能够代表所有学生一般成绩的代表性数值,但我们不能用最高分代表,不能用最低分代表或随机抽取一个学生的成绩代表,而只能用平均分代表,因为它能够将全班学生成绩之间的数量差异抽象化,代表全班学生考试成绩的一般水平。

平均指标具有三个显著特征:
(1)它是一个代表值,可以代表总体的一般水平;
(2)它将总体单位之间的数量差异抽象化了;
(3)它反映总体分布的集中趋势。

二、平均指标的意义

由于平均指标能够综合反映某种社会经济现象总体在一定条件下的一般水平,所以应用很广,其作用主要表现在以下几个方面:

(1)可以概括说明总体的一般水平。用某市职工年平均工资 87 000 元来反映该市职工的一般收入水平,就具有高度的综合性和概括性。

(2)可以对同一现象在不同空间的水平进行对比分析。如两个企业职工的工资水平往往不能直接用工资的总额进行比较,因为两个企业的职工人数不一定相等,在此情况下可利用平均工资进行比较,消除职工规模大小不同的影响。

(3)可以对同一现象在不同时间的水平进行对比分析。例如,为反映改革开放 40 多年来我国城镇居民生活水平的提高程度,可以通过这 40 多年间职工平均工资在不同时间上的发展趋势或变动规律来揭示。

(4)可以分析现象之间的依存关系。例如想知道高校中学生性别和学业成就之间的关系,可以对比男生和女生的平均学分绩点、平均职业资格证书和荣誉证书获得率等平均指标。

三、平均指标的分类

(一)静态平均数和动态平均数

根据平均指标反映内容的不同,可以将平均数分为静态平均数和动态平均数。凡反映在同一时间范围总体某一数量标志一般水平的平均数称为静态平均数,比如班级平均成绩。凡反映不同时间范围总体某一数量标志的一般水平的平均数称为动态平均数,比如平均月收入。

(二)数值平均数和位置平均数

根据计算方法的不同,可以将平均数分为数值平均数和位置平均数。凡根据总体各单位全部标志值计算的平均数,称为数值平均数,主要有算术平均数、调和平均数和几何平均数;凡根据总体各单位标志值在变量数列中的位置计算的平均数,称为位置平均数,主要有众数和中位数。

四、平均指标的计算与分析

(一)算术平均数

算术平均数是总体标志总量与总体单位总量之比。算术平均数是常用的一种平均指标。其基本计算公式为:

$$算术平均数 = \frac{总体标志总量}{总体单位总量}$$

【例 4—9】 某企业某月职工工资总额为 576 000 元,职工总人数为 180 人,则该企业该月职工的平均工资为:576 000/180＝3 200(元/人)

利用上式计算平均数时,总体标志的总量和总体单位总量必须同属于一个总体,并且所包含的内容在口径上应严格一致,否则,计算的平均指标就失去了意义。强度相对数与平均数的计算公式比较相似,都是两个总量值之比。但是强度相对数用作对比的两个总量指标,来自不同的总体,分子、分母不存在一一对应的关系,有些强度相对指标对比的两个总量可以互换。而平均指标是同一总体各单位不同标志值的平均数,表现为总体内标志总量与总体单位数之比,分子、分母有一一对应的数量关系,即一个单位数必然对应一个标志值,分母量是分子量的承担者。所以,计算平均指标时分子、分母不能互换。

学中做

以下指标属于平均指标的是( ),属于强度相对指标的是( )。
A. 每百户居民拥有电话机的数量　　B. 人均粮食产量
C. 人均国内生产总值　　　　　　　D. 粮食平均亩产量
E. 从业人员平均劳动报酬　　　　　F. 产值利润率

计算算术平均数时,根据所掌握资料的不同,可分为简单算术平均数和加权算术平均数两种形式。

1. 简单算术平均数

如果没有直接掌握总体标志总量和总体单位总量,而是掌握了总体各单位标志值的资料时,可直接利用简单算术平均数计算平均数。其计算公式为:

$$\bar{x} = \frac{x_1 + x_2 + \cdots + x_n}{n} = \frac{\sum x}{n}$$

式中:

$\bar{x}$——简单算术平均数;

$\sum$——汇总符号;

x——各单位标志值;

$\sum x$——总体标志总量;

n——总体单位总量。

【例 4—10】 我国某汽车集团十个省份的汽车销售数量分别为:17、18、18、19、19、19、19、20、20、20,则平均销售量为:

$$\bar{x} = \frac{\sum x}{n} = \frac{17+18+18+19+19+19+19+20+20+20}{10} = \frac{189}{10} = 18.9(万辆)$$

上述计算结果表明,简单算术平均数的大小只受总体单位标志值大小的影响。简单算术平均数计算方法简便,但其应用的前提条件是:总体内没有进行分组或分组中各个标志值出现的次数相同。

2. 加权算术平均数

当总体已经分组,且各个标志值出现的次数不同时,就必须计算加权算术平均数。其计算公式为:

$$\bar{x} = \frac{x_1 f_1 + x_2 f_2 + \cdots + x_n f_n}{f_1 + f_2 + \cdots + f_n} = \frac{\sum xf}{\sum f}$$

式中,f 为各组次数。

【例 4—11】 利用例 4—10 中的资料编制分组表,如表 4—3 所示。

表 4—3　　　　　　　　　　某汽车集团销售量分组

按销售量分组(万辆)x	省份(个)f	总销售量 xf
17	1	17
18	2	36
19	4	76
20	3	60
合　计	10	189

根据表 4—3,计算平均销售量:

$$\bar{x} = \frac{\sum xf}{\sum f} = \frac{189}{10} = 18.9(万辆／省)$$

计算结果表明，平均数的大小，不仅取决于总体各单位的标志值(x)的大小，而且还受各单位标志值出现的次数(f)的影响。所以，式中的"f"在此起着权衡轻重的作用，故统计学中将其称为权数，将以上的计算方法称为加权算术平均法。

计算加权算术平均数时需要注意：

(1) 权数的引入。通过前面的计算不难发现，简单算术平均数的大小，只受一个因素即标志值本身大小的影响：当标志值的水平较高时，平均数就较大；反之，平均数就较小。加权算术平均数的大小，却要同时受到两个因素的影响：一是标志值本身，二是各个标志值出现的次数。

(2) 权数的性质。标志值出现的次数对加权算术平均数的大小起着权衡轻重的作用，平均数往往靠近次数较多的那个标志值。从例 4—11 中可以明显看出，权数大的标志值对平均数的影响就大，权数小的标志值对平均数的影响就小。

(3) 权数的选择。在计算加权算术平均数时，必须慎重考虑权数的选择。选择权数的原则是：各组标志值与其出现的次数的乘积等于各组标志总量，并具有实际经济意义。一般来说，在变量数列中，标志值的出现次数就是权数，但也有例外的情况，特别是用相对数或算术加权平均数时，特别注意。

(4) 权数的实质。权数对算术平均数的影响，实质上不是决定于权数本身数值的大小，而是取决于权数的比重$\left(\frac{f}{\sum f}\right)$的大小。权数比重是指各组单位数占总体单位数的比重，也叫权数系数或称为相对数权数。单位数所占比重大的组，其标志值对平均数的影响就大，反之影响就小。其计算公式如下：

$$\bar{x} = x_1 \cdot \frac{f_1}{\sum f} + x_2 \cdot \frac{f_2}{\sum f} + x_3 \cdot \frac{f_3}{\sum f} + \cdots + \frac{f_n}{\sum f} = \sum \left(x \cdot \frac{f}{\sum f}\right)$$

式中，$\frac{f}{\sum f}$为各组单位数占总体单位数的比重。

【例 4—12】 仍以表 4—3 中的资料为例，运用以上公式计算加权算术平均数，见表 4—4。

表 4—4　　　　　　　　　　某汽车集团销售量分组

按销售量分组(万辆)x	省份(个)	比重(%) $f/\sum f$	$x \cdot f/\sum f$
17	1	10	1.7
18	2	20	3.6
19	4	40	7.6
20	3	30	6.0
合　计	10	100	18.9

计算加权算术平均数结果如下：

$$\bar{x} = \sum \left(x \cdot \frac{f}{\sum f}\right) = 18.9(万辆)$$

计算结果与例 4－11 的计算结果完全一样。由此可见,计算加权算术平均数时,权数采用绝对数形式或相对数形式,其计算结果一致。

简单算术平均数与加权算术平均数两者之间具有内在联系。当各组的单位数都相等时,各组单位数所占比重也相等,权数就失去权衡轻重的作用,加权算术平均数就等于简单算术平均数。所以简单算术平均数是加权算术平均数当各组权数都相等时的一个特例。

另外,如果掌握了组距式变量数列资料,则应先求出各组变量值的组中值,代表各组变量值,然后按单项式变量数列的方法计算算术平均数。

【例 4－13】 利用图 3－15 的资料计算算术平均数,如表 4－5 所示。

表 4－5　　　　　　　　　　某班学生统计成绩分布表

按成绩分组(分)	学生数(人)f	组中值 x	xf
60 以下	3	55	165
60～70	7	65	455
70～80	14	75	1 050
80～90	20	85	1 700
90 以上	6	95	570
合　计	50	—	3 940

则该班平均分的计算如下:

$$\bar{x}=\frac{\sum xf}{\sum f}=\frac{3940}{50}=78.8(\text{分})$$

由此可见,用组距式变量数列计算加权算术平均数时,使用各组的组中值来代替各组标志值的实际水平。但是应用这种计算方法需要一个假定条件,即假定各单位标志值在各组内是均匀分布或对称分布的。实际上,各单位标志值在组内呈均匀分布是不多见的,组中值同该组内各单位标志值的平均值之间总会存在一定的误差,导致用组中值计算的加权算术平均数也会存在一定的误差。

(二)调和平均数

调和平均数是各个标志值倒数的算术平均数的倒数,又称为倒数平均数。一般有简单调和平均数和加权调和平均数两种形式。

1. 简单调和平均数

简单调和平均数是各个标志值倒数的简单算数平均数的倒数,在各标志值相应的标志总量相同的情况下应计算简单调和平均数。其计算公式为:

$$\bar{x}_H=\frac{1+1+1+\cdots+1}{\frac{1}{x_1}+\frac{1}{x_2}+\frac{1}{x_3}+\cdots+\frac{1}{x_n}}=\frac{n}{\sum\frac{1}{x}}$$

式中:

$\bar{x}_H$——调和平均数;

n——总体标志总量。

【例 4－14】 某商品在早市、午市、晚市的价格分别为 5 元/千克、4 元/千克、2 元/千克,假设分别在早、午、晚各买 10 元,求该商品的平均价格。

将有关数字代入简单调和平均数公式,得到该商品的平均价格:

$$\bar{x}_H = \frac{10+10+10}{\frac{10}{5}+\frac{10}{4}+\frac{10}{2}} = \frac{30}{9.5} = 3.16(元/千克)$$

2. 加权调和平均数

加权调和平均数是各个标志值倒数的加权算术平均数的倒数。在实际中各标志值相应的标志总量往往是不等的,在这种情况下求平均数应计算加权调和平均数。其计算公式为:

$$\bar{x}_H = \frac{m_1+m_2+m_3+\cdots+m_n}{\frac{m_1}{x_1}+\frac{m_2}{x_2}+\frac{m_3}{x_3}+\cdots+\frac{m_n}{x_n}} = \frac{\sum m}{\sum \frac{m}{x}}$$

式中,m 为各组标志总量。

【例 4-15】 沿用例 4-14 的商品价格资料,若购买该商品的金额不完全相等,早市、午市、晚市分别购买 10 元、20 元、40 元,则该商品的平均价格为:

$$\bar{x}_H = \frac{\sum m}{\sum \frac{m}{x}} = \frac{10+20+40}{\frac{10}{5}+\frac{20}{4}+\frac{40}{2}} = \frac{70}{27} = 2.59(元/千克)$$

通过上例计算,可以看出,加权调和平均数实质上是加权算术平均数的一种变形。由此可见,加权调和平均数只是计算形式不同,其经济内容是一致的,都是反映总体标志总量与总体单位总量的比值,计算时可以根据所掌握资料的不同,选择加权算术平均数或加权调和平均数。在运用平均法时,如果我们掌握了各个标志值和各组的单位数或比重,则应采用加权算术平均数法计算;如果我们掌握了各个标志值和各组标志总量,则应采用加权调和平均数法计算。

计算加权平均数会遇到权数选择的问题。在分配数列中,权数一般是各组次数。但有时会遇到权数不适合的情况,这在相对数或平均数计算中经常遇到。

下面通过实例来说明加权平均数和加权调和平均数两种方法的应用。

【例 4-16】 某饭店分一部、二部、三部,2022 年计划收入分别为 300 万元、260 万元、240 万元,计划完成程度分别为 102%、107%、109%,如表 4-6 所示。求平均计划完成程度。

表 4-6　　　　　　　　某饭店计划完成资料及计算

	计划完成程度(%)	职工数(人)	计划收入(万元)
一部	102	10	300
二部	107	24	260
三部	109	14	240
合　计	—	48	800

该饭店平均计划完成程度为:

$$\bar{x} = \frac{\sum xf}{\sum f} = \frac{102\% \times 300 + 107\% \times 260 + 109\% \times 240}{300+260+240} = \frac{845.8}{800} = 105.73\%$$

在本例中平均计划完成程度是由该饭店的实际总收入除以计划总收入计算而来的。平均数的大小受到各部门计划完成程度和实际数或计划数的影响,与各部门职工数无直接关系。

所以在本例中职工数不是适合的权数,应该用各部门的实际完成数或计划数作为权数。

以计划完成程度相对指标为例,当掌握的资料为实际数时,求平均计划完成程度,应以实际数作为权数,采用加权调和平均数来计算;当掌握的资料为计划数时,应以计划数作为权数,采用加权算术平均数来计算。

学中做

如果例 4—16 的资料中计划收入改为实际收入,则平均计划完成程度该如何计算?

(三)几何平均数

几何平均数是 n 个标志值连乘积的 n 次方根求得的平均数,是另一种形式的平均数。当现象存在"总比率等于各个比率的连乘积"这种关系时,就需要采用几何平均数的方法计算平均数。几何平均数作为一种比较特殊的平均数,主要用于平均比率或平均速度的计算。

由于掌握的资料不同,几何平均数分为简单几何平均数和加权几何平均数两种。

1. 简单几何平均数

当每个标志值只出现一次时,采用简单几何平均法计算平均数。设有 n 个标志值 $x_1, x_2, \cdots, x_n$,由几何平均数定义可得出简单几何平均数的计算公式:

$$\bar{x}_G = \sqrt[n]{x_1 \cdot x_2 \cdot \cdots \cdot x_n} = \sqrt[n]{\prod x}$$

式中:

$\bar{x}_G$——几何平均数;

$\prod$——连乘符号。

【例 4—17】 某机械厂生产机器,设有毛坯、初加工、精加工、装配四个连续作业的车间,各车间某批产品的合格率分别为 96%、93%、95%、97%,求企业各车间制品平均合格率。

由于全厂产品的总合格率并不等于各车间制品的合格率总和,后续车间的合格率是在前一车间制品全部合格的基础上计算的。全厂产品的总合格率应等于各车间制品合格率的连乘积,所以不能采用算术平均法和调和平均法计算平均合格率,而应用几何平均法来求得。其计算如下:

$$\bar{x}_G = \sqrt[4]{96\% \times 93\% \times 95\% \times 97\%} = \sqrt[4]{82.27\%} = 95.24\%$$

2. 加权几何平均数

当每个标志值出现的次数不相同时,应该用加权几何平均法计算。其计算公式为:

$$\bar{x}_G = \sqrt[f_1+f_2+\cdots+f_n]{x_1^{f_1} \cdot x_2^{f_2} \cdot \cdots \cdot x_n^{f_n}} = \sqrt[\sum f]{\prod x^f}$$

【例 4—18】 某笔为期 20 年的投资按复利计算收益,前 10 年的年利率为 10%,中间 5 年的年利率为 8%,最后 5 年的年利率为 6%。整个投资期间的年平均利率为:

$$\bar{x}_G = \sqrt[10+5+5]{1.1^{10} \times 1.08^5 \times 1.06^5} - 1 = \sqrt[20]{5.1001} - 1 = 108.487\% - 1 = 8.487\%$$

在实际应用中,几何平均数主要用于计算社会经济现象的平均发展速度(内容详见项目五时间序列分析)。

(四)众数

算术平均数、调和平均数、几何平均数都是数值平均数,是根据全部数据计算出来的平均数。数值平均数易受极大值或极小值的影响,在数据中出现极端值的情况下,数值平均数的代表性会减弱。而位置平均数是根据其在总体中所处的位置或地位确定的平均数,不受极端值的影响。所以在数据存在极端值的条件下,用位置平均数反映社会经济现象的一般水平比数值平均数更具代表性。

1. 众数的概念

众数是指总体中出现次数最多的标志值。它是总体中最常遇到的标志值,是最普遍的、最一般的标志值。用众数也可以表明社会经济现象的一般水平。

在实际工作中,众数的应用较为广泛。例如,要说明消费者需要的服装、鞋帽等的普遍尺码,反映市场某种蔬菜的价格等,都可以通过市场调查,分析了解哪一尺码的成交量最大,哪一蔬菜价格的成交量最多。人们的这种一般需求,即为众数。

2. 众数的确定

确定众数,首先要将数据资料进行分组,编制变量数列;然后根据变量数列的不同种类采用不同的方法。

(1)根据单项式数列确定众数。在单项式数列情况下,确定众数比较简单,计算步骤如下:第一,在数列中找出次数最大的组,即众数组;第二,确定众数,众数组中的标志值就是众数。

【例4—19】 调查200名顾客购买某皮鞋的有关资料如表4—7所示。

表4—7　　　　　　　　　　200名顾客购鞋资料

皮鞋尺寸(厘米)	人数(人)
23	20
24	40
25	78
26	50
27	12
合　计	200

从表4—7中可以看出第三组顾客最多,有78人,该组为众数组,则尺寸25厘米就是众数。

(2)根据组距式数列确定众数。这需要采用插补法。一般步骤是:第一,先确定众数组;第二,根据上限公式或下限公式计算众数的近似值。

下限公式为:

$$M_0 = L + \frac{\Delta_1}{\Delta_1 + \Delta_2} \times i$$

上限公式为:

$$M_0 = U - \frac{\Delta_2}{\Delta_1 + \Delta_2} \times i$$

式中:

M_0——众数;

U——众数组的上限;

L——众数组的下限;

i——组距;

Δ_1——众数组次数与前一组次数之差;

Δ₂——众数组次数与后一组次数之差。

【例 4—20】 2022 年某企业调查 500 名职工月收入资料,如表 4—8 所示。

表 4—8　　　　　　　　　2022 年某企业职工月收入资料

人均月收入(元)	职工人数(人)
2 400 以下	5
2 400～2 600	10
2 600～2 800	80
2 800～3 000	130
3 000～3 200	180
3 200～3 400	50
3 400～3 600	30
3 600 以上	15
合　　计	500

从表 4—8 中的资料可知,职工数最多的是 180 人,它所对应的月收入为 3 000～3 200 元。因此,这一组就是众数组,然后利用下限公式计算众数的近似值:

$$M_0 = 3\ 000 + \frac{50}{50+130} \times 200 = 3\ 055.6(元)$$

3. 众数的特点及应用

众数具有以下特点:

(1)由于众数是根据标志值出现的次数确定的,不需要通过全部标志值来计算,因此它不受极端值的影响。

(2)在组距数列中,各组分布的次数受组距大小的影响,所以根据组距数列确定众数时,要保证各组组距相等。

(3)在一个次数分布中有多个众数,称为多重众数;有两个众数,称为双重众数。此时说明总体内存在不同性质的事物。

在确定众数时,需要满足以下两个前提:

(1)总体单位数较多。若总体单位数不多,虽然可以从中得到具有较大频率的数,但其价值并不一定具有"最普遍值"的意义。

(2)次数分布具有明显的集中趋势。若数列中各个数据出现的频率都差不多,则所得到的"众数"缺乏代表性。

学中做

根据例 4—20 中的资料,请用上限公式计算众数,结果如何?

(五)中位数

1. 中位数的概念

中位数是指将总体各单位标志值按大小顺序排列后,处于中间位置的那个标志值。由于它的位置居中,其数值不受极端数值的影响,也能表明总体各单位标志值的一般水平。

2.中位数的确定

根据所掌握资料的不同,中位数的确定方法有两种,即根据未分组资料确定中位数和根据分组资料确定中位数。

(1)根据未分组资料确定中位数。首先将掌握的资料,按标志值由大到小的顺序进行排列,然后确定中间位置的标志值,该标志值即为中位数。

$$中位数位置=(n+1)/2$$

如果标志值的项数是奇数,那么中间位置的那个标志值就是中位数。如某学习小组有7名学生,他们英语期末考试成绩按顺序排列如下(分):68,72,75,77,81,84,88,则中位数的所在位置为:$(7+1)/2=4$,第4位所对应的标志值即77分就是中位数,它代表了这7名学生英语考试成绩的一般水平。

如果标志值的项数是偶数,那么处于中间位置左右两边的标志值的算术平均数,就是中位数。假如该小组加入一位学生,他们的英语期末考试成绩按顺序排列为68,72,75,76,77,81,84,88分,此时中位数的位置为第$(8+1)/2=4.5$位,则中位数为$(76+77)/2=76.5$分,即第4位和第5位所对应的标志值的算术平均数。

(2)根据分组资料确定中位数。

① 根据单项式数列确定中位数。确定中位数的基本步骤是:

第一步,确定中位数的位置,中位数的位置$=\sum f/2$;

第二步,根据累计次数确定中位数所在的组,即中位数组;

第三步,中位数组的标志值就是中位数。

【例4—21】 根据表4—7中的资料计算中位数,如表4—9所示。

表4—9　　　　　　　　　　200名顾客购鞋资料

皮鞋尺寸(厘米)x	人数(人)f	累计次数(人)s	
		向上累计	向下累计
23	20	20	200
24	40	60	180
25	78	138	140
26	50	188	62
27	12	200	12
合　计	200	—	—

根据表4—9中的资料计算中位数的位置:$200/2=100$。根据向上累计次数或向下累计次数分析,中位数是在第三组,该组为中位数组,则该组标志值25厘米就是中位数。

② 根据组距式数列确定中位数。确定中位数的基本步骤是:

第一步,确定中位数的位置,中位数位置$=\sum f/2$;

第二步,根据累计次数确定中位数所在的组,即中位数组;

第三步,采用比例插入法,用下限公式或上限公式求得中位数的近似值。

下限公式为:$M_e = L + \dfrac{\dfrac{\sum f}{2} - S_{m-1}}{f_m} \times i$

上限公式为：$M_e = U - \dfrac{\dfrac{\sum f}{2} - S_{m+1}}{f_m} \times i$

式中：

M_e——中位数；

U——中位数组的上限；

L——中位数组的下限；

S_{m-1}——中位数组前一组的向上累计次数；

S_{m+1}——中位数组后一组的向下累计次数；

f_m——中位数组的次数；

i——中位数组的组距；

$\sum f$——总次数。

【例 4—22】 根据表 4—8 中的资料计算中位数，如表 4—10 所示。

表 4—10　　　　　　　　　2022 年某企业职工月收入资料

人均月收入(元)x	职工人数(人)f	累计次数 s 向上累计	累计次数 s 向下累计
2 400 以下	5	5	500
2 400～2 600	10	15	495
2 600～2 800	80	95	485
2 800～3 000	130	225	405
3 000～3 200	180	405	275
3 200～3 400	50	455	95
3 400～3 600	30	485	45
3 600 以上	15	500	15
合　计	500	—	—

根据表 4—10 中的资料计算中位数的位置：500/2＝250。根据向上累计次数或向下累计次数分析，中位数是在第五组，该组为中位数组，则用下限公式计算中位数：

$$M_e = 3\,000 + \dfrac{\dfrac{500}{2} - 225}{180} \times 200 = 3\,027.8(元)$$

知识拓展

平均数、中位数和众数哪个更能反映大众的平均收入水平

2022 年，国家统计局发布了 31 省（区、市）居民人均可支配收入情况，全国居民人均可支配收入 36 883 元，其中，上海、北京、浙江、江苏、天津、广东、福建、山东 8 个省份居民人均可支配收入超过全国平均水平。

不少网友看到之后，纷纷不淡定了，"我又被平均了。""我的钱被谁赚走了？"为什么国家

统计局公布的平均收入与大多数人自己的收入有差距呢？

　　居民可支配收入，顾名思义，就是居民能够自由支配的收入，是居民可用于最终消费支出和储蓄的总和。居民人均可支配收入是居民可支配收入除以常住人口数后得到的平均数，可以用来衡量人民的生活水平和购买力。

　　从统计方法来说，反映一个国家或地区真实的居民收入水平的指标有3个，平均数、中位数、众数。平均数很容易理解，就是将所有人的收入合计除以人数。

　　中位数是将数据按大小顺序排列后，处在中间位置的数。比如居民收入的中位数，一般是将所有调查户按人均收入水平从低到高顺序排列，处于最中间位置的调查户的人均收入。众数是数据集合中出现频率最高的数值，众数的个数不一定是唯一的。居民收入的众数，一般是将居民收入按照五等分或十等分从高到低分组后，将人数最多的那组人的平均收入作为收入众数。

　　如果用平均数代表居民收入，受高收入人群的影响极大，一些人均几十万元的收入群很容易拉高平均收入，导致收入严重失真；而众数收入，则仅能代表人数较多的低收入阶层的平均水平，也存在失真的状况。

　　这种情况下，中位数收入再辅助平均数收入，一般就能够比较客观地描述真实的收入状况。因此，国家统计局也公布全国居民可支配收入中位数为31 370元，比平均数少5 513元，比上一年增长4.7%。这5 513元，大概就描述了2022年大多数人收入被拔高的平均程度。

任务四　标志变异指标

一、标志变异指标的概念

　　标志变异指标是反映总体中各单位标志值差异程度的综合指标，又称标志变动度。标志变异指标与平均指标之间具有相互联系、相互对应的关系。平均指标表现为总体各单位标志值的一般水平，将各标志值的差异抽象化，反映各单位标志值的集中趋势；而标志变异指标表现为总体各单位标志值的差异程度，反映各单位标志值的离中趋势。只有将两者结合起来，才能更加全面、深入地认识研究现象。

二、标志变异指标的意义

（一）标志变异指标可以说明平均指标的代表性

　　平均指标作为总体各单位标志值一般水平的代表性指标，其代表性大小与标志变异指标的大小成反比关系：标志变异指标越大，平均指标的代表性越小；标志变异指标越小，平均指标的代表性越大。

　　【例4—23】　有两个生产小组工人日产量情况如下（件）：

甲组：5,6,7,8,9

乙组：3,4,7,9,12

　　通过计算平均指标可知，两小组的平均日产量相等，均为7件，表明从平均意义上说，两组的生产情况无差异。但从产量分布来看，明显可见甲组产量的分布较均匀，乙组产量的分布则比较分散。显然平均日产量对甲组的代表性比乙组的代表性大得多。

(二)标志变异指标可以说明现象变动的稳定性、均衡性

计算不同总体的标志变异指标,并进行比较,可以观察标志值变动的稳定程度或均衡状态。如上述例子中,明显可以看出甲组的生产比较稳定、比较均衡。

(三)标志变异指标的大小有助于确定必要的样本单位数

进行抽样调查时,为了合理地利用人力、物力、财力和时间,应正确地确定必要的样本单位数(内容详见项目七抽样推断),抽取的样本单位数过多或过少都会影响样本平均指标的代表性。而标志变异指标的大小可以帮助我们正确地确定必要的样本单位数。

三、标志变异指标的计算与分析

标志变异指标主要有全距、平均差、标准差、变异系数等。

(一)全距

全距指总体各单位标志值中两个极端数值即最大值与最小值之差,故也称为"极差",用符号"R"来表示,其计算公式为:

未分组资料或单项数列资料:R=最大标志值-最小标志值

分组资料:R=最高组的上限-最低组的下限

【例 4-24】 以例 4-23 中的资料为例,计算全距如下:

甲组:$R=9-5=4$(件)

乙组:$R=12-3=9$(件)

从全距来看,乙组生产的差异程度比甲组大,说明乙组生产的稳定性比较差。

全距反映了总体各单位标志值的最大变动范围。它的优点是计算简便、意义明确、能准确地反映总体中两极的差距,所以在实际工作中应用十分广泛,如在工业企业的产品质量管理中、证券市场的行情分析中都有广泛应用。

但全距仅表示总体中最大值与最小值的变动范围,没有包括中间各单位标志值的变异情况,也无法反映变量数列的次数分布情况,是对变异程度较粗略的反映。因此,它不能准确地反映总体各单位标志值的变异程度,也不能很好地反映平均指标的代表性。所以我们需要计算其他标志变异指标。

(二)平均差

平均差是总体各单位标志值与其算术平均数离差的绝对值的算术平均数,用符号"$A \cdot D$"表示。计算平均差的目的是测算总体各单位标志值与其算术平均数离差的一般水平。因为离差有正、有负,还可能是零,所以为了避免离差加总过程中的正负抵消,计算平均差时要取绝对值。根据所掌握的资料不同,平均差可分为简单平均差和加权平均差。

1. 简单平均差

如果掌握的资料是未分组资料,可计算简单平均差。一般分两个步骤来完成:

第一步,求各单位标志值与其算术平均数离差的绝对值;

第二步,将离差的绝对值之和除以项数。

其计算公式为:

$$A \cdot D = \frac{\sum |x - \bar{x}|}{n}$$

【例 4-25】 根据例 4-23 中资料计算两组产量的简单平均差,如表 4-11 所示。

表 4—11　　　　　　　　　　　　简单平均差的计算　　　　　　　　　　　　单位：件

甲组			乙组		
日产量 x	$x-\bar{x}$	$\lvert x-\bar{x} \rvert$	日产量 x	$x-\bar{x}$	$\lvert x-\bar{x} \rvert$
5	−2	2	3	−4	4
6	−1	1	4	−3	3
7	0	0	7	0	0
8	1	1	9	2	2
9	2	2	12	5	5
合计	—	6	合计	—	14

$$A \cdot D_{甲} = \frac{\sum \lvert x-\bar{x} \rvert}{n} = \frac{6}{5} = 1.2（件）$$

$$A \cdot D_{乙} = \frac{\sum \lvert x-\bar{x} \rvert}{n} = \frac{14}{5} = 2.8（件）$$

计算结果表明，甲组的平均差明显地小于乙组，说明甲组平均日产量的代表性和生产的稳定性大于乙组。

2．加权平均差

如果掌握的是分组资料，则可计算加权平均差。其计算公式为：

$$A \cdot D = \frac{\sum \lvert x-\bar{x} \rvert \cdot f}{\sum f}$$

【例 4—26】 利用表 4—5 资料计算加权平均差，如表 4—12 所示。

表 4—12　　　　　　　　　　　　加权平均差计算

按成绩分组（分）	f	x	xf	$x-\bar{x}$	$\lvert x-\bar{x} \rvert$	$\lvert x-\bar{x} \rvert \cdot f$
60 以下	3	55	165	−23.8	23.8	71.4
60～70	7	65	455	−13.8	13.8	96.6
70～80	14	75	1 050	−3.8	3.8	53.2
80～90	20	85	1 700	6.2	6.2	124.0
90 以上	6	95	570	16.2	16.2	97.2
合　计	50	—	3 940	—	—	442.4

$$\bar{x} = \frac{\sum xf}{\sum f} = \frac{3940}{50} = 78.8（分）$$

$$A \cdot D = \frac{\sum \lvert x-\bar{x} \rvert \cdot f}{\sum f} = \frac{442.4}{50} = 8.848（分）$$

一般而言，平均差越大，标志差异程度越大，平均数代表性越小；反之，平均数代表性越大。

从计算过程可知，平均差的计算考虑了研究总体中所有标志的差异程度，所以可以准确地反映总体的离散程度。但每项平均差的计算都必须取绝对值不便于进行数学处理，因而在实际应用中受到了很大的限制。

(三)标准差

1. 标准差的概念

标准差也称为均方差,标准差的平方称为方差。标准差是总体各单位标志值与其平均数离差平方的算术平均数的平方根。它是标志变异值中最重要、最常用的指标。用符号"σ"表示。标准差的实质与平均差基本相同,只是在数学处理方法上与平均差不同。平均差是用取绝对值的方法消除离差的正负号,然后用算术平均数的方法求出平均离差;而标准差是用平方的方法消除离差的正负号,然后对离差的平方计算算术平均数,并开方求出标准差。

2. 标准差的计算

标准差的计算可分为四个基本步骤:

第一步,计算各单位标志值与其算术平均数的离差;

第二步,将各离差进行平方;

第三步,将离差平方和除以离差项数,计算出方差σ^2;

第四步,计算方差的平方根,即为标准差。

由于掌握的资料不同,标准差的计算也有简单标准差和加权标准差两种形式。

3. 简单标准差

当掌握的资料是未分组资料时,可采用以下公式计算简单标准差:

$$\sigma = \sqrt{\frac{\sum (x-\bar{x})^2}{n}}$$

【例 4—27】 采用例 4—23 的资料说明简单标准差的计算步骤,如表 4—13 所示。

表 4—13　　　　　　　　简单标准差计算

甲组			乙组		
日产量 x	$x-\bar{x}$	$(x-\bar{x})^2$	日产量 x	$x-\bar{x}$	$(x-\bar{x})^2$
5	-2	4	3	-4	16
6	-1	1	4	-3	9
7	0	0	7	0	0
8	1	1	9	2	4
9	2	4	12	5	25
合　计	—	10	合计	—	54

$$\sigma_1 = \sqrt{\frac{\sum (x-\bar{x})^2}{n}} = \sqrt{\frac{10}{5}} = 1.41(件)$$

$$\sigma_2 = \sqrt{\frac{\sum (x-\bar{x})^2}{n}} = \sqrt{\frac{54}{5}} = 3.29(件)$$

计算结果表明,甲组的标准差比乙组的标准差小,说明甲组的平均指标的代表性和生产的稳定性都比乙组好。

4. 加权标准差

当掌握的资料是分组资料时,可采用以下公式计算加权标准差:

$$\sigma = \sqrt{\frac{\sum(x-\bar{x})^2 f}{\sum f}}$$

【例 4-28】 仍以表 4-5 某班学习成绩资料为例,说明加权标准差的计算,如表 4-14 所示。

表 4-14　　　　　　　　　某班学习成绩加权标准差计算

按成绩分组(分)	f	x	xf	$x-\bar{x}$	$(x-\bar{x})^2$	$(x-\bar{x})^2 \cdot f$
60 以下	3	55	165	-23.8	566.44	1 699.32
60~70	7	65	455	-13.8	190.44	1 333.08
70~80	14	75	1 050	-3.8	14.44	202.16
80~90	20	85	1 700	6.2	38.44	768.8
90 以上	6	95	570	16.2	262.44	1 574.64
合　计	50	—	3 940	—	—	5 578

$$\bar{x} = \frac{\sum xf}{\sum f} = \frac{3940}{50} = 78.8 (\text{分})$$

$$\sigma = \sqrt{\frac{\sum(x-\bar{x})^2 f}{\sum f}} = \sqrt{\frac{5578}{50}} = 10.56 (\text{分})$$

5. 标准差特点

标准差一方面具有平均差的优点,即它将总体各单位标志值的差异全部包括在内,可以准确地反映总体的离散程度;另一方面标准差还避免了求平均差时存在的取绝对值的问题,能够适合于代数运算等数学处理。由于标准差的这些优点,在实际工作中一般都用它来测定总体的离散程度,应用十分广泛。

但标准差都是用有名数代表的平均差异程度,它的数值受到平均指标数值大小的影响。当总体平均数指标数值比较大时,标准差的数值就大;反之,标准差的数值就小。因此,在比较不同平均水平下的不同总体的差异程度时,还需引入变异系数。

(四)变异系数

变异系数又称离散系数,是标志变异指标与其算术平均数之比。以上所介绍的各种标志变异指标,都与平均指标有相同的计量单位,是反映标志变动度的绝对指标,其数值的大小不仅受指标值之间差异程度的影响,而且还受标志值本身高低的影响。因此,比较两个总体的标志差异程度、衡量其平均指标的代表性时,如果两个总体的性质不同、计量单位不同或平均水平不同,就不能采用前述某一标志变异指标直接比较而应分析标志变异指标的相对指标,即变异系数。它是极差、平均差和标准差与其算术平均数的对比值,分别称为极差系数、平均差系数和标准差系数,但在实际工作中标准差系数应用最为普遍。标准差系数用 v_σ 表示,是标准差与其算术平均数对比的相对值,其计算公式如下:

$$v_\sigma = \frac{\sigma}{\bar{x}} \times 100\%$$

【例 4—29】 甲商店职工的平均工资为 5 900 元,标准差为 900 元;乙商店职工的平均工资为了 3 600 元,标准差为 700 元。从资料上看,甲商店标准差大于乙商店,似乎可以判断乙商店平均工资的代表性好于甲商店。是否如此？我们可以通过计算标准差系数来进行说明。现分别计算如下:

$$v_{\sigma甲} = \frac{900}{5\,900} \times 100\% = 15.25\%$$

$$v_{\sigma乙} = \frac{700}{3\,600} \times 100\% = 19.44\%$$

计算结果表明,甲商店的标准差系数小于乙商店的标准差系数,这说明甲商店平均工资代表性好于乙商店,与我们的直观结果相反。

从以上分析可以看出,变异系数消除了计算单位不同或平均水平高低的影响,只反映现象标志值的离散程度,具有广泛的可比性。变异系数越大,说明平均数的代表性越差;相反,变异系数越小,说明平均数的代表性越好。

知识拓展

如何理解正态分布

正态分布,也称"常态分布",又名高斯分布,是一个在数学、物理及工程等领域都非常重要的概率分布,在统计学的许多方面有着重大的影响力。正态曲线呈钟形,两头低,中间高,左右对称,因其曲线呈钟形,因此人们又经常称之为钟形曲线,如图 4—2 所示。

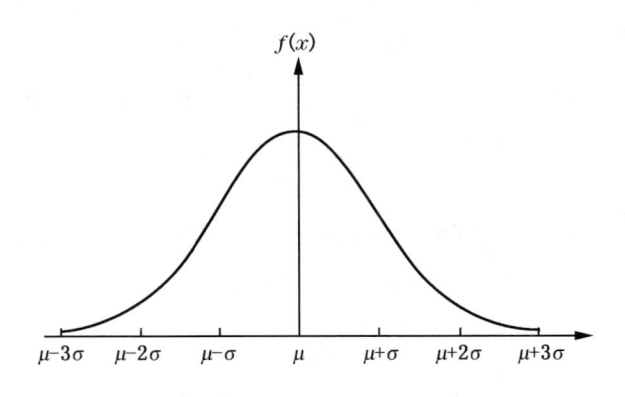

图 4—2 正态分布图

生活中有很多现象都服从正态分布,比如人的身高、体重和智力就服从正态分布。根据 2020 年我国国民体质监测中心发布《第五次国民体质监测公报》显示,男性 20—24 周岁的平均身高为 172.6cm,体重为 70.4kg;女性 20—24 周岁的平均身高为 160.6cm,体重 55.7kg。根据正态分布的原理,可以知道该年龄段大部分男性和女性的身高体重集中在平均值周围,只有少部分人群显著高于或低于平均值。

同样的情况也体现在智力领域,大部分人的智商都集中于正常水平,天才(智商超高)和蠢材(智商超低)都比较少。

你还能想到生活中哪些正态分布的例子吗？

【任务实施】

Excel 在统计指标中的应用

一、算术平均数

在 Excel 中将算术平均数称为"均值"。对未分组资料求均值,可以使用 AVERAGE 函数;对分组资料求均值,需要输入加权公式结合填充柄功能。

(一)未分组资料计算算术平均数

将案例分析中的表格数据输入到 Excel 表 A1 到 A10 中,然后进行以下操作:

第一步,单击任一空单元格(用于放置计算好的平均数,此处用 B6 单元格),在"插入"菜单中单击"函数"选项(或直接点击常用工具栏的粘贴函数"fx"按钮),弹出"插入函数"对话框,如图 4—3 所示。

图 4—3 函数对话框

第二步,在对话框的"函数类别"中选择"统计",在"函数名"中选择"AVERAGE",按"确定"按钮,弹出"AVERAGE"对话框,如图 4—4 所示。

图 4—4 算术平均数对话框

第三步,在"AVERAGE"对话框中的 Number 后面,输入"A1:A10",按"确定"按钮即得到平均数 18.9,如图 4—5 所示。

图 4—5 简单平均数计算

(二)分组资料计算算术平均数

现利用例 4—11 的资料举例说明计算加权算术平均数的步骤。

第一步,创建 Excel 文件,在 A、B 列输入表 4—3 的数据,如图 4—6 所示。

第二步,在 C2 单元格中输入公式"=A2*B2",回车确定,拖拽鼠标将公式复制到 C3:C5。

第三步,在 C6 单元格中输入公式"=SUM(C2:C5)",回车确定。

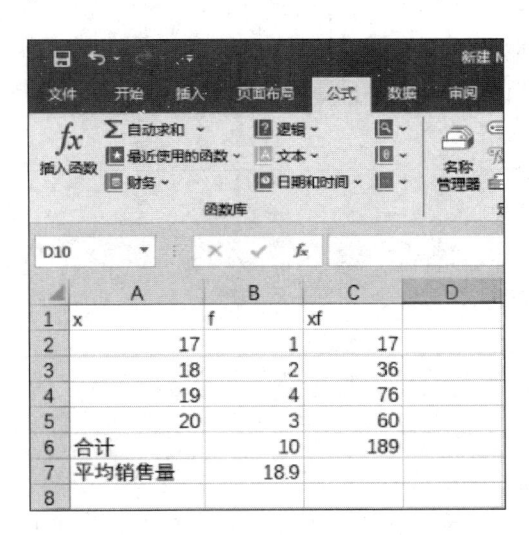

图 4—6 加权算术平均数计算

第四步,在 B7 单元格中输入公式"=C6/B6",回车确定,即求得算术平均数 18.9 万辆。

二、调和平均数

在 Excel 中对未分组数据计算调和平均数,需要使用 HARMEAN 函数。如利用例 4—14 中的数据计算调和平均数。单击任一空单元格,输入"=HARMEAN(5,4,2)",回车确定,即得到调和平均数为 3.158。如图 4—7 所示。

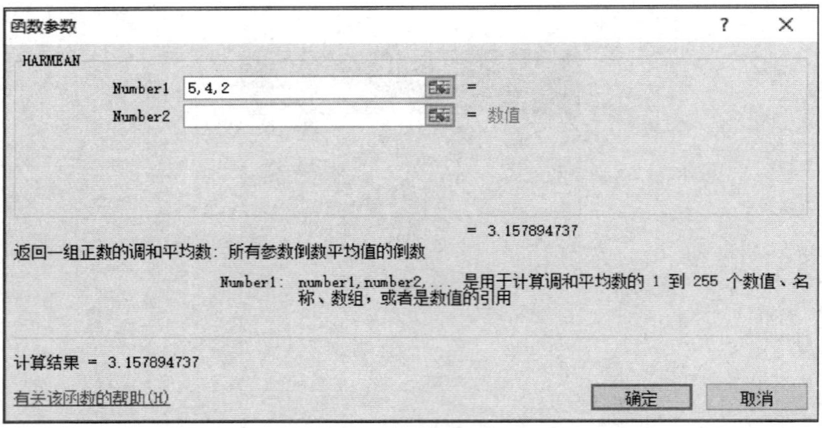

图 4—7 调和平均数对话框

如果数较多，则需要将数据输入到表中的一栏中，利用"粘贴函数"中"统计"的"HARMEAN"函数进行计算，其操作过程与未分组资料计算算术平均数基本一致。

对分组资料计算调和平均数，在将数据输入表中各列以后，需要使用公式输入和填充柄功能进行操作，其操作方法参考根据分组资料计算算术平均数的操作方法。

三、几何平均数

如果数据较少，可以直接使用 GEOMEAN 函数。如计算例 4—17 中四道工序合格率（96%、93%、95%、97%）的平均合格率，可以单击任一空格，输入"=GEOMEAN(0.96,0.95,0.93,0.97)"，回车确认，即得到平均合格率 0.9524(95.24%)，如图 4—8 所示。如果数据较多，则需要将数据输入某列中，利用"粘贴函数"中"统计"的"GEOMEAN"函数进行操作，操作过程与算术平均数基本一致。

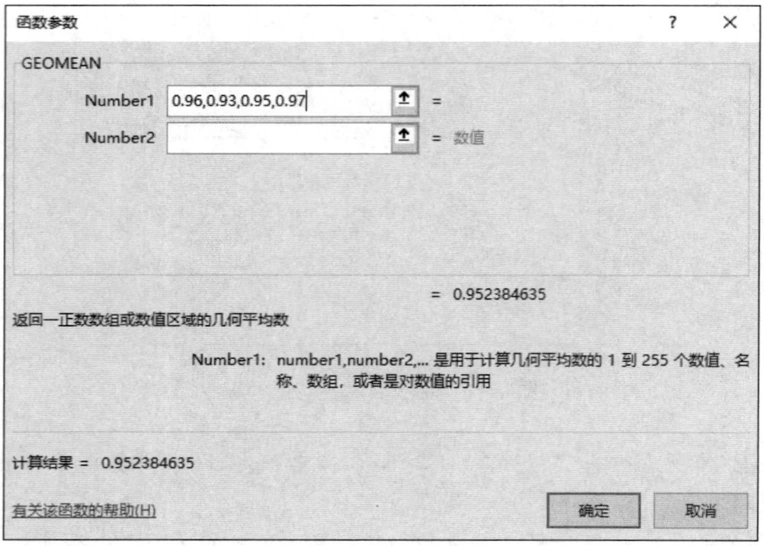

图 4—8 几何平均数对话框

四、众数

(一)未分组资料计算众数

现用例 4—10 的资料计算众数,先将这 10 个数据输入到 Excel 表中的某一列(如 A1:A10),然后单击任一单元格(用于放置计算好的众数),在"插入"菜单中单击"函数"选项(或直接点击常用工具栏中的粘贴函数"fx"按钮),弹出"插入函数"对话框,在对话框的"函数类别"中选择"统计",在"函数名"中选择"MODE",按"确定"按钮,弹出对话框"MODE",在对话框中的 Number 后面,输入"A1:A10",如图 4—9 所示,按"确定"按钮即得到众数 19 万辆。

图 4—9 众数对话框

(二)分组资料计算众数

对组距式数列计算众数,采用公式输入法。如以例 4—20 的资料为例计算众数。首先,确定众数组为 2 000~2 200 这一组,下限为 2 000,众数组次数与前一组次数之差为 50,众数组次数与后一组次数之差为 130,众数组组距为 200;然后单击任一单元格,输入下限公式"=2000+50/(50+130)*200",回车确认,得众数为 2 055.6 元。

五、中位数

(一)未分组资料计算中位数

此情况与未分组资料计算众数的操作步骤基本相同,只是中位数应用的函数为"统计"中的"MEDIAN"函数。

(二)分组资料计算中位数

现用例 4—22 的资料,采用公式输入法计算中位数。首先确定中位数组为 3 000~3 200 这一组,下限为 3 000,中位数组的次数为 180,总次数为 500,中位数组前一组的向上累计次数为 225,中位数组组距为 200,然后单击任一单元格,输入下限公式"3 000+(500/2−225)/180×200",回车确定,得中位数 3 027.8 元。

六、方差和标准差

(一)未分组资料计算方差和标准差

采用案例导入 10 个省份的汽车销售情况,10 个省份汽车销售量(万辆)为 17、18、18、19、

19、19、19、20、20、20,计算方差和标准差。

第一步,将这10个数据输入到Excel表中的某一列(如A1:A10),然后单击任一单元格(用于放置计算好的方差,B6),在"插入"菜单中单击"函数"选项(或直接点击常用工具栏中的粘贴函数"fx"按钮),弹出"插入函数"对话框。

第二步,在对话框的"函数分类"中选择"统计",在"函数名"中选择"VARP",按"确定"按钮,弹出对话框"VARP",在对话框中的Number后面,输入"A1:A10",按"确定"按钮即得到方差0.89。

第三步,再单击任一单元格(用于放置计算好的标准差),在单元格中输入"=B6^0.5"或输入"=SQRT(B6)",回车确定,得到标准差0.94。

标准差的计算也可以直接利用"统计"中的"STDEVP"函数计算,步骤与方差的计算步骤类似。

(二)分组资料计算方差和标准差

以例4—28中的资料为例计算方差和标准差,计算步骤如下:

第一步,将有关数据输入表中,如图4—9中的A2—A7、B2—B7两列,在C2单元格中输入公式"=A2*B2",回车确定,拖拽鼠标将公式复制到C3:C6。

第二步,在C7单元格中输入公式"=SUM(C2:C6)",回车确定得总分3 940分。

第三步,在B8单元格中输入公式"=C7/B7",回车确定,即求得算术平均数78.8分。

第四步,在D2单元格输入公式"=A2-B8",回车确定。注意B8一定要用绝对引用。拖拽鼠标将公式复制到D3:D6。

第五步,在E2单元格中输入公式"=D2*D2*B2",回车确定,拖拽鼠标将公式复制到E3:E6。

第六步,在E7单元格中输入公式"=SUM(E2:E6)",回车确定得5 578。

第七步,在B9单元格输入公式"=E7/B7",回车确定,得方差111.56。

第八步,在B10单元格中输入公式"=SQRT(B9)",即求得标准差10.56分。

计算结果如图4—10所示。

	A	B	C	D	E
1	x	f	xf	$x-\bar{x}$	$(x-\bar{x})^2 f$
2	55	3	165	-23.8	1699.32
3	65	7	455	-13.8	1333.08
4	75	14	1050	-3.8	202.16
5	85	20	1700	6.2	768.8
6	95	6	570	16.2	1574.64
7	合计	50	3940		5578
8	平均数	78.8			
9	方差	111.56			
10	标准差	10.5622			

图4—10 方差和标准差计算结果

【项目小结】

在项目四的学习中,你已经了解到了统计学里面一些基础的统计指标以及这些指标的计算方法。总量指标是表明社会经济现象达到的总规模或总水平的综合指标,一般通过登记各单位的具体数值加以汇总计算所得。可以分为总体单位总量和总体标志总量,时期指标和时

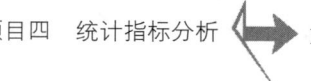

点指标,实物指标、价值指标和劳动指标。

相对指标是表明社会经济现象相对数量水平的综合指标,常常和总量指标结合起来使用。总共有6类相对指标,分别是结构相对指标、比例相对指标、比较相对指标、动态相对指标、强度相对指标和计划完成相对指标。具体计算方法如表4—15所示。

表4—15　　　　　　　　　　相对指标的分类及计算公式

分类	计算公式
结构相对指标	总体中某一部分数值/总体全部数值
比例相对指标	总体中某一指标数值/总体中另一指标数值
比较相对指标	甲空间某类指标数值/乙空间同类指标数值
动态相对指标	报告期指标数值/基期指标数值
强度相对指标	某一总量指标数值/另一性质不同但有联系的总量指标数值
计划完成程度相对指标	实际完成数/计划任务数×100%

平均指标反映的是现象的一般数量水平(平均水平),项目四中主要介绍了5种平均数,其中算术平均数、调和平均数和几何平均数为数值平均数,因为它们的大小直接受各变量值大小的影响,众数和中位数为位置平均数,因为其指标数值的大小与各变量值的大小无关,而是与各变量值在变量数列中所处的位置及变量值出现的次数有直接关系。众数是变量数列中出现次数最多的那个变量值,而中位数则是各变量值按大小顺序排列后位于中间位置的那个变量值。

变异指标分为全距、平均差、标准差和变异系数四种。它们衡量平均指标的代表性的规则是一样的,即变异指标数值越大,说明总体内各标志值的离差程度越大,则平均指标对总体的代表性就越弱。但这里值得注意的是,全距、平均差和标准差是从绝对数量方面来衡量平均指标的代表性的,也就是说,它们反映的是各变量值与平均数的绝对离差;而变异系数是反映各变量值与平均数的相对离差。

【知识巩固】

一、单项选择题

1. 总量指标是用(　　)表示的。
A. 绝对数形式　　　B. 相对数形式　　　C. 平均数形式　　　D. 百分比形式
2. 直接反映总体规模大小的指标是(　　)。
A. 平均指标　　　　B. 相对指标　　　　C. 总量指标　　　　D. 变异指标
3. 2023年某市下岗职工已安置了13.7万人,安置率达80.6%,安置率是(　　)。
A. 总量指标　　　　B. 变异指标　　　　C. 平均指标　　　　D. 相对指标
4. 某工业企业产品年生产量为10万件,期末库存量为3.8万件,它们是(　　)。
A. 时期指标　　　　　　　　　　　　　　B. 时点指标
C. 前者是时期指标后者是时点指标　　　　D. 前者是时点指标,后者是时期指标
5. 两数对比,若分母数值比分子数值大很多时,常用的相对数形式为(　　)。
A. 成数　　　　　　B. 倍数　　　　　　C. 百分数　　　　　D. 千分数

6. 比例相对指标是反映总体的内部各部分之间内在的(　　)。
   A. 数量关系　　　B. 质量关系　　　C. 计划关系　　　D. 密度关系
7. 下列指标中属于结构相对指标的是(　　)。
   A. 产值计划完成程度
   B. 物质生产部门净产值占总产值的比重(净产值是总产值中扣除物质消耗以后的剩余部分)
   C. 产值资金占用率(反映生产单位产值所平均占用流动资金的数额。其值越小,说明流动资金利用效果越好,相反,其值越大,说明流动资金利用效果越差)
   D. 百元流动资金利税率(即每百元流动资金创造利税)
8. 下面属于结构相对数的有(　　)。
   A. 人口出生率　　B. 产值利润率　　C. 恩格尔系数　　D. 工农业产值比
9. 某厂2022年完成产值200万元,2023年计划增长10%,实际完成231万元,超额完成计划(　　)。
   A. 5%　　　　B. 5.5%　　　　C. 15.5%　　　　D. 115.5%
10. 标志变异指标中最易受极端值影响的是(　　)。
    A. 全距　　　　B. 标准差　　　　C. 平均差　　　　D. 标准差系数
11. 平均差与标准差的主要区别是(　　)。
    A. 说明意义不同　B. 计算条件不同　C. 计算结果不同　D. 数学处理方法不同

二、多项选择题

1. 相对指标的计算单位有(　　)。
   A. 百分数　　　B. 千分数　　　C. 系数或倍数　　　D. 成数
   E. 复名数
2. 下列统计指标属于总量指标的是(　　)。
   A. 工资总额　　　　　　　　B. 商业网点密度
   C. 商品库存量　　　　　　　D. 人均国内生产总值
   E. 进出口总额
3. 下列指标中的结构相对指标是(　　)。
   A. 集体所有制企业职工总数的比重　　B. 某工业产品产量比上年增长的百分比
   C. 大学生占全部学生的比重　　　　　D. 某年积累额占国民收入的比重
   E. 某年人均消费额
4. 在相对指标中,属于不同总体数值对比的指标有(　　)。
   A. 动态相对指标　B. 结构相对指标　C. 比较相对指标　D. 比例相对指标
   E. 强度相对指标
5. 下列相对指标中,分子分母不能对换的指标有(　　)。
   A. 比较相对指标　　　　　　B. 结构相对指标
   C. 比例相对指标　　　　　　D. 强度相对指标
   E. 计划完成相对指标
6. 据预测,若中国大陆GDP平均每年增长5.5%,到2035年可达到32.2万亿美元,占全球比重30%,人均GDP2.3万美元。该资料中用到的指标有(　　)。

A. 绝对数　　　　　B. 动态相对数　　　C. 比较相对数　　　D. 强度相对数
E. 结构相对数

7. 反映国民经济产业结构的相对数是(　　)。
A. 国民生产总值　　　　　　　　B. 第一、二、三产业产值之比
C. 各产业增长速度　　　　　　　D. 各产业比上年增长量
E. 各产业占的比重

8. 2023 年末全国就业人员 74 041 万人,比上年末增加 1 244 万人。年末城镇登记失业率为 5.1%,其中,(　　)。
A. 就业人数是时期数　　　　　　B. 增加的就业人数是时期数
C. 就业人数是时点数　　　　　　D. 失业率是结构相对数
E. 就业人数和增加人数都是绝对数

9. 平均指标是(　　)。
A. 一个综合指标　　　　　　　　B. 根据变量数列计算的
C. 不在同质总体内计算的　　　　D. 在同质总体内计算的

10. 算术平均数的基本公式中,(　　)。
A. 分子分母同属于一个总体　　　B. 分子分母的计量单位相同
C. 分母是分子的承担者　　　　　D. 分子分母均是数量指标

三、计算题

1. 对 10 名成年人和 10 名幼儿的身高(厘米)进行抽样调查,结果如下:
成年组: 166　169　172　177　180　170　172　174　168　173
幼儿组: 68　69　68　70　71　73　72　73　74　75
比较分析哪一组的身高差异大?

【技能强化】

统计指标分析

一、实训目的
1. 掌握平均指标和变异指标的分析方法;
2. 培养学生应用平均指标和变异指标分析实际问题的能力。

二、实训内容
小李是一名即将毕业的物流管理专业的应届毕业生,通过多轮的面试,目前已经收到甲、乙两家公司的录用通知,小李已经获知这两家公司的一些信息见表 4—16。小李在获知这些信息后该如何选择公司呢?

表 4—16　　　　　　　　两公司员工工资信息　　　　　　　　单位:元

员工收入 公司名称	经理	副经理	员工 A	员工 B	员工 C	员工 D	员工 E	员工 F	员工 G	员工 H
甲	9 500	7 600	4 200	2 800	2 550	2 200	2 200	2 200	2 200	—
乙	6 600	4 850	3 750	2 900	2 450	2 350	2 250	2 250	2 250	2 000

三、实训要求

1. 学生分组,每组5~6人,查阅平均指标和变异指标的相关知识;
2. 根据提供的信息分析解决步骤;
3. 利用Excel工具建立数据库;
4. 计算平均指标,判断甲、乙公司员工平均收入;
5. 计算变异指标,判断甲、乙公司员工收入的差异程度;
6. 根据平均指标和变异指标为小李提供决策方案,并说明原因;
7. 小组派代表发言,教师点评。

四、实训评价

每个小组形成一份实训报告并进行汇报交流,通过自评、互评和教师评价综合评定成绩。

【素养提升】

习近平:中国永远是发展中国家中的一员

2023年2月,美国民主、共和两党参议员向参院外交关系委员会递交《终止中国发展中国家地位法案》,要求禁止美国在条约谈判中将中国作为发展中国家对待。递交议案的参议员声称"中国早已不具备发展中国家特征""不应再获得不公平竞争优势"。

目标:
(1)了解目前世界发展格局,了解我国发展基本情况。
(2)通过对发展中国家和发达国家评定标准的学习,了解统计数据分析的重要性。

要求:
(1)观看习近平总书记就"中国永远是发展中国家中的一员"发表的演讲视频。
(2)课堂讨论:美国通过《终止中国发展中国家地位法案》是何原因?有何影响?发展中国家和发达国家评定标准是什么?

中国永远是发展中国家中的一员

【拓展视野】

管理会计中的指标分析

案例来源:国赛业财税融合大数据应用赛项

在财务工作中,资产负债表是反映企业在某一时点财务状况的报表,利润表是反映企业在一定期间经营成果的报表,我们经常需要对资产负债结构和利润构成进行统计,从而分析企业的投融资结构和经营情况。以下案例就是对企业的资产结构和利润构成进行分析。

业务描述:

根据飞龙动力2021年和2022年资产和利润状况,对资产结构和利润构成进行分析,并明确重大变动情况。请在表中空白处作答。

提示:占总资产比例及比重增减四舍五入到0.01%;比重增减=2022年末比例-2021年末比例

1. 请完成资产结构变动分析

表 4—17 资产结构变动分析表

部分项目	2022 年末 金额(元)	占总资产比例	2021 年末 金额(元)	占总资产比例	比重增减
货币资金	2 104 952 776.80		2 501 971 458.74		
交易性金融资产	323 000 000.00		293 643 394.84		
应收票据	689 780 957.40		351 405 665.54		
应收账款	765 529 076.61		1 344 617 745.35		
预付款项	72 275 754.60		83 075 580.00		
其他应收款	1 727 763 415.10		1 117 546 702.88		
存货	1 768 119 471.92		1 801 860 226.60		
合同资产	270 430 743.00		245 846 130.00		
流动资产合计	7 721 852 195.43		7 739 966 903.95		
长期应收款	50 482 489.73		50 482 489.73		
长期股权投资	256 145 340.00		232 859 400.00		
固定资产	2 165 405 116.96		2 519 566 728.00		
在建工程	904 192 717.27		998 763 551.60		
使用权资产	142 149 148.31		159 859 534.07		
无形资产	699 371 034.64		780 354 250.88		
开发支出	37 876 964.26		42 085 515.84		
长期待摊费用	65 815 909.09		73 875 000.00		
非流动资产合计	4 477 428 870.98		5 236 978 197.31		
资产总计	12 199 281 066.41		12 976 945 101.26		

2.请完成负债结构变动分析

表 4—18 负债结构变动分析表

项目	2022 年末 金额(元)	占总资产比例	2021 年末 金额(元)	占总资产比例	比重增减
短期借款	1 090 000 000.00		1 706 600 000.00		
应付票据	365 182 578.13		261 990 455.32		
应付账款	2 774 063 008.42		2 943 645 724.53		
合同负债	123 775 157.62		591 227 398.35		
应付职工薪酬	31 273 222.55		30 676 122.63		
应交税费	53 059 921.41		34 564 771.25		
其他应付款	254 352 202.14		495 820 213.10		
流动负债合计	4 691 706 090.27		6 064 524 685.18		

续表

项目	2022年末 金额(元)	占总资产比例	2021年末 金额(元)	占总资产比例	比重增减
长期借款	2 067 630 000.00		3 057 630 000.00		
租赁负债	70 317 358.06		114 503 544.74		
预计负债	142 056 156.62		141 129 824.10		
非流动负债合计	2 282 684 764.68		3 315 944 618.84		
负债合计	6 974 390 854.95		9 380 469 304.02		
所有者权益合计	5 224 890 211.46		3 596 475 797.24		
负债和所有者权益总计	12 199 281 066.41		12 976 945 101.26		

3. 请完成利润构成分析

表4—19　　　　　　　　利润构成分析表

项目	2022年度 金额(元)	占总收入比例	2021年度 金额(元)	占总收入比例	比重增减
营业收入	13 345 989 115.68		13 570 225 590.71		
营业成本	11 154 299 089.32		11 935 623 791.39		
税金及附加	37 368 769.52		37 477 159.82		
销售费用	399 367 802.6		408 819 411.26		
管理费用	172 838 524.62		171 463 730.54		
研发费用	133 459 891.15		108 561 804.72		
财务费用	195 212 922.18		203 553 383.87		
利息费用	144 581 498.7		162 842 707.09		
所得税费用	195 699 539.94		254 446 721.27		
净利润	1 051 974 583.45		675 258 967.25		
毛利率					

业务实施：

1. 完成资产结构变动分析

将企业基础数据复制到excel中,通过设置公式,占总资产比例＝单项资产/资产总额,比重增减＝2022年末比例－2021年末比例,可计算出各种资产结构变动情况,如表4—20所示。

视频讲解

表4—20　　　　　　　　　　　　　　资产结构变动分析表

部分项目	2022年末 金额（元）	2022年末 占总资产比例	2021年末 金额（元）	2021年末 占总资产比例	比重增减
货币资金	2 104 952 776.80	17.25%	2 501 971 458.74	19.28%	−2.03%
交易性金融资产	323 000 000.00	2.65%	293 643 394.84	2.26%	0.39%
应收票据	689 780 957.40	5.65%	351 405 665.54	2.71%	2.94%
应收账款	765 529 076.61	6.28%	1 344 617 745.35	10.36%	−4.08%
预付款项	72 275 754.60	0.59%	83 075 580.00	0.64%	−0.05%
其他应收款	1 727 763 415.10	14.16%	1 117 546 702.88	8.61%	5.55%
存货	1 768 119 471.92	14.49%	1 801 860 226.60	13.89%	0.60%
合同资产	270 430 743.00	2.22%	245 846 130.00	1.89%	0.33%
流动资产合计	7 721 852 195.43	63.30%	7 739 966 903.95	59.64%	3.66%
长期应收款	50 482 489.73	0.41%	50 482 489.73	0.39%	0.02%
长期股权投资	256 145 340.00	2.10%	232 859 400.00	1.79%	0.31%
固定资产	2 165 405 116.96	17.75%	2 519 566 728.00	19.42%	−1.67%
在建工程	904 192 717.27	7.41%	998 763 551.60	7.70%	−0.29%
使用权资产	142 149 148.31	1.17%	159 859 534.07	1.23%	−0.06%
无形资产	699 371 034.64	5.73%	780 354 250.88	6.01%	−0.28%
开发支出	37 876 964.26	0.31%	42 085 515.84	0.32%	−0.01%
长期待摊费用	65 815 909.09	0.54%	73 875 000.00	0.57%	−0.03%
非流动资产合计	4 477 428 870.98	36.70%	5 236 978 197.31	40.36%	−3.66%
资产总计	12 199 281 066.41	100.00%	12 976 945 101.26	100.00%	

从上述数据进一步分析可知，2022年流动资产占比达到63.3%，且相比2021年比重增加3.66%，说明流动资产大幅提高，可能存在资金利用效率较低、无法获得良好收益风险，若市场出现波动，可能面临着库存滞销风险

2.完成负债结构变动分析

表4—21　　　　　　　　　　　　　　负债结构变动分析表

项目	2022年末 金额（元）	2022年末 占总资产比例	2021年末 金额（元）	2021年末 占总资产比例	比重增减
短期借款	1 090 000 000.00	8.93%	1 706 600 000.00	13.15%	−4.22%
应付票据	365 182 578.13	2.99%	261 990 455.32	2.02%	0.97%
应付账款	2 774 063 008.42	22.74%	2 943 645 724.53	22.68%	0.06%
合同负债	123 775 157.62	1.01%	591 227 398.35	4.56%	−3.55%
应付职工薪酬	31 273 222.55	0.26%	30 676 122.63	0.24%	0.02%

续表

项目	2022年末 金额(元)	占总资产比例	2021年末 金额(元)	占总资产比例	比重增减
应交税费	53 059 921.41	0.43%	34 564 771.25	0.27%	0.16%
其他应付款	254 352 202.14	2.08%	495 820 213.10	3.82%	−1.74%
流动负债合计	4 691 706 090.27	38.46%	6 064 524 685.18	46.73%	−8.27%
长期借款	2 067 630 000.00	16.95%	3 057 630 000.00	23.56%	−6.61%
租赁负债	70 317 358.06	0.58%	114 503 544.74	0.88%	−0.30%
预计负债	142 056 156.62	1.16%	141 129 824.10	1.09%	0.07%
非流动负债合计	2 282 684 764.68	18.71%	3 315 944 618.84	25.55%	−6.84%
负债合计	6 974 390 854.95	57.17%	9 380 469 304.02	72.29%	−15.12%
所有者权益合计	5 224 890 211.46	42.83%	3 596 475 797.24	27.71%	15.12%
负债和所有者权益总计	12 199 281 066.41	100.00%	12 976 945 101.26	100.00%	

从上述可知,2022年年末负债合计占比为57.17%,相比2021年比重减少15.12%,说明负债相对减少,经营风险相对降低,更有可能承受市场冲击。

3. 完成利润构成分析

表4—22　　　　　　　　　　利润构成分析表

项目	2022年度 金额(元)	占总收入比例	2021年度 金额(元)	占总收入比例	比重增减
营业收入	13 345 989 115.68	100.00%	13 570 225 590.71	100.00%	0.00%
营业成本	11 154 299 089.32	83.58%	11 935 623 791.39	87.95%	−4.37%
税金及附加	37 368 769.52	0.28%	37 477 159.82	0.28%	0.00%
销售费用	399 367 802.6	2.99%	408 819 411.26	3.01%	−0.02%
管理费用	172 838 524.62	1.30%	171 463 730.54	1.26%	0.04%
研发费用	133 459 891.15	1.00%	108 561 804.72	0.80%	0.20%
财务费用	195 212 922.18	1.46%	203 553 383.87	1.50%	−0.04%
利息费用	144 581 498.7	1.08%	162 842 707.09	1.20%	−0.12%
所得税费用	195 699 539.94	1.47%	254 446 721.27	1.88%	−0.41%
净利润	1 051 974 583.45	7.88%	675 258 967.25	4.98%	2.90%
毛利率	16.42%		12.05%		4.37%

与2021年度同比分析,飞龙动力毛利率比重增加4.37%,说明盈利能力相对较强,成本控制能力增强;其他费用相差不大。

项目五　时间序列分析

【知识结构图】

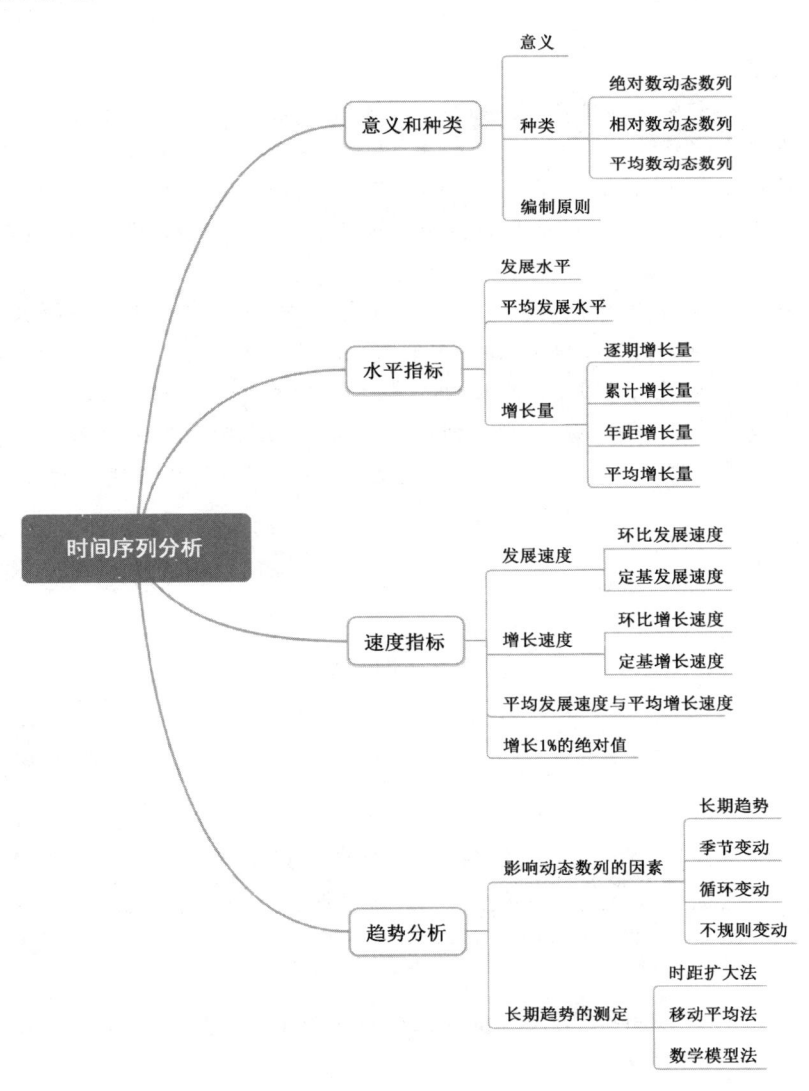

```
                            ┌─ 意义
               ┌─ 意义和种类 ─┼─ 种类 ─┬─ 绝对数动态数列
               │              │        ├─ 相对数动态数列
               │              │        └─ 平均数动态数列
               │              └─ 编制原则
               │
               │              ┌─ 发展水平
               │              ├─ 平均发展水平
               ├─ 水平指标 ───┤            ┌─ 逐期增长量
               │              │            ├─ 累计增长量
               │              └─ 增长量 ───┤
               │                           ├─ 年距增长量
时间序列分析 ──┤                           └─ 平均增长量
               │
               │              ┌─ 发展速度 ─┬─ 环比发展速度
               │              │            └─ 定基发展速度
               ├─ 速度指标 ───┼─ 增长速度 ─┬─ 环比增长速度
               │              │            └─ 定基增长速度
               │              ├─ 平均发展速度与平均增长速度
               │              └─ 增长1%的绝对值
               │
               │              ┌─ 影响动态数列的因素 ─┬─ 长期趋势
               │              │                      ├─ 季节变动
               │              │                      ├─ 循环变动
               └─ 趋势分析 ───┤                      └─ 不规则变动
                              │                      ┌─ 时距扩大法
                              └─ 长期趋势的测定 ─────┼─ 移动平均法
                                                     └─ 数学模型法
```

【学习目标】

知识目标

1. 了解时间序列的构成要素与种类；
2. 掌握水平指标和速度指标的计算与应用；
3. 了解现象趋势分析的方法。

能力目标

1. 能够根据不同的时间序列数据分析其变动规律；
2. 能用水平指标和速度指标分析社会经济问题。

素质目标

1. 坚定辩证唯物主义思想，理解统计学中对立统一、部分与整体的哲学思想。
2. 用发展的眼光看待问题和数据，培育理性思维和批判精神。

【案例导入】

汽车产业是我国重要支柱性产业。根据《2023年中国经济年报》显示，2023年汽车产业发展亮点纷呈。汽车产销量首次突破3 000万辆。2023年全年产销分别实现了3 016.1万辆和3 009.4万辆，同比增长11.6%和12%，创历史新高。汽车零售额实现4.86万亿元，占社会消费品零售总额的10.3%，汽车制造业规模以上工业增加值同比增长13%，这些都为我国经济稳定增长作出了重要贡献。

在新能源汽车领域，我国新能源汽车产销量继续领跑全球。2023年，新能源汽车产销分别完成了958.7万辆和949.5万辆，同比分别增长35.8%和37.9%，新车销量达到汽车新车总销量的31.6%。回望过去十年，我国新能源汽车产销量增长约126倍，连续9年产销量位居全球第一。产销量暴涨折射的是我国新能源汽车产业从跟跑到领跑的行业地位，以及日益完备的产业支撑体系。图5—1展示了我国新能源汽车从弱到强、由强变精的发展之路。

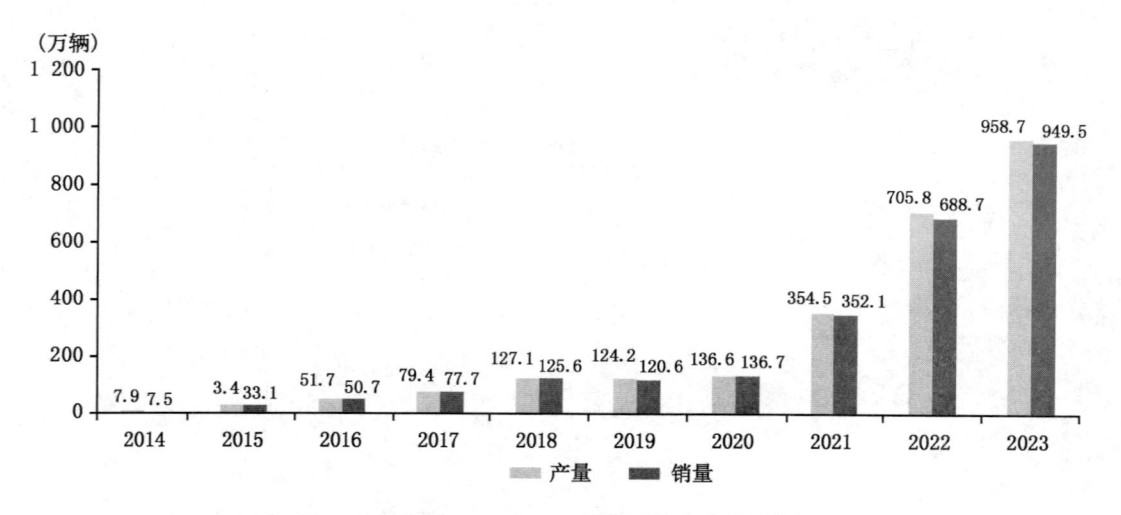

图5—1 我国2014—2023新能源汽车产销量数据

在这一年,我国某汽车公司新能源汽车增长提速,全年销售新能源汽车61.9万辆,同比增长1.6倍。其中,新能源乘用车销售55.2万辆,同比增长157.2%,新能源商用车销售6.7万辆,同比增长153.4%。2023年,公司坚持电动、混动、氢动技术等多线齐发,同步发展充电和换电技术,持续加码新能源产品布局。

该公司年度报告公布了2023年的销售量,如图5-2所示。

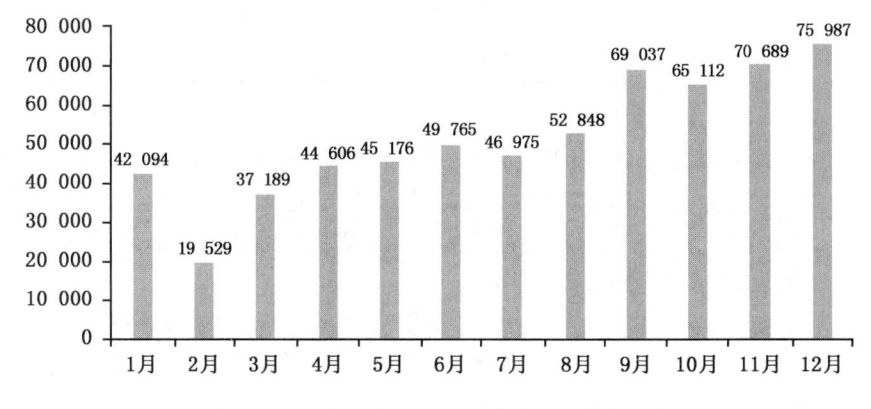

```
80 000                                                              75 987
70 000                                           69 037       70 689
                                                      65 112
60 000
                                         49 765    52 848
50 000         44 606  45 176       46 975
        42 094
40 000              37 189
30 000
20 000    19 529
10 000
    0
        1月  2月  3月  4月  5月  6月  7月  8月  9月  10月 11月 12月
```

图5-2　某公司2023年新能源汽车销售量

任务发布:通过编制和分析时间序列,可以从现象的量变过程中反映其发展变化的方向、程度和趋势,研究其数量变化的规律性。从案例中,你可以发现哪些是动态数列的水平指标,哪些是动态数列的速度指标吗?如何根据水平指标和速度指标进行发展趋势的测定呢?

任务一　时间序列的意义与种类

要完整了解社会经济现象,不仅需要关注总量指标、相对指标等静态数据,还需关注到统计数据的发展变化。根据世界卫生组织2021年发布的调查报告显示,中国整体预期寿命为77.4岁(男性74.7岁,女性80.5岁),相比1949年新中国成立前人均预期寿命不足35岁,增长了一倍以上。预期寿命指同一时期出生的人预期能继续生存的平均年数,是一个估计值,计算预期寿命建立在时间序列编制的基础之上。预期寿命的不断提高标志着我国的健康事业正在朝着"病有所医、病有所养、全面健康"的方向前进。

一、时间序列的意义

社会经济现象总是随着时间的推移而不断地发展变化,因此需要进行动态的分析。所谓动态,就是现象在时间上的发展变化。要进行动态分析,就要编制时间序列。将某一个统计指标在不同时间上的各个数值,按时间先后顺序排列,就形成了一个时间序列,也叫时间数列。表5-1列举了我国2018—2022年若干经济指标,它们就构成了不同的时间序列。

表 5—1　　　　　　　　　我国 2018—2022 年若干经济指标

年份　　指标	2018	2019	2020	2021	2022
国内生产总值(亿元)	919 281	986 515	1 013 567	1 149 237	1 210 207
年底总人口数(万人)	139 538	140 005	141 178	141 260	141 175
人均可支配收入(元)	28 228	30 733	32 189	35 128	36 883
城镇居民家庭恩格尔系数(%)	28.4	28.2	30.2	29.8	30.5

资料来源:《中国统计年鉴(2022)》。

由表 5—1 可以看出,以上四个时间序列中每个数列一般由两个基本要素构成:一是被研究现象所属的时间,如表中时间是 2018—2022 年;二是不同时间上的统计指标数值,如表中各年的国内生产总值、年底总人口数、人均可支配收入、城镇居民家庭恩格尔系数。

编制和分析时间序列具有重要的作用:

首先,可以从现象的量变的过程中反映其发展变化的方向、程度和趋势,研究其数量变化的规律性。比如,通过分析 2018—2022 年人均可支配收入的时间序列可以看到,我国人均可支配收入随着时间的推移,呈不断增长的趋势。

其次,通过对时间序列资料的研究,可以对某些社会经济现象进行预测。

最后,利用时间序列资料的研究,可以在不同地区或国家之间进行对比分析。编制和分析时间序列具有非常重要的作用,动态分析已成为对社会经济现象进行统计分析的一种重要方法。

二、时间序列的种类

按照构成时间序列的统计指标的表现形式不同,时间序列可以分为绝对数时间序列、相对数时间序列和平均数时间序列三种类型,其中绝对数时间序列是基本数列,相对数时间序列是派生数列。

(一)绝对数时间数列

绝对数时间数列的统计指标为总量指标,指标值为绝对数。具体可分为时期时间数列和时点时间数列。表 5—1 中的国内生产总值数列就是时期数列,年底总人口数数列就是时点数列。[①]

(二)相对数动时间列

相对数时间数列的统计指标是相对指标,它可以反映相互联系的现象之间的发展变化过程。表 5—1 中城镇居民家庭恩格尔系数数列就是相对数时间数列,这个数列反映 2018—2022 年我国居民食品类支出在居民总支出中比重的变化过程。

(三)平均数时间数列

平均数时间数列的统计指标是平均指标,指标表现为平均数,它可以反映现象一般水平的发展趋势。表 5—1 中人均可支配收入数列就是平均数时间数列,这个数列反映了我国人均可支配收入不断增加。

---

① 时期数列和时点数列的差异在项目四中进行了详细的介绍,这里不再过多说明。

三、时间序列的编制原则

编制各种时间数列的主要目的是为了分析现象的发展变化过程及规律性,揭示现象间的相互关系,因此,编制时间序列的基本要求就是保证数列中各项指标值具有可比性。而要满足指标值具有可比性的要求,在编制时间序列时必须遵循以下原则。

(一)总体范围应该一致

总体范围,是指时间数列指标值所包括的地区范围、隶属关系范围等。在进行时间数列分析时,要查明所依据的指标值总体范围是否前后一致。只有范围一致才能对比,如有变动应进行必要的调整。

(二)时间长短应该一致

在同一时期数列中,各个指标值所属时期长短应该保持一致,否则就不能比较。

(三)经济内容应该一致

如乡镇工业企业和现代工业企业在性质上是有差别的,不能将两类企业的指标混在一起,编制一个时间数列进行分析研究。又如同样是农作物,经济作物和粮食作物就不能混为一谈。

(四)计算口径应该保持一致

如研究工业企业劳动生产率,产量可以用实物量计算,也可以用价值量计算;人数可以是全部职工数,也可以生产工人数。对此,编制时间数列时要有明确的指示,以保证前后各期统一。

为了研究现象的发展规模和程度,揭示事物发展的规律,需要根据时间数列的资料计量一系列动态分析指标。动态分析指标可以分为两大类:一类是水平指标,一类是速度指标。下面两节对此进行介绍。

任务二 时间序列的水平指标

一、发展水平

发展水平是指时间序列中的各项指标数值,它反映现象在一定时期内或时点达到的水平,是计量其他动态分析指标的基础,用"a"表示。

发展水平一般是某一时期或时点的总指标量,如国内生产总值、在册工人数等;也可以是平均指标,如单位产品成本、平均库存额等;还可以是相对指标,如流动资金周转次数等。

发展水平由于在时间序列中所处的位置和作用不同而有所区别。

按发展水平在时间序列中的位置不同,通常将时间序列中的第一项指标数称为最初水平,一般表示为 a_0;最后一项指标称为最末水平,一般表示为 a_n;其余中间各项指标数值称为中间水平,一般表示为 $a_1, a_2, \cdots, a_{n-1}$。

按发展水平在时间序列中的作用不同,通常将分析研究的时期内的发展水平称为报告期水平,将作为比较基础时期发展水平称为基期水平。

发展水平在文字上习惯用"增加到""降低到""降低为"来表述。如 2021 年我国国内生产总值 1 149 237 亿元,2022 年增加到 1 210 207 亿元。

二、平均发展水平

平均发展水平又称为序时平均数或动态平均数，是将时间序列中不同时期的发展水平加以平均而得到平均数。平均发展水平与一般平均数（静态平均数）既有共同之处，又有区别。共同之处是：两者都是将现象的个别数量差异抽象化，概括地反映现象的一般水平。区别是：

(1) 平均发展水平是同一现象在不同时期上发展的平均数，从动态上说明现象在某一段时间内发展的一般水平，它是根据时间序列计算的；而一般平均数是同质总体内各单位标志值的平均数，从静态上说明各总体单位标志值在具体历史条件下的一般水平，它是根据变量数列计算的。

(2) 平均发展水平是对同一现象不同时间上的数值差异的抽象化，而一般平均数是对同一时间总体某一数量标志值差异的抽象化。此外，平均发展水平还可以解决时间数列中某些可比性问题。例如，由于各月的日历天数不同，会影响到企业总产值的大小，如果计算出各月每日平均产值来进行对比，就具有可比性，更能反映总产值发展水平变化情况。

平均发展水平可根据绝对数时间数列计算，也可以根据相对数时间数列或平均数时间数列来计算。绝对数时间数列平均发展水平的计量方法是最基本的方法。

（一）由绝对数时间数列计算平均发展水平

1. 由时期数列计算平均发展水平

由于时期指标数值具有可加性，其计算平均发展水平的方法就比较简单。可以用简单算术平均法，将各时期指标数值的总和除以时期项数。其计算公式为：

$$\bar{a} = \frac{a_1 + a_2 + \cdots + a_n}{n} = \frac{\sum a}{n}$$

式中：

$\bar{a}$——平均发展水平；

a——各时期发展水平；

n——时期项数。

【例 5—1】 根据表 5—1 中各年的我国国内生产总值资料，计算 2018～2022 年期间我国年平均国内生产总值。其计算过程如下：

$$\bar{a} = \frac{\sum a}{n} = \frac{919\,281 + 986\,515 + 1\,013\,567 + 1\,149\,237 + 1\,210\,207}{5} = 1\,055\,761.4（亿元）$$

计算结果表明，2018～2022 年期间我国年平均国内生产总值为 1 055 761.4 亿元。

2. 由时点数列计算平均发展水平

要精确计量时点数列的平均发展水平，就应掌握每一时点的资料，但实际上这是不可能的。在社会经济统计中一般将一天看作一个时点，即以"天"作为最小时间单位。这样便有连续时点数列和间断时点数列的区别。资料逐日登记且逐日排列的是连续时点数列；资料不是逐日登记，而是间隔较长一段时间（月、季或年）后再登记一次，然后依次排列的是间断时点数列。这两种数列计算平均发展水平的方法有所不同。

(1) 由连续时点数列计算平均发展水平。连续时点有两种登记方式，计算方法也有所不同。

第一种是连续时点数列的资料是逐日登记且逐日排列的，即已掌握了整个考察期内连续性的时点数据，因此，可以采用简单算术平均法来计算平均发展水平，即以各时点指标值和除以时点项数。其计算公式为：

$$\bar{a} = \frac{a_1 + a_2 + \cdots + a_n}{n} = \frac{\sum a}{n}$$

【例 5—2】 某工厂周一至周五人数资料见表 5—2,请计算该厂本周平均人数。

表 5—2　　　　　　　　　　　某工厂人数

时间	周一	周二	周三	周四	周五
人数（人）	244	240	242	249	250

$$\bar{a} = \frac{\sum a}{n} = \frac{244 + 240 + 242 + 249 + 250}{5} = \frac{1\ 225}{5} = 245（人）$$

计算结果表明,该厂本周平均每天人数为 245 人。

第二种是连续时点数列资料登记的时间仍是一天,只是在指标值发生变动时才记录一次,此时就要用每次资料持续不变的时间长度为权数进行加权平均。其计算公式如下:

$$\bar{a} = \frac{a_1 f_1 + a_2 f_2 + \cdots a_n f_n}{f_1 + f_2 + \cdots + f_n} = \frac{\sum af}{\sum f}$$

式中:

a——各时点的发展水平;

f——各时点间隔长度。

【例 5—3】 某商店 1 月份职工人数变动情况见表 5—3,请计算该商店 1 月份平均职工人数。

表 5—3　　　　　　　　　　某商店人数变动情况

时间	1 日	9 日	15 日	31 日
人数（人）	38	45	30	25

$$\bar{a} = \frac{\sum af}{\sum f} = \frac{38 \times 8 + 45 \times 6 + 30 \times 16 + 25 \times 1}{31} = \frac{1079}{31} \approx 35（人）$$

计算结果表明,该商店 1 月份平均职工人数为 35 人。

(2)由间断时点数列计算平均发展水平。间断时点数列是间隔一段时间对现象在某一时点上所表现的状况进行一次性登记,并将登记的数据按照时间先后顺序排列所形成的时间数列。实际工作中登记日常常是在期初或期末、季初或季末、年初或年末等。

由间断时点数列计算平均发展水平一般要采用两个假设条件:一是假设上期期末水平等于本期期初水平(上期期末和本期期初是两个连续的时点,这里假设两个时点的水平没有变化);二是假设现象在间隔期内的数量变化是均匀的。

根据上述两个假设条件,由间断时点数列计算平均发展水平一般分为两步:

第一步,计算各间隔期的平均水平。

第二步,以各间隔期长度为权数,对各间隔期的平均水平再进行加权平均计算,得到间断时点数列的平均发展水平。

由于间隔时点数的间隔期有的相等,有的不相等,所以计算平均发展水平的具体方法也不相同。

① 由间隔相等的间断点数列计算平均发展水平。由于等间隔时点数列的间隔期是相等的,所以权数的作用就没有了。因而,计算出各间隔时点数的间隔期的平均水平之后,将各间隔的平均水平进行简单算术平均数的计算即可。其计算公式为:

$$\bar{a} = \frac{\frac{a_1+a_2}{2} + \frac{a_2+a_3}{2} + \cdots + \frac{a_{n-1}+a_n}{2}}{n-1} = \frac{\frac{a_1}{2} + a_2 + \cdots + a_{n-1} + \frac{a_n}{2}}{n-1}$$

用上述公式计算的方法称为"首尾折半法"。下面以一个具体的例子说明在这种情况下平均发展水平的计算过程。

【例 5—4】 某企业 2022 年第一季度职工人数资料见表 5—4,请计算该企业第一季度平均职工人数。

表 5—4　　　　　　　　某企业第一季度职工人数

时间	1月1日	2月1日	3月1日	4月1日
职工人数(人)	1 400	1 420	1 450	1 440

解决这一问题的思路是:首先求出各月的平均职工人数,然后再对各月平均职工人数计算平均数。求各月的平均职工人数时,按理应该计算该月内平均每天的职工人数。但由于未能掌握该月内每天职工人数的资料,所以只能在一定假设条件下推算,即把下月初的职工人数看作本月末的职工人数,并假定各月内职工人数的变动是均匀的。这样,每月的平均职工人数就等于月初数加月末数除以 2。因此,可以计算出 2022 年该企业第一季度平均每月职工人数为:

$$\bar{a} = \frac{\frac{1\ 400+1\ 420}{2} + \frac{1\ 420+1\ 450}{2} + \frac{1\ 450+1\ 440}{2}}{4-1} = 1\ 430(人)$$

② 由间隔不相等的间断时点数列计算平均发展水平。间隔不相等的间断时点数列平均发展水平的计算也可以采用"两次平均"的思路,且第一次的平均方法与间隔相等的间断时点数列的计算方法相同;进行第二次平均时,由于各时间间隔不相等,所以应当用各时点间隔长度作为权数,计算加权算术平均数。其计算公式为:

$$\bar{a} = \frac{\frac{a_1+a_2}{2} \cdot f_1 + \frac{a_2+a_3}{2} \cdot f_2 + \cdots + \frac{a_{n-1}+a_n}{2} f_{n-1}}{f_1+f_2+\cdots+f_{n-1}}$$

【例 5—5】 某城市 2022 年外来人口资料见表 5—5,请计算 2022 年该城市平均外来人口数。

表 5—5　　　　　　　　某市外来人口资料

时间	1月1日	5月1日	8月1日	12月31日
外来人口数(万人)	13.53	13.87	14.01	13.37

$$\bar{a} = \frac{\frac{13.53+13.87}{2} \times 4 + \frac{13.87+14.01}{2} \times 3 + \frac{14.01+13.37}{2} \times 5}{4+3+5} = 13.76(万人)$$

计算结果表明,2022 年该城市平均外来人口数为 13.76 万人。

这里需要注意,由于两个假设条件与实际情况有差异,所以根据间断时点数列计算的各间断期平均数只是个近似值,它与实际平均数之间有差距。而且,例 5—5 可以看出,间隔期越长,权数就越大,其平均数对时点间隔数列的总平均水平的影响就越大。因此,为了使计算结果尽量反映实际情况,间断时点数列的间隔期不宜过长。

从理论上讲,在计算时点数列平均数发展水平的四种方式中,以第一种为最优,准确性最好,但在实际工作中往往受客观条件的限制;第二种较少使用;第三种使用得最多、最为普遍,因为它用于我国的定期统计制度;第四种有时使用,主要适用于非定期专门调查。

(二)由相对数时间序列或平均数时间序列计算平均发展水平

相对数时间序列或平均数时间序列都是由一个分子数列和一个分母数列对比而形成的,所以,根据相对数时间序列或平均数时间序列计算平均发展水平时,一般都按以下步骤进行:

第一步,计算作为分子的时间数列的平均发展水平;

第二步,计算作为分母的时间数列的平均发展水平;

第三步,将分子和分母数列的平均发展水平加以对比,计算相对数或平均数时间序列的平均发展水平。其计算公式为:

$$\bar{c} = \frac{\bar{a}}{\bar{b}}$$

式中:

$\bar{c}$——相对数或平均数时间序列的平均发展水平;

$\bar{a}$——分子数列的平均发展水平;

$\bar{b}$——分母数列的平均发展水平。

由于相对数时间序列或平均数时间序列可由两个时期数列、两个时点数列或由一个时期数列和一个时点数列对比形成,而时期数列与时点数列的平均发展水平的计算方法又不完全相同,所以计算相对数时间序列或平均数时间序列的平均发展水平时,有以下三种情况:

1.分子、分母数列均是由时期数列对比形成的时间序列

这种数列分子和分母数列的平均发展水平都是用简单的平均法计算,所以其计算公式如下:

$$\bar{c} = \frac{\bar{a}}{\bar{b}} = \frac{\frac{\sum a}{n}}{\frac{\sum b}{n}} = \frac{\sum a}{\sum b}$$

【例 5—6】 某厂一季度利润完成情况见表 5—6,请计算一季度利润的平均计划完成程度。

表 5—6　　　　　　　　　某厂一季度利润计划和完成情况表

月份	1月	2月	3月
实际利润(万元)a	540	770	864
计划利润(万元)b	600	700	720
计划完成程度(%)c	90	110	120

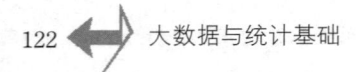

平均计划完成程度为:

$$\bar{c} = \frac{\bar{a}}{\bar{b}} = \frac{\sum a}{\sum b} = \frac{540+770+864}{600+700+720} \times 100\% = \frac{2\,174}{2\,020} \times 100\% = 107.6\%$$

计算结果表明,一季度利润的平均计划完成程度为107.6%。

2. 分子、分母数列均由时点数列对比形成的时间序列

这种数列平均发展水平的计算公式因数列的不同情况而有所不同,下面举例说明其中的一种情况的计算方法。

【例5—7】 某企业一季度人数构成资料见表5—7,请计算该企业一季度工人人数占职工人数的平均比重。

表5—7　　　　　　　　　　某企业一季度人数构成情况

时 间	1月初	2月初	3月初	4月初
工人人数(人)a	1 400	1 650	1 794	1 760
职工人数(人)b	2 000	2 200	2 400	2 200
工人人数比重(%)c	70	75	74.75	80

该企业一季度工人人数占职工人数的平均比重计算如下:

$$\bar{c} = \frac{\bar{a}}{\bar{b}} = \frac{\dfrac{1\,400}{2}+1\,650+1\,794+\dfrac{1\,760}{2}}{4-1} \bigg/ \dfrac{\dfrac{2\,000}{2}+2\,200+2\,400+\dfrac{2\,200}{2}}{4-1} \times 100\% = \frac{1\,675}{2\,233} \times 100\% = 75\%$$

3. 分子、分母数列由一个时期数列与一个时点数列对比而形成的数列

分子数列用简单的平均法计算平均发展水平,分母数列根据具体情况采用的方法不同。现举例如下:

【例5—8】 某企业二季度总产值与工人数资料见表5—8,请计算该企业二季度月平均劳动生产率。

表5—8　　　　　　　　　　某企业二季度总产值及人数情况

时 间	4月	5月	6月	7月
总产值(万元)a	180	160	200	190
月初工人数(人)b	600	580	620	600
工人劳动生产率(万元/人)c	0.305 1	0.266 7	0.327 9	—

$$\bar{c} = \frac{\bar{a}}{\bar{b}} = \frac{\dfrac{180+160+200}{3}}{\dfrac{\dfrac{600}{2}+580+620+\dfrac{600}{2}}{4-1}} = \frac{180}{600} = 0.3(万元/人) = 3\,000(元/人)$$

计算结果表明该企业二季度月平均劳动生产率为3 000元/人。如果要计算二季度平均劳动生产率,可以用二季度月平均生产率乘上二季度月份个数即3,则二季度平均劳动生产率

=3 000×3=9 000(元/人)。

学中做

某企业库存额资料如表5−9所示。

表5−9　　　　　　　　　某企业库存额资料

时间	1月	2月	3月	4月
月平均库存额(万元)	34	45	50	48

则一季度平均库存额计算如下：

$$\bar{a}=\frac{\frac{34}{2}+45+50+\frac{48}{2}}{4-1}=45.33(万元)$$

请问：这种计算方法正确吗？

三、增长量

增长量又称增减量，是指时间序列中两个不同时期的发展水平之差，反映社会经济现象报告期比基期增加或减少的数量。其计算公式为：

$$增长量＝报告期水平－基期水平$$

当报告期水平大于基期水平时，增长量为正值，表示现象的增加量；当报告期水平小于基期水平时，增长量为负值，表示现象的减少量。

根据所采用的基期不同，增长量分为逐期增长量、累计增长量、年距增长量。

(一)逐期增长量

逐期增长量是报告期水平与前一期水平之差，它说明报告期水平比前一期水平增减的绝对量。用符号表示为：

$$a_1-a_0, a_2-a_1, \cdots, a_n-a_{n-1}$$

(二)累计增长量

累计增长量是指报告期水平与某一固定基期水平之差，说明报告期水平比某一固定基期水平增减的绝对量，也说明在某一段较长时期内总的增长量。用符号表示为：

$$a_1-a_0, a_2-a_0, \cdots, a_n-a_0$$

【例5−9】 我国2017−2022年社会消费品零售总额资料见表5−10，请计算这期间的逐期增长量和累计增长量。

表5−10　　　　　　我国2017−2022年社会消费品零售总额　　　　　　单位：亿元

年　份	2017	2018	2019	2020	2021	2022
社会消费品销售额	183 919	210 307	242 843	271 896	300 931	332 316
逐期增长量	—	26 388	32 536	29 053	29 035	31 385
累计增长量	—	26 388	58 924	87 977	117 012	148 397

逐期增长量和累计增长量之间的关系如下：

(1)整个时期的逐期增长量之和等于最后一个时期的累计增长量，即：

$$(a_1-a_0)+(a_2-a_1)+\cdots+(a_n-a_{n-1})=a_n-a_0$$

(2)相邻两个时期的累计增长量之差等于相应时期的逐期增长量,即:

$$(a_n-a_0)-(a_{n-1}-a_0)=a_n-a_{n-1}$$

根据上述数量关系,逐期增长量和累计增长量之间可以互相推算。

【例 5—10】 以表 5—10 中的资料为例,2017—2022 年各逐期增长量之和等于 2022 年的累计增长量,即 26 388+32 536+29 053+29 035+31 385=148 397(亿元)。

而 2022 年的累计增长量与 2021 年的累计增长量之差等于 2022 年的逐期增长量,即 148 397−117 012=31 385(亿元)。

(三)年距增长量

为了消除季节变动因素的影响,常将报告期发展水平与上年同期发展水平进行比较。若以相减的比较方式,则得到的就是年距增长量,即:

$$年距增长量=报告期水平-上年同期发展水平$$

【例 5—11】 某商店 2022 年第四季度商品销售额为 5 000 万元,2023 年第四季度的销售额为 5 200 万元,则年距增长量=5 200−5 000=200(万元),这表明该商店 2023 年第四季度商品销售额比上年同期增长了 200 万元。

(四)平均增长量

平均增长量是指时间序列的各逐期增长量的平均数发展水平,用来反映现象在某一时间内各期绝对数增长的一般水平。计算公式为:

$$平均增长量=\frac{逐期增长量之和}{逐期增长量个数}$$

【例 5—12】 仍根据表 5—10 的资料,计算 2017~2022 年期间我国社会消费品零售总额的年平均增长量为:

$$\frac{26\ 388+32\ 536+29\ 053+29\ 035+31\ 385}{5}=\frac{148\ 397}{5}=29\ 679.4(亿元)$$

学中做

根据第六次、第七次人口普查资料,我国大陆人口 2010 年 11 月 1 日 0 时普查时为 137 054 万人,2020 年 11 月 1 日零时普查时为 144 350 万人,试求两次人口普查期间我国人口年平均增长量。

任务三 时间序列的速度指标

一、发展速度

发展速度是时间序列中报告期水平与基期水平之比,表明社会经济现象在一定时期内的发展方向和程度,表示报告期水平已发展到基期水平的几分之几或若干倍,其计算公式为:

$$发展速度=\frac{报告期水平}{基期水平}$$

发展速度一般用百分数表示,有时也用倍数表示。若发展速度大于 100%(或大于 1),则表示为上升速度;若发展速度小于 100%(或小于 1),则表示为下降速度。

根据所采用的基期不同,发展速度分为环比发展速度、定基发展速度以及年距发展速度。

(一)环比发展速度

环比发展速度是指报告期水平与前一期水平的比值,表明现象逐期发展变化的程度。其计算公式为:

$$环比发展速度 = \frac{报告期水平}{前一期水平}$$

用符号表示为:

$$\frac{a_1}{a_0}, \frac{a_2}{a_1}, \cdots, \frac{a_n}{a_{n-1}}$$

(二)定基发展速度

定基发展速度是指报告期发展水平与某一固定期水平(通常是最初水平)的比值,表明现象在较长时期内总的发展变化程度,又称总速度。其计算公式为:

$$定基发展速度 = \frac{报告期水平}{固定基期水平}$$

用符号表示为:

$$\frac{a_1}{a_0}, \frac{a_2}{a_0}, \cdots, \frac{a_n}{a_0}$$

【例 5-13】 根据表 5-10 中的资料,计算我国 2017—2022 年社会消费品零售总额的环比发展速度和定基发展速度,如表 5-11 所示。

表 5-11　　　　　　　　我国 2017—2022 年社会消费品零售总额及发展速度

年　份	2017	2018	2019	2020	2021	2022
社会消费品零售总额(亿元)	183 919	210 307	242 843	271 896	300 931	332 316
环比发展速度(%)	—	114.3	115.4	112.0	106.7	110.4
定基发展速度(%)	100	114.3	132.0	147.8	163.6	180.7

定基发展速度和环比发展速度之间的关系是:

(1)定基发展速度等于相应时期内的各个环比发展速度的连乘积,即:

$$\frac{a_n}{a_0} = \frac{a_1}{a_0} \times \frac{a_2}{a_1} \times \cdots \times \frac{a_n}{a_{n-1}}$$

(2)相邻两个时期的定基发展速度之比等于相应发展速度时期的环比发展速度,即:

$$\frac{a_n}{a_0} \div \frac{a_{n-1}}{a_0} = \frac{a_n}{a_{n-1}}$$

根据上述数量关系,环比发展速度和定基发展速度之间可以互相推算。

【例 5-14】 以表 5-11 中的资料为例,2017—2022 年各年的环比发展速度的连乘积等于 2022 年的定基发展速度(总速度),即 114.3%×115.4%×112%×106.7%×110.4%=180.7%。

而 2022 年的定基发展速度与 2021 年的定基发展速度之比等于 2022 年的环比发展速度,即 180.7%÷163.6%×100%=110.4%。

(三) 年距发展速度

对于具有季度变化的一些社会经济现象,为了消除季节变动的影响,可以计算年距发展速度,用来说明本期发展水平相对于上年同期发展水平变化的方向与程度,它是实际统计分析中经常使用的指标。其计算公式为:

$$年距发展速度 = \frac{报告期水平}{上年同期发展水平}$$

【例 5—15】 利用例 5—11 中的资料,计算某商店 2023 年第四季度商品销售额的年距发展速度＝5 200/5 000×100%＝104%。这表明该商店 2023 年第四季度商品的销售额是上年同期的 104%或 1.04 倍。

二、增长速度

增长速度是表明现象增长程度的相对指标,是增长量与基期水平的比值,表明报告期水平比基期水平增长(或降低)了百分之几或若干倍。其计算公式为:

$$增长速度 = \frac{增长量}{基期水平} = \frac{报告期水平 - 基期水平}{基期水平} = 发展速度 - 1$$

从上述公式可以看出,增长速度和发展速度既有区别又有密切的联系。两者区别在于:增长速度表示现象报告期水平比基期水平增长(或降低)了百分之几;而发展速度表示现象报告期与基期相比发展到了什么程度,即报告期水平是基期水平的百分之几或若干倍。两者的关系如上述公式所示,增长速度等于发展速度减 1。

增长速度有正、负值之分。当发展速度大于 1 时,增长速度为正值,表明现象的正增长程度;当发展速度小于 1 时,增长速度为负值,表明现象的负增长程度(或降低程度)。

根据所采用基期的不同,增长速度分为环比增长速度、定基增长速度以及年距增长速度。

(一) 环比增长速度

环比增长速度是逐期增长量与前一期发展水平对比的结果,表示现象逐期增长的方向和程度。其计算公式为:

$$环比增长速度 = \frac{逐期增长量}{前一期水平} = \frac{报告期水平 - 前一期水平}{前一期水平} = 环比发展速度 - 1$$

(二) 定基增长速度

定基增长速度是累计增长量与某一固定基期发展水平对比的结果,表示现象在较长时期内总的增长程度,其计算公式为:

$$定基增长速度 = \frac{累计增长量}{固定基期水平} = \frac{报告期水平 - 固定基期水平}{固定基期水平} = 定基发展速度 - 1$$

【例 5—16】 根据表 5—11 中的资料,计算我国 2017—2022 年社会消费品零售总额的环比增长速度和定基增长速度,如表 5—12 所示。

表 5—12　　　　　　我国 2017—2022 年社会消费品零售总额及增长速度

年　份	2017	2018	2019	2020	2021	2022
社会消费品零售总额(亿元)	183 919	210 307	242 843	271 896	300 931	332 316
环比发展速度(%)	—	114.3	115.4	112.0	106.7	110.4

续表

年 份	2017	2018	2019	2020	2021	2022
定基发展速度(%)	100	114.3	132.0	147.8	163.6	180.7
环比增长速度(%)	—	14.3	15.4	12.0	6.7	10.4
定基增长速度(%)	—	14.3	32.0	47.8	63.6	80.7

定基增长速度与环比增长速度不能直接换算。如果要进行换算,则首先必须将环比增长速度还原成环比发展速度,再将各期环比发展速度连乘,得到定基发展速度,最后用定基发展速度减1得到定基增长速度。

(三)年距增长速度

为了消除季节变动的影响,需要计算年距增长速度,其计算公式为:

$$年距增长速度=\frac{年距增长量}{上年同期发展水平}=年距发展速度-1$$

【例5-17】 利用例5-11中的资料,计算某商店2023年第四季度商品销售额的年距增长速度=5 200/5 000×100%-1=104%-1=4%。这表明该商店2023年第四季度商品的销售额比上年同期增长了4%。

三、平均发展速度与平均增长速度

平均发展速度是时间序列中环比发展速度的平均发展水平。它说明某种现象在一个较长时期中逐期平均发展变化的程度。平均增长速度是用发展速度来计算的,反映某种现象在一个较长时期中发展速度逐期平均增长变化的程度。平均发展速度与平均增长速度的关系是:

$$平均增长速度=平均发展速度-1$$

平均发展速度和平均增长速度在实际工作中起着重要的作用。这两个指标是编制国民经济计划和进行国民经济宏观调控的重要指标;同时也经常用它们来对比不同阶段、不同时期、不同国家或地区同类现象变化的情况;它们还可以作为各种推算和预测的依据。由于环比发展速度的连乘积等于定基发展速度,当计算平均发展速度时,不能采用算术平均法,而应采用几何平均法。其计算公式为:

$$\bar{x}=\sqrt[n]{x_1 \cdot x_2 \cdots \cdot x_n}=\sqrt[n]{\prod x}$$

式中:

$\bar{x}$——平均发展速度;

x_i——各期的环比发展速度;

$\prod$——连乘号;

n——环比发展速度的个数。

由于环比发展速度的连乘积等于相应的定基发展速度(总速度),因此平均发展速度的公式也可写成:

$$\bar{x}=\sqrt[n]{\frac{a_n}{a_0}}=\sqrt[n]{R}$$

式中,R为总速度。

由上面的公式计算平均发展速度时,可根据各时期的环比发展速度来计算,也可根据最初水平和最末水平来计算,还可根据总的发展速度来计算。

【例5-18】 根据表5-12中的资料,计算我国2017—2022年社会消费品零售总额的年平均发展速度和平均增长速度。年平均发展速度的计算如下:

$$\bar{x} = \sqrt[5]{114.3\% \times 115.4\% \times 112.0\% \times 106.7\% \times 110.4\%} = \sqrt[5]{180.7\%} = 112.6\%$$

或 $\bar{x} = \sqrt[5]{\dfrac{332\ 316}{183\ 919}} = \sqrt[5]{180.7\%} = 112.6\%$

平均增长速度 = 112.6% - 1 = 12.6%

上述计算结果表明,我国2017—2022年社会消费品零售总额每年平均递增12.6%。

学中做

根据第六次、第七次人口普查资料,我国大陆人口2010年11月1日0时普查时为1 339 733万人,2020年11月1日0时普查时为141 178万人,试求两次人口普查期间我国大陆人口年平均增长速度;如果以2020年人口普查数为基数,其后每年以该速度递增,到2025年我国大陆人口将达到多少?

四、增长1%的绝对值

增长1%的绝对值是指环比增长速度中,报告期水平比基期水平每增长1%所增加的绝对数。在一般情况下,考察现象的发展程度通常用环比发展速度指标来衡量。由于各期环比发展速度的计算基数不同,而绝对数又是相对数的基础,因此各期环比增长速度所反映的实际增长的绝对量效果就可能不同,即每增长1%相对应的绝对增长量可能不同。因为低水平基础上的平均增减速度与高水平基础上的平均增减速度是不可比的。因此,对发展进行动态分析时,必须注意速度背后的绝对增长量。应用速度指标进行动态分析时,不能只注重发展速度与增长速度,还必须结合增长的绝对数量来分析。只有把速度指标与水平指标两者结合起来,才能全面地分析问题,防止片面性。增长1%的绝对值是逐期增长量与环比增长速度之比。增长1%的绝对值计算有两种方法:一是逐期增长量除以环比增长速度;二是前一期水平除以100。两种方法实质是一样的。其计算公式为:

$$增长1\%的绝对值 = \frac{逐期增长量}{环比增长速度} \times 100\% = \frac{报告期水平 - 前一期水平}{\frac{报告期水平 - 前一期水平}{前一期水平} \times 100} = \frac{前一期水平}{100}$$

【例5-19】 利用表5-10的资料计算各项动态分析指标,如表5-13所示。增长1%绝对值的计算结果见表中最后一列。

表5-13　我国2017—2022年社会消费品零售总额的各项动态分析指标

年　份	2017	2018	2019	2020	2021	2022
发展水平(亿元)	183 919	210 307	242 843	271 896	300 931	332 316
逐期增长量(亿元)	—	26 388	32 536	29 053	29 035	31 385
累计增长量(亿元)	—	26 388	58 924	87 977	117 012	148 397
环比发展速度(%)	—	114.3	115.4	112.0	106.7	110.4

续表

年 份	2017	2018	2019	2020	2021	2022
定基发展速度(%)	100	114.3	132.0	147.8	163.6	180.7
环比增长速度(%)	—	14.3	15.4	12.0	6.7	10.4
定基增长速度(%)	—	14.3	32.0	47.8	63.6	80.7
增长1%的绝对值（亿元）	—	1 839.19	2 103.07	2 428.43	2 718.96	3 009.31

任务四　时间序列的趋势分析

一、影响时间序列的因素分析

时间序列各项发展水平的变化是由许多因素共同作用的结果。有些因素属于基本因素，对事物的发展起决定性作用，会使事物的发展呈现出一定的规律；有些因素属于偶然的非基本因素，对事物的发展只起局部的非决定性作用，使事物的发展表现出不规则的波动。为了研究社会经济现象发展变化的规律和趋势，并据此预测未来，就要将这些影响动态因素加以分解并分别进行测定。在具体分析中可按影响因素的性质不同加以分类。一般将影响社会经济现象时间序列总变动的因素，分解为长期趋势、季节变动、循环变动、不规则变动四种主要因素。

（一）长期趋势

指客观现象在一个相当长的时期内，受某种稳定性因素影响所呈现的上升或下降趋势，也可以表现为只围绕一个常数值而无明显增减变化的水平趋势。如粮食生产由于种植方法的不断改良、日益发达的农田水利等因素的影响，从较长时期看，总趋势是持续增加的、向上发展的。

（二）季节变动

指客观现象受自然条件和社会风俗等因素的影响，在一年或更短的时期内，随时间的变动而呈现的周期性波动。如日用消费品的销售量，在周末时多，在工作日时少。

（三）循环变动

指客观现象以若干年为周期的涨落起伏相同的变动。如在资本社会中经济循环变动是固有现象，经济周期包括危机、萧条、复苏和高涨四个阶段。

（四）不规则变动

指客观现象由于突发事件或偶然因素引起的无周期性的变动，也称为随机变动。如中东地区的战争会导致石油价格突然上升；新冠疫情的爆发导致退烧药的销售量猛增。

学中做

请从时间长短、起伏规律和形式原因等三方面判断下面这些现象属于时间序列因素影响因素中哪一个？

A. 银行的活期储蓄额，发放工资前减少，发放工资后增多。

B. 旅游景点的游客人数，周末达到高峰。

C. 公共汽车乘客人数一天中几个时段为高峰，另外几个时段为低谷。

D. 耐用消费品如电视、冰箱周期性更新导致需求量的变化。
E. 我国国内生产总值从长时间来看是不断增长的。
F. 由于雪灾造成的对防寒物资的需求量的增大。

二、长期趋势的测定

长期趋势测定的方法很多，常用的有时距扩大法、移动平均法、数学模型法等。下面将分别介绍这些方法的运用。

（一）时距扩大法

时距扩大法是测定长期趋势最原始、最简便的方法。它是把原来时间序列中所包括的各个时期资料加以合并，得出较长时间的资料，用以消除由于时距较短、受偶然因素影响所引起的不均匀状况。经过对原始时间序列扩大时距修匀，可以整理出新的能明显表示现象发展趋势的时间序列。

【例 5－20】 某工业企业 2019－2022 年各季度产品产量和季初库存量资料见表 5－14。

表 5－14　　　　　某工业企业产品产量和库存量情况　　　　　单位：万吨

年 份	2019				2020				2021				2022			
季 度	1	2	3	4	1	2	3	4	1	2	3	4	1	2	3	4
产 量	26	36	10	16	28	36	12	20	32	44	16	24	38	50	30	34
季初库存量	4	10	10	5	6	10	10	8	8	12	10	5	10	12	10	10

从表 5－14 中可以看出，2019－2022 年各季度的产量由于受多种因素的影响，增长趋势并不明显。同样季初库存量的变化趋势也不明显。如果将按季节统计的产量和库存量扩大为时距为年度的数据，则可整理出新的时间序列，见表 5－15。

表 5－15　　　　某工业企业平均产品产量和平均库存量　　　　单位：万吨

年 份	2019	2020	2021	2022
产 量	88	94	116	152
季平均产量	22	24	29	38
季平均库存量	7.5	8.75	9.00	10.75

从表中可以明显看出，产量和库存量都呈明显的上升趋势。

应用时距扩大法时需要注意以下几个问题：

（1）扩大的时距多大为宜取决于现象自身的特点。对于呈现周期波动的时间序列，扩大的时距与波动的周期相吻合；对于一般的时间序列，则要逐步扩大时距，以能够显示趋势变动的方向为宜。时距扩大得太大，将造成信息的损失。

（2）扩大的时距要一致，相应的发展水平才具有可比性。

（二）移动平均法

移动平均法实质上是时距扩大法的改良。它在时间序列中按一定项数逐项移动计算平均数，达到对原始数列进行修匀的目的。修匀的原理与时距扩大法一样，即从较长时期看，短期数据由于偶然因素而形成的差异，在加总过程中会相互抵消，故移动平均时间序列能够反映原始时间序列的总趋势。下面以某企业 2022 年各月总产值的资料为例,说明移动平均法的具体应用。

【例 5—21】 表 5—16 包括奇数项、偶数项两种移动平均。

奇数项移动平均求得的平均值,应对应所平均时期的中间数字,一次平均即可。例如,表 5—16 中三项移动平均栏的第一项为(71+60+74.2)/3=68.4,与 2 月份的数字相对应,其他的依此类推。

偶数项移动平均求得的平均值,应位于所平均的中间两项之间。例如,表 5—16 中的四项移动平均栏的第一项为(71+60+74.2+74)/4=69.8,应放在第二月的数字与第三月的数字之间,其他的依此类推。这样组成的新数列中,每个值都错后半期,可采用修正办法将每个用偶数项计算出的移动平均数下移半期,或再进行一次两项移动平均,使之与具体的时间相对应(见表 5—16 中的移动平均)。

表 5—16　　　　　　　　某企业 12 个月总产值移动平均计算表　　　　　　单位:万元

月 份	总产值	三项移动平均	四项移动平均	五项移动平均
1	71.00	—		
2	60.00	68.40	—	
3	74.20	69.40	69.8	71.3
4	74.00	77.00	72.8	76.2
5	82.80	81.20	79.5	80.9
6	86.80	85.00	82.3	84.2
7	85.40	87.00	86	87.6
8	88.80	90.00	89.2	89.8
9	95.80	92.10	90.4	91.2
10	91.70	93.00	92.00	93.30
11	91.50	94.00	94.5	—
12	98.80	—		

由这一系列移动平均数构成的新数列,可以较明显地反映出各月总产值变动的总趋势。

采用移动平均法所计算出的新数列比原始时间序列的项数要少。一般来说,被平均的项数越多,修匀作用就越大,而所得的移动平均数就越少;反之,被平均的项数越少,修匀的作用就越小,所得的移动平均数就越多。所以,移动平均法选择的项数要适中,否则不利于揭示现象的发展趋势。一般情况下,数列如果存在自然周期,应根据周期确定被平均的项数。

(三)数学模型法

数学模型法是使用数学模型来反映时间序列中各因素之间的关系,从而计算各期的趋势值的方法。它是在测定长期趋势时广泛使用的一种方法。长期趋势模型有直线趋势模型和曲线趋势模型。下面以直线趋势模型的测定为例来说明这种方法的具体应用。

如果时间序列逐期增长量相对稳定,即现象发展水平按相对固定的绝对值等量变化时,则采用直线(线性函数)作为趋势线,来描述趋势变化,预测前景。

以时间因素作为自变量(t),把数列发展水平作为因变量(y),拟合的直线趋势方程为:

$$y_c = a + bt$$

参数 a、b 的求法,常用最小平方法,又称最小二乘法。最小平方法是分析和预测现象长期趋势常用的方法之一。它的基本思想是:通过对原始数列的数字处理,拟合一条比较理想的趋势或趋势曲线,使原始数列各实际值与趋势值的离差平方和为最小,即 $\sum(y-y_c)^2$ 为最小值。能够满足这种要求的直线趋势方程,其参数的计算公式为:

$$b=\frac{n\sum ty-(\sum t)(\sum y)}{n\sum t^2-(\sum t)^2}$$

$$a=\frac{\sum y}{n}-b\frac{\sum t}{n}=\bar{y}-b\bar{t}$$

【例 5－22】 某商店连续 7 年的销售额资料见表 5－17,要求拟合直线趋势方程并预测。

表 5－17　　　　　　　　某商店 2016－2022 年销售额资料

年　份	2016	2017	2018	2019	2020	2021	2022
销售额(万元)	45.2	57.5	69.4	82.9	95.7	108.3	120.4

从表 5－17 中的资料可以看出,该商店这几年销售额的逐期增长量大致相等,可以建立直线趋势方程,用最小平方法估计模型参数,计算有关数据见表 5－18。

表 5－18　　　　　　　某商店 2016－2022 年年销售额计算表

年　份	销售额 y	逐期增长量	时间序号 t	t^2	ty	y_c
2016	45.2	—	1	1	45.2	44.90
2017	57.5	12.3	2	4	115.00	57.52
2018	69.4	11.9	3	9	208.2	70.15
2019	82.9	13.5	4	16	331.6	82.77
2020	95.7	12.8	5	25	478.5	95.40
2021	108.3	12.6	6	36	649.8	108.02
2022	120.4	12.1	7	49	842.8	120.65
合计	579.4	—	28	140	2 671.1	579.41

将以上资料代入公式求解得:

$$b=\frac{7\times 2671.1-28\times 579.4}{7\times 140-28^2}=\frac{2474.5}{196}=12.625$$

$$a=\frac{579.4}{7}-12.625\times\frac{28}{7}=32.271$$

则所拟合的直线趋势方程为: $y_c=32.271+12.625t$

将各年的时间序号代入上述方程可得出每年的预测值,见表 5－18 的最后一列。如果预测 2023 年该商店的销售额,将 $t=8$ 代入方程得:

$$y_c=32.271+12.625\times 8=133.271(万元)$$

为了简化计算过程,两参数还可以采用简捷法(即假定零点法)计算。由于直线趋势模型中的 t 为时间序号,因而可以设任一时间为原点(即 $t=0$),当我们把时间序列的原点移至数列中间时,则 $\sum t=0$。在奇数项的条件下,数列中间一项为原点,记作 0,前后两端的时间序号按正负值对称设置,即按…,−5,−4,−3,−2,−1,0,1,2,3,4,5…设置,两头延伸;在偶数项的条件下,数列中间两项的中点为原点,则时间序号分别按…,−5,−3,−1,1,3,5…设置,两头延伸。由于 $\sum t=0$,上述参数求解方法便可以简化为:

$$a=\frac{\sum y}{n} \quad b=\frac{\sum ty}{\sum t^2}$$

【例 5—23】 根据表 5—18 中的资料,用简捷法计算,如表 5—19 所示。

表 5—19　　　　　　　　　　最小平方方法简捷法计算表

年　份	销售额 y	时间序号 t	t^2	ty	y_c
2016	45.2	−3	9	−135.6	44.90
2017	57.5	−2	4	−115.00	57.52
2018	69.4	−1	1	−69.4	70.15
2019	82.9	0	0	0	82.77
2020	95.7	1	1	95.7	95.40
2021	108.3	2	4	216.6	108.02
2022	120.4	3	9	261.2	120.65
合计	579.4	0	28	353.5	579.41

根据表中的资料用简捷法计算:

$$a=\frac{579.4}{7}=82.771 \quad b=\frac{353.5}{28}=12.625$$

则所拟合的直线趋势方程为:$y_c=82.771+12.625t$

如果预测 2023 年该商店销售额,将 $t=4$ 代入方程得:

$$y_c=82.771+12.625\times 4=133.271(万元)$$

由此可见,用简捷法计算的各年趋势预测值与用一般方法计算的结果相同。

拓展阅读

中国人口形势报告 2023:我国总和生育率全球倒数,鼓励生育刻不容缓

2022 年我国人口开始负增长,总和生育率(各年龄妇女生育率的总和)跌破 1.1,全球倒数,放开并鼓励生育刻不容缓。中国总和生育率从 1970 年之前的 6 左右,降至 1990 年的 2 左右,再降至 2010 年后的 1.5 左右,2021 年仅 1.15,2022 年或不到 1.1,仅为世代更替水平(2.1)的一半,全球倒数。全面二孩政策不及预期、三孩政策效果未显现,未能扭转中国出生人口下降趋势,生育堆积效应已消退,出生人口自 2017 年以来连续六年下降,2022 年出生人口 956万人,比 2021 年减少 106 万人,创历史新低,总人口比上年减少 85 万,开始负增长。

中国的老龄化速度和规模前所未有,2021 年中国 65 岁及以上人口占比达 14.2%,进入深度老龄化社会,2022 年上升至 14.9%,预计在 2030 年左右进入占比超 20% 的超级老龄化社会。老龄化、少子化、不婚化三大趋势加速到来。人口因素影响重大深远,生育政策调整是最根本、最重要的供给侧结构性改革之一。

自放开三孩政策以来，全国各地积极健全生育配套服务，从生育补贴、生育保险、个税减免、延长育儿假、提供托育服务、住房优先保障等方面降低生育养育教育成本。越来越多的地方拿出真金白银来鼓励生育，但目前看补贴力度仍低于大部分欧洲国家。

【任务实施】

Excel 在时间序列中的应用

利用 Excel 计算时间序列指标的方法比较简单，可以直接用公式输入法和参照项目四介绍的方法，因此不再重复介绍。在此主要介绍如何利用 Excel 进行现象趋势分析。

一、移动平均法

在 Excel 中计算移动平均可以使用 AVERAGE 函数计算，也可以使用数据分析工具中的"移动平均"工具计算。利用案例分析中的数据为例，说明该工具的操作方法。

第一步，将时间和销售量资料输入表 A、B 两列，如图 5—3 所示。

	A	B
1	月份	销售量
2	1月	42094
3	2月	19529
4	3月	37189
5	4月	44606
6	5月	45176
7	6月	49765
8	7月	46975
9	8月	52848
10	9月	69037
11	10月	65112
12	11月	70689
13	12月	75987

图 5—3　原始数据

第二步，在"工具"菜单中单击"数据分析"选项，从其对话框的"分析工具"列表中选择"移动平均"，确定后进入"移动平均"对话框，如图 5—4 所示。

图 5—4　移动平均对话框

第三步,在"输入区域"框中输入数据所在的单元格。本例为 B2:B13。该区域没有标志,所以不需要选"标志位于第一行"选框。

第四步,在"间隔"框中键入移动平均的时间间隔。如本例 C 列计算三项移动平均值,则输入"3",D 列计算四项移动平均值,则输入"4"。

第五步,在输出区域框中,键入计算结果区域左上角的单元格行列号,如本例 C 列计算三项移动平均值,输入"C4",D 列计算四项移动平均值,输入"D5"。如果要再给出原始数据的标准差,可选择"标准误差"选框;如还需要给出移动平均统计图,可选择"图表输出"选框。完成以上操作后按"确定",即在指定的区域输出计算结果,如图 5-5 所示。

	A	B	C	D
1	月份	销售量	三项移动平均	四项移动平均
2	1月	42094		
3	2月	19529		
4	3月	37189	32937.33	
5	4月	44606	33774.67	35854.5
6	5月	45176	42323.67	36625
7	6月	49765	46515.67	44184
8	7月	46975	47305.33	46630.5
9	8月	52848	49862.67	48691
10	9月	69037	56286.67	54656.25
11	10月	65112	62332.33	58493
12	11月	70689	68279.33	64421.5
13	12月	75987	70596	70206.25

图 5-5 移动平均计算结果

二、最小平方法测定直线趋势

下面利用案例导入中的数据说明该方法的操作步骤。

第一步,将自变量(时间序号)和因变量(销售量)的数据分别输入 A 列和 B 列,如图 5-6 所示。

	A	B
1	月份 (t)	销售量 (y)
2	1	42094
3	2	19529
4	3	37189
5	4	44606
6	5	45176
7	6	49765
8	7	46975
9	8	52848
10	9	69037
11	10	65112
12	11	70689

图 5-6 直线趋势原始资料

第二步，在工具菜单中单击"数据分析"选项，出现"数据分析"对话框，在分析工具中选择"回归"工具，按"确定"确认即弹出"回归"对话框。在回归对话框中的"Y值输入区域"输入"＄B＄2：＄B＄12"，在"X值输入区域"输入"＄A＄2：＄A＄12"，在"输出选项"中选择"新工作表组"。如图5—7所示。

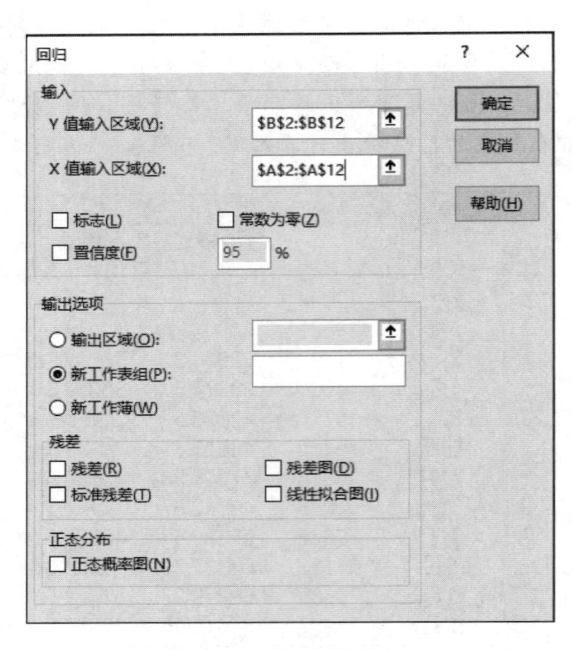

图5—7 "回归"对话框

第三步，单击"确定"按钮，回归分析结果如图5—8所示。

	A	B	C	D	E	F	G	H	I
1	SUMMARY OUTPUT								
2									
3	回归统计								
4	Multiple R	0.884823							
5	R Square	0.782912							
6	Adjusted R	0.758791							
7	标准误差	7349.212							
8	观测值	11							
9									
10	方差分析								
11		df	SS	MS	F	ignificance F			
12	回归分析	1	1.75E+09	1.75E+09	32.45786	0.000295			
13	残差	9	4.86E+08	54010917					
14	总计	10	2.24E+09						
15									
16		Coefficients	标准误差	t Stat	P-value	Lower 95%	Upper 95%	下限 95.0%	上限 95.0%
17	Intercept	25412.69	4752.513	5.347211	0.000464	14661.76	36163.62	14661.76	36163.62
18	X Variable	3992.127	700.7199	5.69718	0.000295	2406.989	5577.266	2406.989	5577.266

图5—8 回归分析结果

在结果中，第一部分是回归统计，第二部分是方差分析，第三部分是回归系数表，从表中可知：$a=25\,412.69$，$b=3\,992.127$，因此直线趋势方程为 $y=25\,412.69+3\,992.127t$。

【项目小结】

时间序列是指将同一指标的数值按其发生的时间先后顺序排列而形成的数列。一个完整的时间序列由时间和统计指标的数值两个基本要素组成。根据统计指标的形式不同,时间序列可分为绝对数时间数列、相对数时间数列和平均数时间数列。绝对数时间数列是最基本的时间数列,是计算相对数时间数列和平均数时间数列的基础。

平均发展水平的计算要依据不同类别的序列采用不同的计算方法。在绝对数时间数列中,时期数列平均发展水平采用简单算术平均法计算。对于时点数列,由于登记方式的不同,分为四种情况:时间间隔相等的连续时点数列,采用简单算术平均法计算平均发展水平;时间间隔不相等的连续时点数列,采用加权算术平均法计算平均发展水平;时间间隔相等的间断时点数列,用首尾折半法计算平均发展水平;时间间隔不相等的间断时点数列,采用加权算术平均法计算平均发展水平。相对数时间数列和平均数时间数列的平均发展水平,必须先计算构成相对数时间数列和平均数时间数列的分子数列和分母数列的平均发展水平,然后再进行计算。根据所选基期的不同,可将增长量分为逐期增长量和累计增长量。逐期增长量与累计增长量之间存在一定的关系:各逐期增长量的和等于相应时期的累计增长量;两相邻时期累计增长量之差等于相应时期的逐期增长量。平均增长量是时间序列中各个逐期增长量的序时平均数,用以说明所研究现象在一定时期内平均每期增长或减少的数量。

时间序列的速度分析指标有:发展速度、增长速度、平均发展速度、平均增长速度、增长1%绝对值。根据选择基期的不同,发展速度分为环比发展速度和定基发展速度。增长速度也可分为环比增长速度和定基增长速度。增长速度等于发展速度减1。平均发展速度是现象各时期的环比发展速度的平均数,用于描述现象在整个观察期内平均发展变化的程度。计算平均发展速度的最简单的方法是几何平均法。平均增长速度等于平均发展速度减1。增长1%绝对值是逐期增长量与环比增长速度之比,等于前一期发展水平除以100。

影响时间序列的因素可以分为四种:长期趋势、季节变动、循环变动、不规则变动。测定长期趋势的方法主要有时距扩大法、移动平均法和数学模型法等。

【知识巩固】

一、单项选择题

1. 时间序列与变量数列(　　)。
   A. 都是根据时间顺序排列的
   B. 都是根据变量值大小排列的
   C. 前者是根据时间顺序排列的,后者是根据变量值大小排列的
   D. 前者是根据变量值大小排列的,后者是根据时间顺序排列的

2. 时间序列中,数值大小与时间长短有直接关系的是(　　)。
   A. 平均数时间序列　　　　　　　　B. 时期序列
   C. 时点序列　　　　　　　　　　　D. 相对数时间序列

3. 发展速度属于(　　)。
   A. 比例相对数　　B. 比较相对数　　C. 动态相对数　　D. 强度相对数

4. 计算发展速度的分母是(　　)。
   A. 报告期水平　　B. 基期水平　　C. 实际水平　　D. 计划水平

5. 某车间月初工人人数资料表5—20所示。

表 5-20　　　　　　　　　　某车间月初工人人数资料

月份	1	2	3	4	5	6	7
月初人数(人)	280	284	280	300	302	304	320

则该车间上半年的平均人数约为(　　)。

　　A. 296 人　　　　B. 292 人　　　　C. 295 人　　　　D. 300 人

6. 某地区某年 9 月末的人口数为 150 万人,10 月末的人口数为 150.2 万人,该地区 10 月的人口平均数为(　　)。

　　A. 150 万人　　　B. 150.2 万人　　C. 150.1 万人　　D. 无法确定

7. 由一个 9 项的时间序列可以计算的环比发展速度(　　)。

　　A. 有 8 个　　　　B. 有 9 个　　　　C. 有 10 个　　　　D. 有 7 个

8. 采用几何平均法计算平均发展速度的依据是(　　)。

　　A. 各年环比发展速度之积等于总速度　　B. 各年环比发展速度之和等于总速度
　　C. 各年环比增长速度之积等于总速度　　D. 各年环比增长速度之和等于总速度

9. 某企业的科技投入 2020 年比 2015 年增长了 58.6%,则该企业 2016—2020 年间科技投入的平均发展速度为(　　)。

　　A. $\sqrt[5]{58.6\%}$　　B. $\sqrt[5]{158.6\%}$　　C. $\sqrt[6]{58.6\%}$　　D. $\sqrt[6]{158.6\%}$

10. 根据牧区每个月初的牲畜存栏数计算全牧区半年的牲畜平均存栏数,采用的公式是(　　)。

　　A. 简单平均法　　B. 几何平均法　　C. 加权序时平均法　　D. 首末折半法

11. 在测定长期趋势的方法中,可以形成数学模型的是(　　)。

　　A. 时距扩大法　　B. 移动平均法　　C. 最小平方法　　D. 季节指数法

二、多项选择题

1. 对于时间序列,下列说法正确的有(　　)。

　　A. 序列是按数值大小顺序排列的　　　B. 序列是按时间顺序排列的
　　C. 序列中的数值都有可加性　　　　　D. 序列是进行动态分析的基础
　　E. 编制时应注意数值间的可比性

2. 时点序列的特点有(　　)。

　　A. 数值大小与间隔长短有关　　　　　B. 数值大小与间隔长短无关
　　C. 数值相加有实际意义　　　　　　　D. 数值相加没有实际意义
　　E. 数值是连续登记得到的

3. 下列说法正确的有(　　)。

　　A. 平均增长速度大于平均发展速度　　B. 平均增长速度小于平均发展速度
　　C. 平均增长速度=平均发展速度-1　　D. 平均发展速度=平均增长速度-1
　　E. 平均发展速度×平均增长速度=1

4. 某公司连续五年的销售额资料如表 5-21 所示。

表 5—21　　　　　　　　　　某公司连续五年销售额

时　间	第一年	第二年	第三年	第四年	第五年
销售额（万元）	1 000	1 100	1 300	1 350	1 400

根据上述资料计算的下列数据正确的有（　　）。
A. 第二年的环比增长速度＝定基增长速度＝10%
B. 第三年的累计增长量＝逐期增长量＝200 万元
C. 第四年的定基发展速度为 135%
D. 第五年增长 1% 绝对值为 14 万元
E. 第五年增长 1% 绝对值为 13.5 万元

5. 下列关系正确的有（　　）。
A. 环比发展速度的连乘积等于相应的定基发展速度
B. 定基发展速度的连乘积等于相应的环比发展速度
C. 环比增长速度的连乘积等于相应的定基增长速度
D. 环比发展速度的连乘积等于相应的定基增长速度
E. 平均增长速度＝平均发展速度－1

6. 测定长期趋势的方法主要有（　　）。
A. 时距扩大法　　　B. 方程法　　　C. 最小平方法　　　D. 移动平均法
E. 几何平均法

7. 关于季节变动的测定，下列说法正确的是（　　）。
A. 目的在于掌握事物变动的季节周期性
B. 常用的方法是按月（季）平均法
C. 需要计算季节比率
D. 按月计算的季节比率之和应等于 400%
E. 季节比率越大，说明事物的变动越处于淡季

8. 时间序列的可比性原则主要指（　　）。
A. 时间长度要一致　　　　　　　　B. 经济内容要一致
C. 计算方法要一致　　　　　　　　D. 总体范围要一致
E. 计算价格和单位要一致

【技能强化】

时间序列分析

一、实训目标

1. 掌握时间序列的预测方法及运用条件；
2. 培养学生应用时间序列分析实际问题的能力。

二、实训内容

某市计算机经销商 A 公司在市场调查的基础上做出相应的营销策略调整，决定以后将品牌 B 型计算机作为主打销售品牌。现在公司销售部想根据该公司近年来的销售情况做出营销策略调整，2017～2022 年 6 年中 B 型计算机的销售情况见表 5—22。

表 5—22　　　　　　　计算机经销商 A 公司 B 型计算机历年销售情况　　　　　单位：千台

年　份	2017	2018	2019	2020	2021	2022
销售量	38.5	56.2	73.9	84.5	98.6	136.5

请以销售统计人员的身份对 B 型计算机的销售变动情况进行描述。现在公司销售部想对 2023 年度的销售情况进行预测，请根据已掌握的市场销售信息进行预测，为该公司的市场销售提供决策信息。

三、实训要求

1. 学生分组，每组 5～6 人，查阅时间数列预测的相关知识；
2. 根据提供的信息分析解决步骤，选择预测方法；
3. 利用 Excel 工具进行销售量预测；
4. 对预测结果进行描述与分析；
5. 小组派代表发言；
6. 教师点评。

四、实训评价

每个小组形成一份实训报告并进行汇报交流，通过自评、互评和教师评价综合评定成绩。

【素养提升】

我国经济实力实现历史性跃升

目标：

(1) 了解我国近十年经济实力的变化。

(2) 通过对我国经济数据的纵向比较，明晰时间序列分析的实用性。

要求：

(1) 观看《我国经济实力实现历史性跃升》的视频材料，阅读以下资料。

2013 年至 2022 年，我国国内生产总值(GDP)从 59.3 万亿元增长到 121 万亿元，年均增长 6% 以上，按年平均汇率折算，经济总量达 18 万亿美元，稳居世界第二位。

2023 年，我国经济社会发展主要预期目标有望圆满实现，这也意味着，我国经济总量将持续稳定增长。新时代以来，我国经济总量已翻了一番，发展站在新的更高历史起点上：

从时间线来看，2014 年、2016 年、2017 年、2018 年、2020 年、2021 年，我国 GDP 相继跨越 60 万亿元、70 万亿元、80 万亿元、90 万亿元、100 万亿元、110 万亿元大关，2022 年突破 120 万亿元。

2020 年，中国是全球唯一实现经济正增长的主要经济体。最近三年，中国经济年均增长达到 4.5%，高于世界平均增速 2.5 个百分点左右。2023 年，我国经济增速将继续在主要经济体中居于前列。

纵向看，目前我国每年 GDP 增量，已远超 20 世纪 90 年代初期全年 GDP。我国经济 1 个百分点增速带来的增量，相当于 10 年前的约 2.1 个百分点。

经济总量持续提高的同时，人均 GDP 实现新突破。10 年来，我国人均 GDP 从 43497 元增长到 85 698 元。按年平均汇率折算，2022 年我国人均 GDP 达到 12741 美元，连续两年保持在 1.2 万美元以上。

中国经济占全球份额稳步提升，国际影响力与日俱增。

10年来，中国经济总量占世界经济的比重从12.3%上升到18%左右，货物贸易总额连续6年位居世界第一，对世界经济增长的年平均贡献率超过30%，一直是推动世界经济增长的最大引擎。

基于对中国市场的长期看好，外资金融机构持续"加码"中国债券市场。中国人民银行数据显示，境外机构已连续9个月净买入我国债券，2023年以来累计净买入量近1万亿元，其中10月份外资净买入量已超过2 000亿元，预计11月份增持量有望达到2 500亿元。

近期，国际货币基金组织（IMF）、经济合作与发展组织（OECD）等诸多国际机构密集上调中国经济增长预期，为中国经济投下"信任票"。

IMF将中国2023年GDP增长预期从之前的5%上调至5.4%，同时上调2024年GDP增长预期。OECD将2023年中国GDP增速预测值上调至5.2%。亚洲开发银行日前发布的《2023年亚洲发展展望（12月版）》报告预测，2023年中国经济增长率将达到5.2%，高于9月预测的4.9%。

刚刚闭幕的中央经济工作会议指出，综合起来看，我国发展面临的有利条件强于不利因素，经济回升向好、长期向好的基本趋势没有改变，要增强信心和底气。

（2）课堂讨论：分析我国经济保持稳定增长的原因；预测未来我国经济发展的趋势。

【拓展视野】

"1+X"考证与技能大赛内容

案例来源：国赛业财税融合大数据应用赛项

在企业管理工作中，我们需要对未来的业务数据进行预测，并编制全面预算，从而做好下一年的筹资、管理和绩效考核工作，以下节选了国赛案例中预算编制的一部分任务，正好运用了统计学中动态数据分析的知识。

业务描述：

深圳飞龙动力电池材料有限公司生产62.8Kwh磷酸铁锂电池组和78.54Kwh磷酸铁锂电池组的生产线不同，各办事处结合市场及已有客户情况，预测2022年各电池组一季度各月销量为月生产产能的95%，二、三季度各月销量为月生产产能的100%，四季度各月销量可达到月生产产能的105%。2022年产品产能如表5—23所示。

表5—23　　　　　　　　　　2022年产品产能表

项目	动力电池系统	
	62.8Kwh磷酸铁锂电池组	78.54Kwh磷酸铁锂电池组
产能	7 962	3 981

请根据产能表填制2022年销量预测表。

表5—24　　　　　　　　　　2022年销量预测表

项目	动力电池系统		合计
	62.8Kwh磷酸铁锂电池组	78.54Kwh磷酸铁锂电池组	
预计全年销售量			
1月			

续表

项目	动力电池系统		合 计
	62.8Kwh 磷酸铁锂电池组	78.54Kwh 磷酸铁锂电池组	
2月			
3月			
第一季度销售量			
4月			
5月			
6月			
第二季度销售量			
7月			
8月			
9月			
第三季度销售量			
10月			
11月			
12月			
第四季度销售量			

业务实施：

根据产能表，计算出两种产品的预测销量，并统计出各季度的合计数以及全年的合计数，如表5—25所示。

表5—25　　　　　　　　2022年销量预测表

项目	动力电池系统		合 计
	62.8Kwh 磷酸铁锂电池组	78.54Kwh 磷酸铁锂电池组	
预计全年销售量	95 544	47 772	143 316
1月	7 564	3 782	11 346
2月	7 564	3 782	11 346
3月	7 564	3 782	11 346
第一季度销售量	22 692	11 346	34 038
4月	7 962	3 981	11 943
5月	7 962	3 981	11 943
6月	7 962	3 981	11 943
第二季度销售量	23 886	11 943	35 829
7月	7 962	3 981	11 943
8月	7 962	3 981	11 943

续表

项目	动力电池系统		合　计
	62.8Kwh 磷酸铁锂电池组	78.54Kwh 磷酸铁锂电池组	
9月	7 962	3 981	11 943
第三季度销售量	23 886	11 943	35 829
10月	8 360	4 180	12 540
11月	8 360	4 180	12 540
12月	8 360	4 180	12 540
第四季度销售量	25 080	12 540	37 620

项目六　统计指数

【知识结构图】

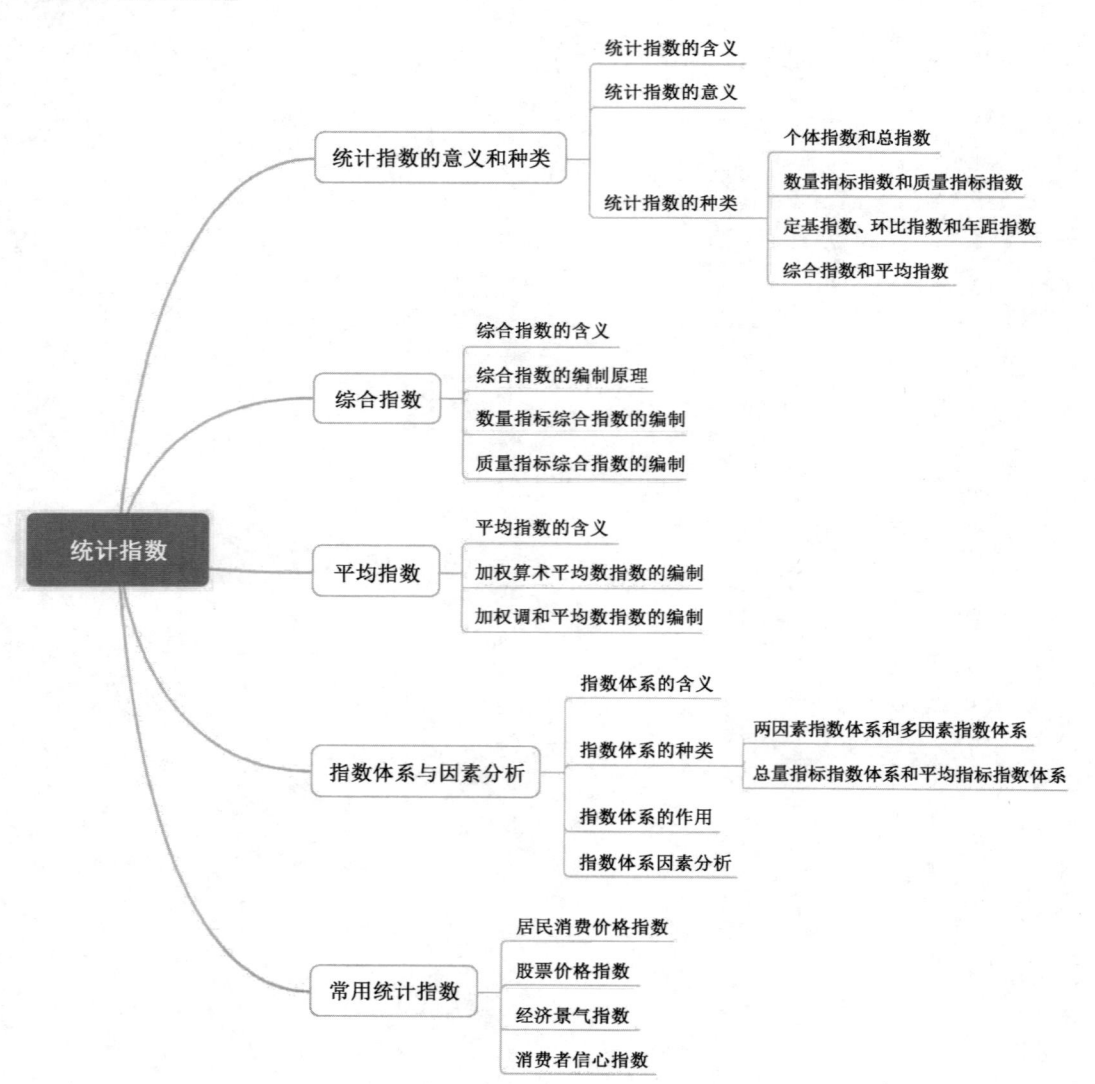

- 统计指数
  - 统计指数的意义和种类
    - 统计指数的含义
    - 统计指数的意义
    - 统计指数的种类
      - 个体指数和总指数
      - 数量指标指数和质量指标指数
      - 定基指数、环比指数和年距指数
      - 综合指数和平均指数
  - 综合指数
    - 综合指数的含义
    - 综合指数的编制原理
    - 数量指标综合指数的编制
    - 质量指标综合指数的编制
  - 平均指数
    - 平均指数的含义
    - 加权算术平均数指数的编制
    - 加权调和平均数指数的编制
  - 指数体系与因素分析
    - 指数体系的含义
    - 指数体系的种类
      - 两因素指数体系和多因素指数体系
      - 总量指标指数体系和平均指标指数体系
    - 指数体系的作用
    - 指数体系因素分析
  - 常用统计指数
    - 居民消费价格指数
    - 股票价格指数
    - 经济景气指数
    - 消费者信心指数

【学习目标】

知识目标

1. 理解统计指数的含义、意义与种类；
2. 掌握综合指数和平均指数的编制方法；
3. 熟悉不同种类的指数体系并掌握指数体系的因素分析方法；
4. 了解我国常用的统计指数。

能力目标

1. 能够编制经济生活中常用的简单指数；
2. 能够利用指数体系分析有关经济问题；
3. 具有应用 Excel 工具进行综合指数分析的能力。

素养目标

1. 激发学生利用统计知识处理、分析数据的热情，提升学生的经济知识素养。
2. 加深学生对我国改革开放成果的认识及对统计工作的理解，培养学生实事求是、严谨认真的工作态度。

【案例导入】

2023 年 10 月，进入金秋十月，多地车展与促销活动火热进行，各大车企新车型持续发布，进店客流显著增加，进一步拉动汽车消费。继重迎"金九"旺季之后，10 月车市热度继续，汽车销量与 9 月基本持平，环比略降，同比较快增长，"银十"成色十足。

10 月，汽车产销分别完成 289.1 万辆和 285.3 万辆，产量环比增长 1.5%，销量环比下降 0.2%，同比分别增长 11.2% 和 13.8%。汽车产销量继 9 月后再创当月历史同期新高。

1—10 月，汽车产销分别完成 2 401.6 万辆和 2 396.7 万辆，同比分别增长 8% 和 9.1%，生产增速较 1—9 月提升 0.7 个百分点，销售增速较 1—9 月提升 0.9 个百分点。近十年汽车年度和月度销量及增长率走势如图 6—1、6—2 所示。

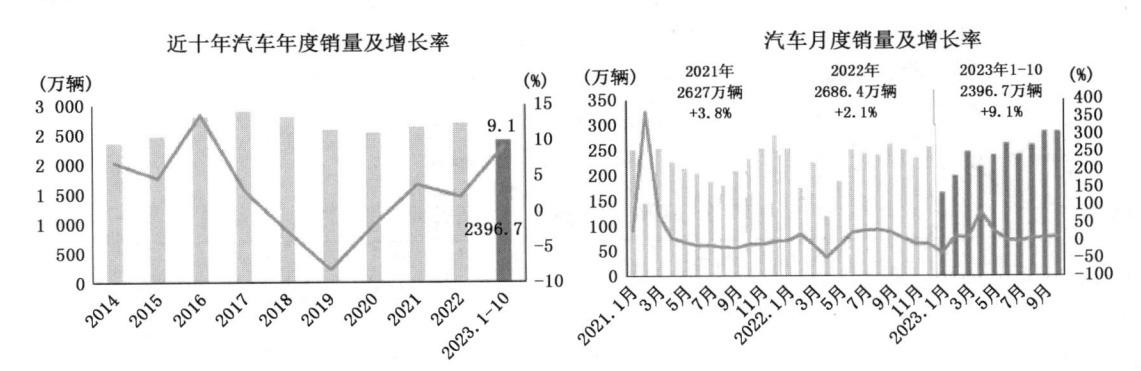

图 6—1 2014 年—2023 年 10 月汽车年度销量及增长率　　图 6—2 2021 年—2023 年 10 月汽车月度销量及增长率

10 月，新能源汽车产销分别完成 98.9 万辆和 95.6 万辆，同比分别增长 29.2% 和 33.5%，市场占有率达到 33.5%。新能源汽车月度销量如图 6—3 所示，不同动力类型的产销量具体情况如图6—4所示。

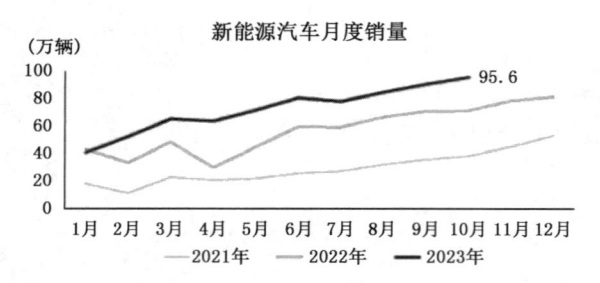

图6—3　2021—2023年新能源汽车月度销量折线图

图6—4　2023年10月新能源汽车产销数据

1—10月，新能源汽车产销分别完成735.2万辆和728万辆，同比分别增长33.9%和37.8%，市场占有率达到30.4%。新能源汽车月度销量及增长率如图6—5所示，不同动力类型的产销量具体情况如图6—6所示。

图6—5　2021—2023年新能源汽车月度销量及增长率

图6—6　2023年1—10月新能源汽车产销数据

以上各图数据来源于中国汽车工业协会《2023年10月汽车工业产销情况》。

南风汽车有限公司是国内最早从事新能源示范运营、最早实现新能源商品化的企业。近年来，公司紧跟市场趋势不断创新，着力提升智能网联自主开发能力，聚焦智慧物流、智慧环卫、智能通勤及封闭园区点对点载运四个场景，打造智慧物流/环卫车、自动配送/售卖车、通勤车等多个自动驾驶车辆，从车辆可靠性保障、作业效率提升、成本控制、收益模式创新四个方面响应市场及客户需求，为后续新能源发展主动权奠定坚实的基础。

南风公司新能源车型的销售情况数据如表6—1所示。

表6—1　　　　　　　　　南风公司新能源车型的销售情况数据

商品名称	销售量(辆) 基期 q_0	销售量(辆) 报告期 q_1	价格(万元) 基期 p_0	价格(万元) 报告期 p_1
纯电动客车	7 892	10 255	89	85
纯电物流及专用车	5 489	6 732	38	35
其他新能源车型	1 061	3 681	25	22
合计	—	—	—	—

任务发布：对于南风公司所统计的销售情况数据，可以通过哪种统计指标来反映。如果要使用 Excel 工具，如何进行运算？

任务一　统计指数的意义与种类

一、统计指数的含义

统计指数，简称指数，最早见于 18 世纪中期的欧洲，当时将反映不同时期商品价格涨跌情况的相对指数称为价格指数。后来，人们为了适应统计研究分析和实际运用的需要，扩展了指数对比计算的对象、内容和范围。所以，从商品价格到社会经济领域的各种要素，从某一简单现象到复杂现象，从不同时间到不同空间，不同条件的经济现象数量对比计算的相对数，都沿用了价格相对指数所用的指数概念。

统计指数的概念有广义和狭义之分。从广义上来说，凡说明同类总体数量差异或变动的相对指数都可以称为统计指数。如前面介绍过的比较相对数、动态相对数、计划完成程度相对数等。它包括反映简单现象总体和复杂现象总体的相对数。简单现象总体是指总体中各单位具有共同的计量单位，其标志值可以直接加总计算的总体，如某一产品的价格、产量、成本等。复杂现象总体是指总体内各单位各有不同的计量单位，其标志值不能直接加总计算的总体。如某一企业有不同产品的价格、产量、成本等。而对于综合反映不能直接加总计算的多种事物组成的复杂现象总体数量变动的相对数，则称为狭义的统计指数。本模块主要讨论狭义指数的编制。

二、统计指数的意义

统计指数在经济活动分析中有着重要的意义。具体来说主要包括：

（一）统计指数可以综合反映复杂现象总体数量的变动方向和程度

统计指数的编制，把不能直接加总的多种现象过渡为可比的总体现象，并通过汇总对比，计算出总指数，反映其变动的方向和程度。例如，某企业的总成本指数为 102%，这说明总成本上升了 2%。通过指数的计算，为企业下一步如何加强管理提供了可靠的依据。又如，国家经常向社会公布的消费品零售价格指数、国内生产总值指数等，为国家宏观管理、进行经济决策提供了重要依据。

（二）统计指数可以分析各个因素变动对现象总数量变动的影响方向和程度

统计指数不仅可以反映复杂现象总变动的方向和程度，还可以分析复杂现象受哪些因素影响，并具体计算这些因素对复杂现象变动的影响力和程度。前述的企业总成本指数为 102%，即总成本上升了 2%，具体是什么原因使企业的总成本上升的呢？通过分析可以找出影响总成本变动的因素有产量和单位成本，利用指数因素分析法就能从数量方面具体说明总成本变动的原因。

三、统计指数的种类

（一）个体指数和总指数

指数按研究对象范围不同分为个体指数和总指数。

个体指数是反映个别现象数量变动的动态相对数,是在简单现象总体的条件下计算的。例如,研究个别产品的产量指数、价格指数、单位成本指数等。其计算公式为:

$$个体指数 = 报告期指标数值/基期指标数值$$

个体指数就是同一种现象的报告期和基期数值对比得到的发展速度指数。

总指数是综合反映复杂现象总体数量变动的动态相对数,是在复杂现象总体的条件下计算的。如2022年居民消费价格总体水平比上年上涨了1.8%,这是反映我国所有居民消费品价格变动的平均水平。

(二)数量指标指数和质量指标指数

指数按所表明的指标性质不同分为数量指标指数和质量指标指数。

数量指标指数是反映数量指标数值变动的动态相对数。例如,产量指数、销售量指数、职工人数指数等。质量指标指数是反映质量指标数值变动的动态相对数。例如,劳动生产率指数、单位成本指数、商品价格指数等。在统计研究中,必须重视这两种指数的区分,采用不同的编制方法进行不同情况的动态分析。

(三)定基指数、环比指数和年距指数

指数按所采用的基期不同分为定基指数、环比指数和年距指数。

定基指数是反映现象报告期数量与某一固定基期数量对比的相对数。环比指数是反映现象报告期数量与前一期数量对比的相对数。年距指数是反映现象报告期数量与上年同期数量对比的相对数。

(四)综合指数和平均指数

总指数按计算形式不同分为综合指数和平均指数。

综合指数是通过同度量因素,将不能直接汇总的现象过渡到能够直接汇总的现象,然后计算出的指数,它是总指数编制的基本形式。综合指数可以分为数量指标综合指数和质量指标综合指数。平均指数是从个体指数加权平均计算出的指数。平均指数可以分为加权算术平均指数和加权调和平均指数。

学中做

判断以下指数的种类:
(1)与上年同期相比,2022年1—5月份我国工业品出厂价格上涨6.4%;
(2)与上年同月相比,2022年5月我国成品油中的汽油价格上涨19.8%;
(3)与上个月相比,2022年6月我国新能源汽车销量上涨34.7%;
(4)2022年7月我国轿车生产59万辆,同比增长18.3%;
(5)香港地区2022年第四季度整体制造业工业生产指数同比增长6.9%。

任务二 综合指数

一、综合指数的含义

综合指数是编制总指数的基本形式,是由两个总量指标进行对比所得的动态相对数。

编制总指数,目的在于说明多种不同事物的综合数量动态,其特点是"先综合,后对比",但

是由于各种事物的性质不同,使用价值不同,计量单位不同,因此各种事物的数量是不能直接相加的。由此可见,要编制总指数,用一个数值反映出多种事物的综合动态,首先必须解决不同事物数量的不同度量问题,设法将不能相加变为可以相加,然后才能进行对比。

二、综合指数的编制原理

我们知道,事物的实物指标由于不同度量而没有综合性能,是不能直接相加的,但其价值指标却有很强的综合性能。比如,虽然不同产品或商品的实物量、价格、单位成本等都是不同度量的,但它们的价值量,如总产值、销售额、总成本等,都是同度量的。不论产品或商品的性质、使用价值差异多大,其价值量都可直接进行相加。这样,我们可以根据有关指标之间的内在联系,在计算某项指数、测定某个因素指标的变动程度时,加入另一个因素指标价格,用各种产品的产量乘以各自的价格,就把不同度量的产量转化成了同度量的总产值,而各种产品的总产值就可以相加在一起了。同样地,在编制价格指数时,可以加入产量指标,用各种产品的价格乘以各自的产量,就将不同度量的价格转化成了同度量的总产值。

在编制总指数的过程中,我们所加入的能够将不同度量的经济指标转化为同度量经济指标的媒介指标,叫作同度量因素。上述计算产量总指数时加入的媒介指标即价格,以及计算价格总指数时加入的媒介指标即产量,都叫同度量因素。在同一个经济关系式中,数量指标和质量指标互为同度量因素,也即数量指标的同度量因素是质量指标,质量指标的同度量因素为数量指标。同度量因素不仅起着转化同度量的作用,同时还起着一定的加权作用,如编制产量总指数需以价格作为同度量因素,那么,出厂价格高的产品产值大,对总指数的影响就大。所以,同度量因素又称为"权数"。

加入同度量因素,将不同度量的指标转化为同度量的指标后,还需要将同度量因素的时期固定下来,以单纯反映指数化指标的变动程度。这样就可以把各种产品或商品的价格量加起来,再将两个时期的价值量对比来编制指数了。

综上所述,综合指数的编制原则包括以下三点:

(1)确定同度量因素。根据研究对象的特点和现象之间的关系,确定同度量因素。

(2)固定同度量因素的时期。为排除同度量因素变动的影响,将其固定在同一时期。

(3)将两个时期的指标数值进行对比,测定指标的综合变动。

数量指标和质量指标由于其数量特点不同,虽然在编制指数时基本原理相同,但在具体的编制方法上略有差异。下面举例说明这两种指标综合指数的编制方法。

三、数量指标综合指数的编制

数量指标综合指数是反映数量指标综合变动程度的相对数。下面用例 6—1 说明其编制方法。

【例 6—1】 根据表 6—2 中三种商品的销售量和价格资料,计算商品销售量综合指数。

表 6-2　　　　　　　　某商店三种商品的销售价格和销售量资料

商品名称	计量单位	销售量 基期 q_0	销售量 报告期 q_1	价格(元) 基期 p_0	价格(元) 报告期 p_1
帽子	顶	200	140	68	70
上衣	件	460	500	300	320
皮鞋	双	120	180	240	200
合计	—	—	—	—	—

商品销售量个体指数的计算公式如下：

$$k_q = \frac{q_1}{q_0}$$

根据表 6-1 中的资料，我们分别计算出三种商品的销售量个体指数：

帽子销售量个体指数＝140/200＝70％

上衣销售量个体指数＝500/460＝108.70％

皮鞋销售量个体指数＝180/120＝150％

计算结果表明三种商品销售量的变动幅度是不同的。其中帽子销售量下降了 30％，上衣增长了 8.70％，皮鞋增长了 50％。

编制销售量个体指数只是分别说明每一种商品销售量的变动情况，无法说明三种商品的综合变动情况。所以要说明三种商品销售量的综合变动情况，就要编制商品销售量综合指数。根据编制综合指数的三个原则，销售量综合指数的编制步骤如下：

(1)确定同度量因素，解决复杂现象总体在指标上不能直接加总的问题。根据要求，计算三种商品销售量综合指数，这是对复杂现象总体的销售量这一数量指标的变动研究。因为三种商品的计量单位不同、使用价值不同，三种商品销售量无法直接加总，也就无法求出其销售量的总变动。但是，因为销售量×价格＝销售额，通过此经济关系式中的价格，将不能加总的销售量过渡为可以加总的销售额，那么价格就是销售量的同度量因素。

(2)将同度量因素固定在同一时期，消除同度量因素变动的影响。如果将报告期的销售额与基期的销售额对比，这样的指数不但受销售量变动的影响，也同时受价格变动的影响。因此编制销售量指数即将销售量指数化，是用来反映销售量的变动，必须把同度量因素价格的时期固定，即两个时期的销售额均采用同一时期的价格计算，并进行对比，借以消除价格变动的影响。

(3)选择同度量因素所属时期。同度量因素所属时期的选择是非常重要的问题，应根据编制指数的具体任务以及实际经济内容来确定。在我国统计实践工作中，编制数量指标指数时，一般采用的原则是：编制数量指标指数将质量指标作为同度量因素，并将其固定在基期。其计算公式如下：

$$\overline{k_q} = \frac{\sum q_1 p_0}{\sum q_0 p_0}$$

式中：

$\overline{k_q}$——销售量综合指数；

$\sum q_1 p_0$——按报告期销售量和基期价格计算的销售额；

$\sum q_0 p_0$——基期的销售额。

根据表6-2中的资料,三件商品不同时期的销售额计算数据见表6-3。

表6-3　　　　　　　　　某商店三种商品销售量综合指数计算

商品名称	计量单位	销售量 基期 q_0	销售量 报告期 q_1	价格(元) 基期 p_0	价格(元) 报告期 p_1	销售额(元) $q_0 p_0$	销售额(元) $q_1 p_0$	销售额(元) $q_1 p_1$
帽子	顶	200	140	68	70	13 600	9 520	9 800
上衣	件	460	500	300	320	138 000	150 000	160 000
皮鞋	双	120	180	240	200	28 800	43 200	36 000
合计	—	—	—	—	—	180 400	202 720	205 800

根据以上资料,三种商品销售量综合指数计算如下:

$$\overline{k_q} = \frac{\sum q_1 p_0}{\sum q_0 p_0} = \frac{202\ 720}{180\ 400} \times 100\% = 112.37\%$$

计算结果表明,三种商品销售量综合增长12.37%。由于销售量的增长而增加的销售额为:

$$\sum q_1 p_0 - \sum q_0 p_0 = 202\ 720 - 180\ 400 = 22\ 320(元)$$

四、质量指标综合指数的编制

质量指标综合指数是反映质量指标综合变动程度的相对数。质量指标综合指数的编制原理与数量指标综合指数的编制原理基本相同,只是同度量因素的选择与固定时期不同。在我国统计实践工作中,编制质量指标综合指数时,一般采用的原则是:编制质量指标指数将数量指标作为同度量因素,并将其固定在报告期。其计算公式如下:

$$\overline{k_p} = \frac{\sum q_1 p_1}{\sum q_1 p_0}$$

式中,分子是报告期的销售额。

【例6-2】 根据表6-2的资料计算三种商品价格指数。

商品价格个体指数计算公式如下:

$$k_p = \frac{p_1}{p_0}$$

式中:

k_p——商品价格个体指数;

p_1——报告期价格;

p_0——基期价格。

根据表6-1的资料,计算三种商品的价格个体指数如下:

帽子销售价格个体指数=70/68×100%=102.94%

上衣销售价格个体指数=320/300×100%=106.67%

皮鞋销售价格个体指数＝200/240×100%＝83.33%

计算结果表明,三种商品价格的变动幅度是不同的。其中帽子价格上涨了2.94%,上衣价格上涨了6.67%,皮鞋价格下降了16.67%。

编制销售价格个体指数只是分别说明每一种商品价格的变动情况,无法说明三种商品价格的综合变动情况。所以要说明三种商品价格的综合变动情况,就要编制商品价格综合指数。

根据表6—3中的资料,三种商品销售价格综合指数计算如下：

$$\overline{k_p} = \frac{\sum q_1 p_1}{\sum q_1 p_0} = \frac{205\ 800}{202\ 720} \times 100\% = 101.52\%$$

计算结果表明,三种商品价格综合增长1.52%,由于价格增长而增加的销售额为：

$$\sum q_1 p_1 - \sum q_1 p_0 = 205\ 800 - 202\ 720 = 3\ 080(元)$$

综上所述,在实际统计工作中,编制综合指数的一般原则是:编制数量指标综合指数,将作为同度量因素的质量指标固定在基期;编制质量指标综合指数,将作为同度量因素的数量指标固定在报告期。但这个原则也不是固定不变的,应根据研究对象的不同情况分析确定。

以上是用综合指数法编制总指数的基本原理和基本过程。这种方法最大的优点是不仅可以反映复杂总体的变动方向和程度,而且可以准确地、定量地说明现象变动所产生的实际经济效果。但是运用综合指数法编制总指数,要求掌握全面的原始资料,否则无法进行编制。在实际运用中,有些情况适合运用平均指数的方法编制总指数。

综合指数应明确的问题

任务三　平均指数

一、平均指数的含义

平均指数是以指数化因素的个体指数为基础,通过对个体指数的加权平均而计算的一种总指数。它是编制总指数的又一种重要形式,具有独立的应用意义。

平均指数是在不具备复杂经济现象数量的全部原始资料,而只有某一指标的个体指数和报告期或基期的总量指标时编制的指数。平均指数克服了综合指数必须资料齐全和运算工作量大的缺点,计算比较简便。平均指数的计算,在特定权数的条件下,分子分母代表的经济内容和计算结果同综合指数是一致的,其计算公式可由综合指数公式加以推导,所以说它是综合指数的变形。平均指数有加权算术平均数指数和加权调和平均数指数两种基本形式。

二、加权算术平均数指数的编制

加权算术平均数指数是以个体指数为变量,以基期价值指标为权数,按加权算术平均法计算的指数。数量指标个体指数 $k_q = \dfrac{q_1}{q_0}$,则 $q_1 = k_q \cdot q_0$,将该要素代入数量指标综合指数公式中,得出加权算术平均数指数的公式为：

$$\overline{k_q} = \frac{\sum q_1 p_0}{\sum q_0 p_0} = \frac{\sum k_q \cdot q_0 p_0}{\sum q_0 p_0}$$

【例 6—3】 仍以表 6—3 某商场销售三种商品的资料为例,用加权算术平均数法编制销售量总指数,计算如下:

$$\overline{k_q} = \frac{\sum k_q \cdot q_0 p_0}{\sum q_0 p_0} = \frac{70\% \times 13\,600 + 108.7\% \times 138\,000 + 150\% \times 28\,800}{13\,600 + 138\,000 + 28\,800} \times 100\%$$

$$= \frac{202\,726}{180\,400} \times 100\% = 112.38\%$$

计算结果表明,三种商品销售量综合增长 12.38%,由于销售量的增长而增加的销售额为:

$$\sum k_q \cdot q_0 p_0 - \sum q_0 p_0 = 202\,726 - 180\,400 = 22\,326(元)$$

计算结果和例 6—1 采用综合指数法的计算结果基本一致。

三、加权调和平均数指数的编制

加权调和平均数指数是以个体指数为变量,以报告期价值指标为权数,按加权调和平均法编制的指数。质量指标个体指数 $k_p = \frac{p_1}{p_0}$,则 $p_0 = \frac{p_1}{k_p}$,将该要素代入质量指标综合指数公式中,得出加权调和平均数指数的公式为:

$$\overline{k_p} = \frac{\sum q_1 p_1}{\sum q_1 p_0} = \frac{\sum q_1 p_1}{\sum \frac{q_1 p_1}{k_p}}$$

【例 6—4】 仍以表 6—3 某商场三种商品的资料为例,用加权调和平均数指数编制销售价格总指数,计算如下:

$$\overline{k_p} = \frac{\sum q_1 p_1}{\sum \frac{q_1 p_1}{k_p}} = \frac{9\,800 + 160\,000 + 36\,000}{\frac{9\,800}{102.9\%} + \frac{160\,000}{106.7\%} + \frac{36\,000}{83.3\%}} \times 100\% = \frac{205\,800}{202\,694} \times 100\% = 101.53\%$$

计算结果表明,三种商品价格综合增长 1.5%,由于价格增长而增加的销售额为:

$$\sum q_1 p_1 - \sum \frac{q_1 p_1}{k_p} = 205\,800 - 202\,694 = 3\,106(元)$$

计算结果和例 6—2 采用综合指数法的计算结果基本一致。

由此可见,平均指数是综合指数的变形。编制数量指标平均指数时,一般用基期价值指标为权数,对数量指标个体指数计算加权算术平均数指数;编制质量指标平均指数时,一般用报告期价值指标为权数,对质量指标个体指数计算加权调和平均数指数。但也不能否认其他形式的权数在计算平均指数上的应用。

任务四 指数体系与因素分析

一、指数体系的含义

指数之间的联系来自社会经济现象本身的联系,许多经济现象之间存在着客观的经济联系，表现为指标间的数量对等关系，并且可以用数学模式来反映。比如：

$$产品产值＝产品产量×产品价格$$
$$产品总成本＝产品产量×单位产品成本$$
$$商品销售额＝商品销售量×商品价格$$
$$原材料消耗总额＝产品产量×单耗×原材料价格$$

上述等式左边的称为总变动指标，它们是被影响的指标；等式右边的称为因素指标，它们是对总变动指标产生影响的指标。上述指标之间在静态上存在着这种数量关系，在动态上也存在着相应的联系。比如，商品销售额的变动必然是商品销售量和商品价格这两个因素指标共同变动引起的；原材料消耗总额的变动，必然是由产品产量、单耗、原材料价格这三个因素指标共同变动所作用的效果。即：

$$产品产值指数＝产品产量指数×产品价格指数$$
$$产品总成本指数＝产品产量指数×单位产品成本指数$$
$$商品销售额指数＝商品销售量指数×商品价格指数$$
$$原材料消耗总额指数＝产品产量指数×单耗指数×原材料价格指数$$

我们把等式左边叫作总变动指数，把等式右边叫作因素指数。可见，总变动指数等于各因素指数的连乘积。

在统计上，我们把在经济上有联系、在数量上保持对等关系的若干个指数所形成的整体，称为指数体系。

二、指数体系的种类

（一）两因素指数体系和多因素指数体系

按因素指数的多少不同，指数体系有两因素指数体系和多因素指数体系两种。

两因素指数体系是只有两个因素指数的指数体系，如上面的商品销售额指数体系。多因素指数体系是三个或三个以上因素指数的指数体系，如上面的原材料消耗总额指数体系就是一个三因素指数体系。

本章只介绍两因素指数体系的分析方法。多因素指数体系的分析方法与之类同。

（二）总量指标指数体系和平均指标指数体系

按总变动指标的性质不同，指标体系有总量指标指数体系和平均指标指数体系两种。

总量指标指数体系是对总量指标的变动进行因素分析所使用的指数体系。其总变动指数为总量指标指数。如产品总成本指数体系：

$$总成本指数＝产量指数×单位成本指数$$

平均指标指数体系是对平均指标的变动进行因素分析所使用的指数体系。其总变动指数为平均指标指数。如职工平均工资指数体系：

$$职工平均工资指数＝职工工资水平指数×职工人数结构指数$$

三、指数体系的作用

指数体系的主要作用有以下两个方面：

（1）利用指数体系，可以进行因素分析，测定某一现象的总变动中各个影响因素作用的方向、影响的程度以及影响的绝对额，以探索现象变动的具体原因。利用指数体系，既可对简单经济现象总体的总变动进行因素分析，也可对复杂经济现象总体的变动进行因素分析；既可分析总量指标变动的具体原因,也可以分析平均指标、相对指标变动的具体原因。

(2)利用指数体系,可以进行有关指数之间的换算。例如,某地区某年的社会商品零售总额比上一年增长 42%,商品零售量比上年增长了 25%,求商品零售价格指数。

根据公式商品零售额指数＝商品零售量指数×零售价格指数,可得：

零售价格指数＝商品零售额指数÷商品零售量指数＝142%÷125%×100%＝113.6%

即该地区商品零售物价比上年上涨了 13.6%。

四、指数体系因素分析

根据指数体系,对社会经济现象总变动中因素的影响进行分析,掌握其影响方向、影响程度以及影响所产生的绝对经济效果,这种分析方法为指数体系因素分析。

(一)指数体系因素分析的内容

指数因素分析包括以下两方面内容：

(1)从相对数上分析各影响因素的变动对总变动指数产生影响的方向和程度。总变动指数在相对数上等于各个因素指数的连乘积：

$$总变动指数＝数量指标指数×质量指标指数$$

(2)从绝对数上分析各影响因素的变动引起的总变动指标增加或减少的绝对数额。总变动指数不仅在相对数上等于各个因素指数的连乘积,而且在绝对数上,现象总变动的差额也等于各个因素指标变动影响的差额之和。比如：

$$总变动指标实际增减额＝数量指标变动影响的绝对额＋质量指标变动影响的绝对额$$

这种绝对差额之间的数量对等关系,可称为增减值关系式。

(二)总量指标变动的两因素分析

总量指标因素分析的目的是测定各个因素的变动对总量指标变动的影响方向、影响程度以及影响的增减值。因此,要根据现象变动的经济关系,列出总量指标的影响因素,然后形成指数体系。

形成总量指标指数体系的依据是综合指数的编制原则,即数量指标指数采用基期的质量指标作为同度量因素,质量指标指数采用报告期的数量指标做同度量因素。至于不需要同度量因素的总变动指标指数,直接采用报告期和基期的实际指标数值对比即可。如销售额指数体系的形成,由于：

$$销售额＝销售量×价格$$

因此,

$$销售额指数＝销售量指数×价格指数$$

即,

$$\frac{\sum q_1 p_1}{\sum q_0 p_0} = \frac{\sum q_1 p_0}{\sum q_0 p_0} \times \frac{\sum q_1 p_1}{\sum q_1 p_0}$$

销售量和价格对销售额影响的增减绝对额关系式为：

$$\sum q_1 p_1 - \sum q_0 p_0 = (\sum q_1 p_0 - \sum q_0 p_0) + (\sum q_1 p_1 - \sum q_1 p_0)$$

【例 6-5】 根据表 6-3 中某商场三种商品的有关资料,从相对数和绝对数两方面分析销售额变动的原因。

(1)测定三种商品销售额的变动。计算销售额总指数：

$$\bar{k}_{qp} = \frac{\sum q_1 p_1}{\sum q_0 p_0} = \frac{205\ 800}{180\ 400} \times 100\% = 114.08\%$$

报告期比基期增加的销售额为：

$$\sum q_1 p_1 - \sum q_0 p_0 = 205\ 800 - 180\ 400 = 25\ 400(元)$$

计算结果表明，三种商品销售额报告期比基期综合增长 14.08%，增加了 25 400 元。这种变动是由于销售量和价格两个因素变动影响的结果。

(2) 在销售额变动影响因素中，分析销售量变动的影响。计算销售量总指数：

$$\bar{k}_q = \frac{\sum q_1 p_0}{\sum q_0 p_0} = \frac{202\ 720}{180\ 400} \times 100\% = 112.37\%$$

计算结果表明，三种商品销售量综合增长 12.37%。由于销售量的增长而增加的销售额为：

$$\sum q_1 p_0 - \sum q_0 p_0 = 202\ 720 - 180\ 400 = 22\ 320(元)$$

(3) 在销售额变动影响因素中，分析销售价格变动的影响，计算销售价格指数：

$$\bar{k}_p = \frac{\sum q_1 p_1}{\sum q_1 p_0} = \frac{205\ 800}{202\ 720} \times 100\% = 101.52\%$$

计算结果表明，三种商品价格综合增长 1.52%。由于价格增长而增加的销售额为：

$$\sum q_1 p_1 - \sum q_1 p_0 = 205\ 800 - 202\ 720 = 3\ 080(元)$$

把以上计算联系起来。在销售额指数体系中，从相对数上看，销售量指数乘以价格指数等于销售额指数。从绝对数上看，由于销售量增长而增加的销售额加上由于价格增长而增加的销售额等于销售额的总变动。它们之间存在如下关系：

$$114.08\% = 112.37\% \times 101.52\%$$
$$25\ 400 = 22\ 320 + 3\ 080$$

以上指数体系说明了该商场三种商品销售额报告期比基期增长了 14.08%，是销售量增长了 12.37% 和销售价格上涨了 1.52% 这两个因素共同影响的结果；该商场三种商品销售额报告期比基期共增加了 25 400 元，是由于销售量的增长而增加了销售额 22 320 元，和由于价格上涨而增加了销售额 3 080 元这两个因素共同影响的结果。

学中做

(1) 同样多的人民币本月比上月少购商品 12%。问：物价上升了多少？

(2) 粮食产量增长 5%，而播种面积却减少 4%，问：粮食单位面积产量有什么变化？

(3) "某企业的某种产品单位成本上升 10%，产量下降 10%，总成本没升也没降。"这种说法对吗？为什么？

(三) 平均指标变动的两因素分析

两个平均指标在时间上对比的相对数，称为平均指标指数。平均指标变动的因素分析的对象是总体平均水平的变动，测定各组变量值与总体结构两个因素对总体平均水平的影响方向和程度。平均指标的大小受变量值 x 和权数 f 两个因素的影响。那么两个时期加权算术平均数进行对比时，仍存在着这两个因素的影响。平均指标指数是根据影响平均指标的两个因素分别编制成独立的指数,且使这三个指数在数量上保持密切关系,形成一个指数体系。它们是可变构成指数、固定构成指数和结构影响指数。其关系如下:

$$可变构成指数＝固定构成指数×结构影响指数$$

将报告期总体平均数与基期总体平均数对比得到的相对数,称为可变构成指数,用 $\overline{K}_{可变}$ 表示,它反映总体平均水平的总变动程度,其公式为:

$$\overline{K}_{可变}=\frac{\sum x_1 f_1}{\sum f_1}:\frac{\sum x_0 f_0}{\sum f_0}$$

将总体结构固定在报告期,消除结构因素变动的影响,单纯地测定各组变量值的变动对总体平均水平的影响程度的指数,称为固定构成指数,用 $\overline{K}_{固定}$ 表示,其公式为:

$$\overline{K}_{固定}=\frac{\sum x_1 f_1}{\sum f_1}:\frac{\sum x_0 f_1}{\sum f_1}$$

将各组变量值固定在基期,消除变量值变动的影响,单纯地测定总体结构变动对总体平均水平的影响程度的指数,称为结构影响指数,用 $\overline{K}_{结构}$ 表示,其公式为:

$$\overline{K}_{结构}=\frac{\sum x_0 f_1}{\sum f_1}:\frac{\sum x_0 f_0}{\sum f_0}$$

下面用实例说明平均指标指数体系的应用。

【例 6—6】 某企业两类工人的工资水平和人数资料见表 6—4。

表 6—4　　　　　　　　某企业工人总平均工资变动因素计算表

工人类别	工人数(人) 基期 f_0	工人数(人) 报告期 f_1	工资(元) 基期 x_0	工资(元) 报告期 x_1	$x_0 f_0$	$x_1 f_1$	$x_0 f_1$
技工	700	660	800	860	560 000	567 600	528 000
徒工	300	740	500	550	150 000	407 000	370 000
合计	1 000	1 400	—	—	710 000	974 600	898 000

将上述资料代入公式中,计算三种平均指标指数:

$$\overline{K}_{可变}=\frac{\sum x_1 f_1}{\sum f_1}:\frac{\sum x_0 f_0}{\sum f_0}=\frac{974\ 600}{1\ 400}\div\frac{710\ 000}{1\ 000}=696.14\div710=98.05\%$$

$$696.14-710=-13.86(元)$$

$$\overline{K}_{固定}=\frac{\sum x_1 f_1}{\sum f_1}:\frac{\sum x_0 f_1}{\sum f_1}=\frac{974\ 600}{1\ 400}\div\frac{898\ 000}{1\ 400}=696.14\div641.43=108.53\%$$

$$696.14-641.43=54.71(元)$$

$$\overline{K}_{结构}=\frac{\sum x_0 f_1}{\sum f_1}:\frac{\sum x_0 f_0}{\sum f_0}=\frac{898\ 000}{1\ 400}\div\frac{710\ 000}{1\ 000}=641.43\div710=90.34\%$$

$$641.43-710=-68.57(元)$$

以上三种指数组成的指数体系的关系为:

$$\overline{K}_{可变}=\overline{K}_{固定}\times\overline{K}_{结构}$$

$$98.05\% = 108.53\% \times 90.34\%$$
$$-13.86 \text{ 元} = 54.71 \text{ 元} + (-68.57 \text{ 元})$$

以上结果表明,由于各组工人的工资水平提高,使总平均工资提高了 8.53%,提高的数额为平均每人 54.71 元;由于工人内部结构的变化,使总平均工资降低了 9.66%,降低的数额为平均每人 68.57 元。以上两个因素共同变动的结果,使该厂全部工人的总平均工资降低了 1.95%,平均每人减少 13.86 元。

为什么各组平均的工资水平提高了 8.53%,实际平均每人增加 54.71 元,而该厂总平均工资水平却下降 1.95%,平均每人减少 13.86 元呢?这要进一步分析:根据表 6—4 的资料,可以计算出低工资的徒工比重由基期的 30% 提高到报告期的 52.86%,而高工资的技工比重却由基期的 70% 降低到报告期的 47.14%。正是由于低工资工人的比重相对增多,而高工资工人的比重相对减少,才导致了组平均工资与总平均工资不相一致的矛盾现象。

任务五　常用统计指数

一、居民消费价格指数

居民消费价格指数简称 CPI,是反映一定时期居民支付所购买的生活消费品价格和获得服务项目价格的变动趋势和程度的一种相对数。居民消费价格统计调查的是社会产品和服务项目的最终价格,一方面同人民群众的生活密切相关,在整个国民经济价格体系中具有重要的地位,是进行经济分析和决策、价格总水平监测和调控及国民经济核算的重要的指标;另一方面,其变动率在一定程度上反映了通货膨胀或紧缩的程度。一般来讲,物价全面、持续地上涨,就可以认为发生了通货膨胀。一般定义超过 3% 为通货膨胀,超过 5% 就是比较严重的通货膨胀。

我国的消费价格指数是由国家统计局负责编制的,全国按统一的调查方案开展消费价格调查。目前,国家统计局在 31 个省(自治区、直辖市)设立调查总队,各省(区、市)调查总队负责辖区各市、县的价格调查,同时编制本省的消费价格指数。

以下几大经济数据,常使用居民消费价格指数来计算:

$$通货膨胀率 = \frac{报告期居民消费价格指数 - 基期居民消费价格指数}{基期居民消费价格指数} \times 100\%$$

$$货币购买力指数 = \frac{1}{居民消费价格指数} \times 100\%$$

$$实际工资 = \frac{名义工资}{居民消费价格指数}$$

在国民经济核算中,需要各种价格指数。其中包含了消费者价格指数(CPI)、生产者价格指数(PPI)以及国内生产总值(GDP)平减指数,对 GDP 进行核算,从而剔除价格因素的影响。

二、股票价格指数

股票价格指数就是用以反映整个股票市场上各种股票市场价格的总体水平及其变动情况的指标,简称股价指数。它是由证券交易所或金融服务机构编制的表明股票行市变动的一种供参考的指示数字。由于股票价格起伏无常,投资者必然面临市场价格风险。

对于具体某一种股票的价格变化,投资者容易了解;而对于多种股票的价格变化,要逐一了解,既不容易,也不胜其烦。为了适应这种情况和需要,一些金融服务机构就利用自己的业务知识和熟悉市场的优势,编制出股票价格指数,公开发布,作为市场价格变动的指标。投资者据此就可以检验自己投资的效果,并用以预测股票市场的动向。同时,新闻界、公司高管人员乃至政界领导人等也以此为参考指标,来观察、预测社会政治、经济发展形势。

世界上较为重要的股票价格指数是:道·琼斯股票价格指数、标准普尔股票价格指数、伦敦金融时报股票价格指数、日经平均股价指数及香港恒生指数。我国目前编制的股票价格指数主要有上证指数和深证指数。

编制股价指数时,通常采用以过去某一时刻(基期)部分有代表性的或全部上市公司的股票行情状况为标准参照值(100%),将当期部分有代表性的或全部上市公司的股票行情状况与标准参照值相比的方法。具体计算时多用算术平均和加权平均两种方法。

(一)算术平均数法

算术平均数就是将采样股票的价格相加后除以采样股票类数,计算得出股票价格的平均数。公式如下:

$$股票价格算术平均数 = 采样股票每股股票价格总和 \div 采样股票种类数$$

然后,将计算出来的平均数与同法得出的基期平均数相比后求百分比,得出当期的股票价格指数,即:

$$股票价格指数 = 当期股价算术平均数 \div 基期股价算术平均数 \times 100\%$$

(二)加权平均数法

加权平均数法就是以当期采样股票的每种股票价格乘以当期发行数量的总和作为分子,以基期采样股票每股价格乘基期发行数量的总和作为分母,所得百分比即为当期股票价格指数,即:

$$股票价格指数 = \sum(当期每种采样股票价格 \times 已发行数量) \div \sum(基期每种采样股票价格 \times 已发行数量) \times 100\%$$

三、消费者信心指数

消费者信心指数是根据消费者对国家经济形势、社会就业状况、个人预期收入、个人生活质量、国家消费政策、物价和股市走势等情况的主观判断和心理感受来编制的一种指数,是宏观景气监测预警系统中的一项重要内容。通过编制消费者信心指数,可以了解和掌握城镇居民对总体经济、就业、收入、生活质量、消费环境、物价、股市、购房、购车、旅游等状况的判断及未来走势的信心情况,研究和判断宏观经济状况及发展趋势,有助于增强社会经济调查工作的预见性、主动性、适时性,为政府制定宏观经济政策提供依据,为社会各界的经济工作提供重要的信息。

20世纪40年代,美国密歇根大学的调查研究中心为研究消费需求对经济周期的影响,首先编制了消费者信心指数,随后欧洲一些国家也先后开始建立和编制消费者信心指数。1997年12月,中国国家统计局景气监测中心开始编制中国消费者信心指数。

消费者信心指数包括即期指数和预期指数两部分,即期指数是指消费者对当前经济状况的评价,预期指数表示消费者对未来一段时期经济前景的期望。

消费者信心指数可采用以下方法编制。

（一）总指数

消费者信心指数＝（消费者即期指数×W_1＋消费者预期指数×W_2）/100

W 为权数，$W_1+W_2=100\%$，其中，$W_1=40\%$，$W_2=60\%$。

（二）大类指数

1. 消费者即期信心指数

该指数是反映消费者对当前经济运行、就业环境、消费环境、收入水平、生活质量、物价状况和股市走势等方面的满意程度，以及对住宅、轿车、耐用消费品和外出旅游等消费行为判断的指标。其计算公式为：

消费者即期信心指数＝（宏观经济环境即期信心指数×W_1＋收入即期信心指数×W_2＋生活质量即期信心指数×W_3）/100

W 为权数，$W_1+W_2+W_3=100\%$，其中：$W_1=30\%$，$W_2=30\%$，$W_3=40\%$。

2. 消费者预期信心指数

该指数是反映消费者对未来一年内经济运行、就业环境、消费环境、收入水平、生活质量、物价、股市走势，以及对住宅、轿车和耐用消费品等方面变化走势预期的指标。

计算公式为：

消费者预期信心指数＝（宏观经济环境预期信心指数×W_1＋收入预期信心指数×W_2＋生活质量预期信心指数×W_3）/100

W 为权数，$W_1+W_2+W_3=100\%$，其中：$W_1=30\%$，$W_2=30\%$，$W_3=40\%$。

（三）中类指数

各小类指数合并成中类指数时暂时采用等权公式。

（四）小类指数

某一指标即期（预期）信心指数＝[100×①％＋50×②％＋0×③％－50×④％－100×⑤％]＋100

①％，②％，…，⑤％分别表示被访者对"当前某地区（省、市、县等）的某一指标的选项回答百分比，100 为基数"。

选项回答百分比＝选项回答频数/该问题的有效样本数×100％

按照国际惯例，指数的取值介于 0 和 200 之间。100 为消费者信心强弱的临界点，表示消费者信心呈一般状态。指数大于 100 时，表示消费者信心偏向增强，指数值越接近 200，表示消费者信心越强；反之，指数小于 100 时，表示消费者信心偏弱，越接近 0，表示消费者越悲观，信心越弱。

四、经济景气指数

经济景气指数来源于企业景气调查，它是西方市场经济国家建立的一项统计调查制度。它是通过对企业家进行定期的问卷调查，并根据企业家对企业经营情况及宏观经济状况的判断和预期来编制的，由此反映企业的生产经营状况、经济运行状况，预测未来经济的发展变化趋势。

经济景气指数目前主要通过两个指标来反映：一是企业家信心指数，是根据企业家对企业外部市场经济环境与宏观政策的看法、判断与预期（主要是通过对"乐观""一般""不乐观"的选择）而编制的指数，用以综合反映企业家对宏观经济环境的感觉与信心；二是企业景气指数，是对企业景气调查中的定性指标通过定量方法加工汇总，综合反映某一特定调查群体或某一社会现象所处的状态或发展趋势的一种指标。景气指数的表示范围为 0～200。100 为景气指数的临界值,表明景气状况变化不大;100~200为景气区间,表明经济状况趋于上升或改善,越接近200越景气;0~100为不景气区间,表明经济状况趋于下降或恶化,越接近0越不景气。

知识拓展

2022年我国经济发展新动能稳步扩大

积极培育壮大经济发展新动能是优化产业结构、推动经济增长、提升发展质量的重要路径。国家统计局日前发布了2022年我国经济发展新动能指数,测算结果显示,2022年我国经济发展新动能指数为766.8,比上年增长28.4%,以新产业、新业态、新商业模式为主要内容的新动能持续集聚成长,经济活力不断释放,创新驱动深入推进,网络经济发展保持活跃,转型升级扎实有效,成为推动经济高质量发展的重要力量。

一、网络经济快速发展带动作用明显

网络强国和数字中国建设快速推进,网络基础设施优化升级,5G网络、千兆光网等新型信息基础设施建设取得新进展,数据中心、云计算、大数据等新兴业务快速发展,物联网用户规模继续扩大,数字经济与实体经济融合持续深化,不断强化数字经济新优势。据测算,2022年,网络经济指数达2 739.0,比上年增长39.6%。从主要构成指标看,截至2022年底,移动互联网用户数、固定互联网宽带接入用户数分别达14.6亿户、5.9亿户,分别比上年增长3.0%、10.1%;当年移动互联网接入流量达2 617.6亿GB,比上年增长18.1%。

数字化转型应用深入推进,新业态新模式助力线上线下消费有机融合,消费场景不断拓展,以直播电商为代表的新业态电商快速发展,拓展消费新渠道。生产领域电商交易规模持续扩大,大宗商品类平台通过优化供需匹配,助力企业扩展销售渠道,提升交易效率,加快企业服务线上化步伐。2022年,我国电子商务市场规模再创新高,全国电子商务平台交易额43.8万亿元,按可比口径计算,比上年增长3.5%;全国网上零售额13.8万亿元,按可比口径计算,比上年增长4.0%,其中,实物商品网上零售额增长6.2%,占社会消费品零售总额的比重为27.2%,比上年提高2.7个百分点;全国网购替代率(线上消费对线下消费的替代比例)为80.7%。跨境电商持续快速发展,截至2022年底,我国已设立165个电子商务综合试验区,基本形成陆海内外联动、东西双向互济的发展格局;2022年我国跨境电子商务交易额实现3.8万亿元,比上年增长74.3%。

二、科技创新引领新动能成长

深入实施创新驱动发展战略,完善新型举国体制,发挥国家战略科技力量作用,建设国家实验室体系,推进国际和区域科技创新中心建设,布局建设综合性国家科学中心、国家制造业创新中心,加大关键核心技术攻关力度,支持新型研发机构发展,突出企业创新主体地位,助推经济发展新动能不断成长。据测算,2022年,创新驱动指数为336.3,比上年增长15.5%。从主要构成指标看,全国研究与试验发展(R&D)经费投入达3.1万亿元,比上年增长10.4%,基础研究经费占研发支出比重稳定提升,企业研发经费持续增长。不断加强科技创新成果及应用,每万名R&D人员专利授权量达4 453.7件,每万人口高价值发明专利拥有量达9.4件;技术市场成交合同额达47 791亿元,比上年增长28.2%。

三、人才知识能力稳步提升

人才是第一资源,是实现民族振兴、赢得国际竞争主动的战略资源。加快建设国家战略人才力量,加强人力资源知识能力建设,激发人才创新创造潜力,有效强化新动能发展保障。据测算,2022年,知识能力指数为193.4,比上年增长5.9%。从主要构成指标看,每万名就业人员R&D人员全时当量为635.4人年,比上年增长11.2%;高学历、高技能人口比例连续多年保持增长趋势,经济活动人口中硕士及以上学历人口占比为1.33%,比上年提高0.04个百分点;"四上"企业从业人员中专业技术人员占比为16.00%,比上年提高0.36个百分点;非信息部门信息人员比重为2.12%,比上年提高0.14个百分点。

四、经济活力不断彰显

《中共中央 国务院关于加快建设全国统一大市场的意见》出台实施后,各地区各部门落实落细优化营商环境、促进个体工商户发展等条例,深入开展"互联网+政务服务",更多政务服务实现网上可办、跨省通办,修订发布新版鼓励外商投资产业目录,各地创新方式加强外商投资促进服务,持续增强经济发展活力。据测算,2022年,经济活力指数为402.6,比上年增长3.5%。从主要构成指标看,利用外资保持增长,引资量质双双提升,2022年我国实际使用外资金额1891亿美元,增长8.0%;高技术产业实际使用外资金额683亿美元,增长30.9%。网络消费带动快递业务规模继续扩大,2022年,快递业务量达到1105.8亿件,增长2.1%。

五、转型升级扎实推进

产业基础再造工程、重大技术装备攻关工程、国家战略性新兴产业集群发展工程扎实推进,智能制造、绿色制造深入实施,重点行业转型升级加快推动,先进制造业和现代化服务业融合发展试点深入推进,制造服务业专业化服务能力加快提升,供给体系质量稳步提升,产业链供应链竞争力有效增强,新动能成长新空间不断拓展。据测算,2022年,转型升级指数为162.8,比上年增长1.2%。从主要构成指标来看,2022年,规模以上高技术制造业增加值比上年增长7.4%,比规模以上工业增加值增速快3.8个百分点,占规模以上工业增加值的比重达15.5%;通过电子商务交易平台销售商品和服务的"四上"企业占比为10.3%;天然气、水电、核电、风电等清洁能源在能源消费总量中的占比为25.9%,比上年提高0.4个百分点。

资料来源:《国家统计局统计科学研究所所长闾海琪解读2022年我国经济发展新动能指数》,国家统计局,http//www.stats.gov.cn/sj/sjjd/202308/t20230822_1942173.html,2023年8月22日。

【任务实施】

如何用Excel工具解决南风公司指数计算问题

利用Excel编制南风公司统计总指数的基本步骤。

第一步,将三种型号汽车基期和报告期的销售和价格数据输入C、D、E、F列。

第二步,计算$q_0 p_0$,在单元格G3中输入"=C3*E3",回车确定,并复制到G4:G5。

第三步,计算$q_1 p_0$,在单元格H3中输入"=D3*E3",回车确定,并复制到H4:H5。

第四步,计算$q_1 p_1$,在单元格I3中输入"D3*F3",回车确定,并复制到I4:I5。

第五步,计算销售额合计数。在单元格G6中输入"=SUM(G3:G5)",回车确定,并复制到H6:I6。

第六步,编制销售量总指数和计算增减绝对额,在单元格D8中输入"=H6/G6",回车确定。在单元格E8中输入"=H6-G6",回车确定。

第七步,编制价格总指数和计算增减绝对额,在单元格D9中输入"=I6/H6",回车确定,

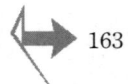

在单元格 E9 中输入"=I6-H6",回车确认。

第八步,编制销售额总指数和计算增减绝对额,在单元格 D10 中输入"=I6/G6",回车确定,在单元格 E10 中输入"=I6-G6",回车确定。计算结果如图 6-3 所示。

	A	B	C	D	E	F	G	H	I
1	商品名称	计量单位	销售量		价格（万元）		销	售	额
2			基期q₀	报告期q₁	基期p₀	报告期p₁	q₀p₀	q₁p₀	q₁p₁
3	纯电动客车	辆	7892	10255	89	85	702388	912695	871675
4	纯电物流及专用车	辆	5489	6732	38	35	208582	255816	235620
5	其他新能源车型	辆	1061	3681	25	22	26525	92025	80982
6	合计	—	—	—	—	—	937495	1260536	1188277
7				指数	增减绝对额				
8		销售量总指标		1.344578904	323041				
9		价格总指标		0.942675973	-72259				
10		销售额总质素		1.267502227	250782				

图 6-3 综合指数计算结果

【项目小结】

本项目重点内容在于对于各种统计指数的学习并建立指数体系进行因素分析。对于现今存在的各种社会经济现象,各项影响因素都是相互存在差异并随时间发展而不断变化的,统计指数就是我们研究各种现象差异或变动的重要方法。它不但可以反映现在总体的变动情况,而且能够测定现象总变动中各个因素的影响。本项目中,我们对数量指标综合指数、质量指标综合指数、加权算术平均数指数和加权调和平均数指数进行了深度学习,以这四类指数为基础建立指数体系来进行因素分析。

常用符号:q 代表数量指标,p 代表质量指标,1 代表报告期,0 代表基期,q_0 表示基期的数量指标,q_1 表示报告期的数量指标,p_0 表示基期的质量指标,p_1 表示报告期的质量指标。

表 6-5 统计指数

	数量指数	质量指数
个体指数	$K_q = \dfrac{q_1}{q_0}$	$K_p = \dfrac{p_1}{p_0}$
综合指数	$\overline{K_p} = \dfrac{\sum q_1 p_1}{\sum q_0 p_1}$	$\overline{K_p} = \dfrac{\sum q_1 p_1}{\sum q_1 p_0}$
加权算术平均数指数	$\overline{K_p} = \dfrac{\sum q_1 p_0}{\sum q_0 p_0} = \dfrac{\sum k_q \cdot q_0 p_0}{\sum q_0 p_0}$	
加权调和平均数指数		$\overline{K_p} = \dfrac{\sum q_1 p_1}{\sum q_1 p_0} = \dfrac{\sum q_1 p_1}{\sum \dfrac{q_1 p_1}{k_q}}$

而通过建立指数体系进行因素分析,界定总变动指数和因素指数之间的关系,可以实现测定某一现象的总变动中各个影响因素作用的方向、影响的程度以及影响的绝对额,以探索现象变动的具体原因。此外,本项目介绍了我国常用的统计指数包括居民消费价格指数、股票价格指数、消费者信心指数和经济景气指数等,其含义各不相同,均在实际经济体系中频繁被使用。

表6-6　　　　　　　　　　　　　指标变动的因素分析

	表达式	总变化	质量指数变化绝对数	数量指数变化绝对数
总量指标变动的两因素分析	$\dfrac{\sum q_1 p_1}{\sum q_0 p_0} = \dfrac{\sum q_1 p_0}{\sum q_0 p_0} \times \dfrac{\sum q_1 p_1}{\sum q_1 p_0}$	$\sum q_1 p_1 - \sum q_0 p_0$	$\sum q_1 p_0 - \sum q_0 p_0$	$\sum q_1 p_1 - \sum q_1 p_0$
	表达式	总关系	将总体结构固定在报告期	将各组变量值固定在基期
平均指标变动的两因素分析	$\overline{K_{可变}} = \dfrac{\sum x_1 f_1}{\sum f_1} \div \dfrac{\sum x_0 f_0}{\sum f_0}$	$\overline{K_{可变}} = \overline{K_{固定}} \times \overline{K_{结构}}$	$\overline{K_{固定}} = \dfrac{\sum x_1 f_1}{\sum f_1} \div \dfrac{\sum x_0 f_1}{\sum f_1}$	$\overline{K_{结构}} = \dfrac{\sum x_0 f_1}{\sum f_1} \div \dfrac{\sum x_0 f_0}{\sum f_0}$

【知识巩固】

一、单项选择题

1. 统计指数按其反映对象的范围不同分为(　　)。
   A. 狭义指数和广义指数　　　　　　B. 定基指数和环比指数
   C. 个体指数和总指数　　　　　　　D. 数量指标指数和质量指标指数

2. 如果用综合指数的形式编制工业产品产量总指数,下列项目可以作为同度量因素的是(　　)。
   A. 报告期价格　　　　　　　　　　B. 基期价格
   C. 报告期单位成本　　　　　　　　D. 基期单位成本
   E. 工人劳动生产率

3. 编制数量指标综合指数的一般原则采用(　　)作为同度量因素。
   A. 基期数量指标　　　　　　　　　B. 报告期数量指标
   C. 基期质量指标　　　　　　　　　D. 报告期质量指标

4. 如果用 p 表示商品价格,q 表示商品销售量,则公式 $\sum p_1 q_1 - \sum p_0 q_1$ 的意义是(　　)。
   A. 综合反映价格变动和销售量变动的绝对额
   B. 综合反映销售额变动的绝对额
   C. 综合反映多种商品价格变动而增减的销售额
   D. 综合反映由于价格变动而使消费者增减的货币支出额
   E. 综合反映多种商品销售量变动的绝对额

5. 某工厂报告期与基期相比较,某产品产量增加6%,单位产品成本下降了6%,那么,生产费用(　　)。
   A. 增加　　　　B. 减少　　　　C. 不增不减　　　　D. 无法确定

6. 副食品类商品价格上涨10%,销售量增长20%,则副食品类商品销售总额增长(　　)。
   A. 30%　　　　B. 32%　　　　C. 2%　　　　D. 10%

7. 反映多个项目或变量的综合变动的相对数是(　　)。
   A. 数量指数　　　B. 质量指数　　　C. 个体指数　　　D. 综合指数

8. 商品销售额的增加额为400元,销售量增加使销售额增加410元,价格(　　)。
   A. 增长使销售额增加10元　　　　　B. 增长使销售额增加205元
   C. 降低使销售额减少10元　　　　　D. 降低使销售额减少205元

9.平均指标指数是(　　)。
A.平均数指数
B.个体指数的平均数
C.由两个平均指标对比形成的指数
D.两个总量指标对比形成的指数
10.算术平均数指数是(　　)。
A.对个体数量指标指数进行平均
B.对个体质量指标指数进行平均
C.对个体数量指标进行平均
D.对个体质量指标进行平均
11.数量指标指数和质量指标指数的划分依据是(　　)。
A.指数化指标的性质不同
B.所反映的对象范围不同
C.所比较的现象特征不同
D.编制指数的方法不同

二、多项选择题

1.下列属于指数范畴的指标有(　　)。
A.动态变化相对数
B.离散系数
C.计划完成相对数
D.季节比率
E.比较相对指数
2.指数的作用包括(　　)。
A.综合反映事物的变动方向
B.综合反映事物的变动程度
C.利用指数可以进行因素分析
D.研究事物在长时间内的变动趋势
E.反映社会经济现象的一般水平
3.某企业为了分析本厂生产的两种产品产量的变动情况,已计算出产量指数为102.3%,这一指数是(　　)。
A.综合指数
B.总指数
C.个体指数
D.数量指标指数
E.质量指标指数
4.下列关于指数的理解中正确的有(　　)。
A.统计指数是表明社会经济现象数量变动程度的相对数
B.综合指数是用来反映复杂现象总体数量变动的相对数
C.综合指数是运用简单对比的方法编制而成的
D.平均数是一种特殊形式的统计指数,它用来反映现象的平均变动程度
5.同度量因素的作用有(　　)。
A.平衡作用
B.权数作用
C.调和作用
D.同度量作用
6.在指数体系中,选择同度量因素的原则是(　　)。
A.要符合指数计算的要求
B.保证各指数间的经济联系
C.对比基期必须是报告期的前提
D.经济含义的合理
E.数学等式的成立

三、判断题

1.统计指数是一种用于描述一组数据集中趋势的指标。　　　　　　　　　　(　　)
2.统计指数可以用于比较不同时间或不同地区的经济指标。　　　　　　　　(　　)
3.统计指数的计算方法包括简单指数和加权指数。　　　　　　　　　　　　(　　)

4.消费者物价指数(CPI)是用于衡量零售商品和服务价格变动程度的统计指数。（　　）

5.生产者物价指数(PPI)是用于衡量生产过程中投入品和产成品价格变动程度的统计指数。（　　）

6.国内生产总值(GDP)是用于衡量一个国家或地区一定时期内所有常住单位的经济活动的最终效果。（　　）

7.统计指数的计算结果可能大于1,也可能小于1,取决于基期和报告期的数值大小。（　　）

8.统计指数的计算结果与基期和报告期的数值大小无关。（　　）

四、计算题

1.某商店三种商品有关资料如表6—7所示。

表6—7　　　　　　　某商店三种商品资料

商品	销售额（万元）		价格上涨（+）或下降（-）%
	基期	报告期	
甲	360	400	+15
乙	500	600	-12
丙	40	45	+10

(1)计算三种商品销售额总指数。
(2)计算三种商品价格总指数及价格变动增减的销售额。
(3)计算销售量总指数及销售量变动增减的销售额。

2.某市2023年第一季度社会商品零售额为36 200万元,第四季度为35 650万元,零售物价下跌0.5%,试计算该市社会商品零售额指数、零售价格指数和零售量指数,以及由于零售物价下跌居民少支出的金额。

3.已知某地区2022年的农副产品收购总额为360亿元,2023年比上年的收购总额增长12%,农副产品收购价格总指数为105%。试考虑,2023年与2022年对比:
(1)农民因交售农副产品共增加多少收入？
(2)农副产品收购量增加了百分之几？农民因此增加了多少收入？
(3)由于农副产品收购价格提高5%,农民又增加了多少收入？
(4)验证以上三方面的分析结论能否保持协调一致。

【技能强化】

统计指数分析

一、实训目的
1.培养学生应用统计指数的理论解决实际经济问题的能力;
2.培养学生建立指数体系并进行因素分析的能力。

二、实训内容
表6—8是某市计算机经销商A公司2023年1月和2月计算机散件销售统计表,现总经理想知道2月与1月比,计算机散件销售量的综合变动情况、销售价格的综合变动情况。所以

该公司销售统计员需要对此进行分析并上报总经理,总经理要求销售统计员进行 2023 年 1 月和 2 月计算机散件销售额变动情况的原因分析。

表 6—8　　　某市计算机经销商 A 公司 2023 年 1 月和 2 月计算机散件销售统计

品种	销售数量 1月	销售数量 2月	销售金额(元) 1月	销售金额(元) 2月	销售均价(元) 1月	销售均价(元) 2月
CPU/个	174	179	102 070	109 410	586.61	611.23
DVD 光驱/个	122	133	22 015	24 183	180.45	181.83
打印机/台	64	63	74 880	74 910	1 170.00	1 189.05
内存条/条	162	145	43 680	40 660	269.63	280.41
显示器/台	45	52	39 198	45 160	871.07	868.46
硬盘/个	40	53	16 800	22 260	420.00	420.00
主板/个	46	55	16 340	20 220	355.22	367.64
合计	—	—	314 983	336 803	—	—

三、实训要求

1. 学生分组,每组 3～4 人,查阅指数体系建立和因素分析的相关理论;
2. 利用各种资源各自完成综合指数、平均指数的分析与计算以及销售额指数的因素分析;
3. 小组派代表发言并展示成果;
4. 教师点评。

四、实训评价

每个小组形成一份实训报告并进行汇报交流,通过自评、互评和教师评价综合评定成绩。

【素养提升】

指数的讨论——辩证思维与严谨的科学精神

目标:

(1)了解"两山"指数的含义。

(2)通过对"两山"指数的学习,认识绿水青山与金山银山的辩证统一关系,关注绿色发展,注重人与自然的协调发展;并通过指数数据的阐述,认识我国发展的进程,充分体现了新时代中国特色社会主义的发展及其优越性,培养爱国主义情怀。

浙江"两山"发展指数及 2022 年"两山"发展百强县发布

要求:

(1)课外阅读:《浙江:"两山"发展指数及 2022 年"两山"发展百强县发布》一文。

(2)课堂讨论:"两山"发展指数由哪些具体的指数构成? 构建"两山"发展指数的意义是什么? 如何构建一个全新的统计指数? 其他读后感。

【拓展视野】

案例来源:业财税融合 1＋X 证书

在实际工作中,股票价格指数为我们常用的指数之一,获取股价指数的方法也很多,以下案例为我们展示了如何利用 Python 程序获取股价指数涨跌幅数据。

业务描述：

北辰公司为了分析公司本年度股价的涨跌幅度，大数据分析师编写 python 程序，利用 tushare 包抓取北辰实业与上证指数（股票代码 000001）2020 年 1—12 月的指数涨跌幅度数据。利用 tushare 接口 pro_bar 获取数据，分别存储为 excel 文件。

业务实施：

Tushare 为我们常用的一个上市公司信息数据库，提供了接口供我们获取需要的数据，此案例就是利用数据接口 pro_bar，通过修改其中的参数，获取数据的案例。

1. 运行以下代码，可获取北辰公司的股价指数涨跌幅

```
import tushare as ts
df=ts.pro_bar(ts_code='601588.SH',start_date='20200101',end_date='20201231',freq='M')
print(df)
```

运行结果如表 6—9 所示。

表 6—9　　　　　　　　　北辰公司的股价指数涨跌幅

	trade_date	open	high	close	low	pct_chg
0	20201231	2.47	2.51	2.28	2.21	−0.0806
1	20201130	2.4	2.56	2.48	2.36	0.0333
2	20201030	2.61	2.66	2.4	2.4	−0.0769
3	20200930	2.79	2.87	2.6	2.58	−0.0714
4	20200831	2.78	2.91	2.8	2.74	0.0072
5	20200731	2.83	3.17	2.78	2.72	−0.0107
6	20200630	2.73	2.86	2.81	2.7	0.0331
7	20200529	2.71	2.79	2.72	2.63	−0.0037
8	20200430	2.65	2.77	2.73	2.62	0.0302
9	20200331	2.77	3.12	2.65	2.52	−0.0399
10	20200228	2.77	3.05	2.76	2.61	−0.1039
11	20200123	3.3	3.39	3.08	3.06	−0.061

通过 python 抓取到了北辰公司从 2020 年 1 月至 2020 年 12 月的指数涨跌幅度，并生成了 excel 文件。

2. 运行以下代码，可获取上证指数涨跌幅数据

```
import tushare as ts
df=ts.pro_bar(ts_code='000001.SH',start_date='20200101',end_date='20201231',freq='M',asset='I')
print(df)
```

运行结果如表 6—10 所示。

表6—10　　　　　　　　上证指数2020年1—12月的指数涨跌幅度数据

	trade_date	open	high	close	low	pct_chg
0	20201231	3 388.987	3 474.918	3 473.069	3 325.172	0.024
1	20201130	3 228.715	3 456.737	3 391.755	3 209.909	0.051 9
2	20201030	3 262.611	3 371.086	3 224.533	3 219.422	0.002
3	20200930	3 389.742	3 425.629	3 218.052	3 202.344	−0.052 3
4	20200831	3 332.183	3 456.721	3 395.678	3 263.265	0.025 9
5	20200731	2 991.181	3 458.791	3 310.007	2 984.984	0.109
6	20200630	2 871.964	2 990.825	2 984.674	2 871.964	0.046 4
7	20200529	2 831.633	2 914.284	2 852.351	2 802.465	−0.002 7
8	20200430	2 743.541	2 865.59	2 860.082	2 719.904	0.039 9
9	20200331	2 899.31	3 074.257	2 750.296	2 646.805	−0.045 1
10	20200228	2 716.698	3 058.898	2 880.304	2 685.269	−0.032 3
11	20200123	3 066.336	3 127.169	2 976.528	2 955.346	−0.024 1

利用python获取指数从2020年1月至2020年12月的指数涨跌幅度，并生成了excel文件。

接下来，可以通过比较北辰公司和上证指数的涨跌幅度，进一步对公司股价变动情况进行分析，做出投融资决策。

项目七　抽样推断

【知识结构图】

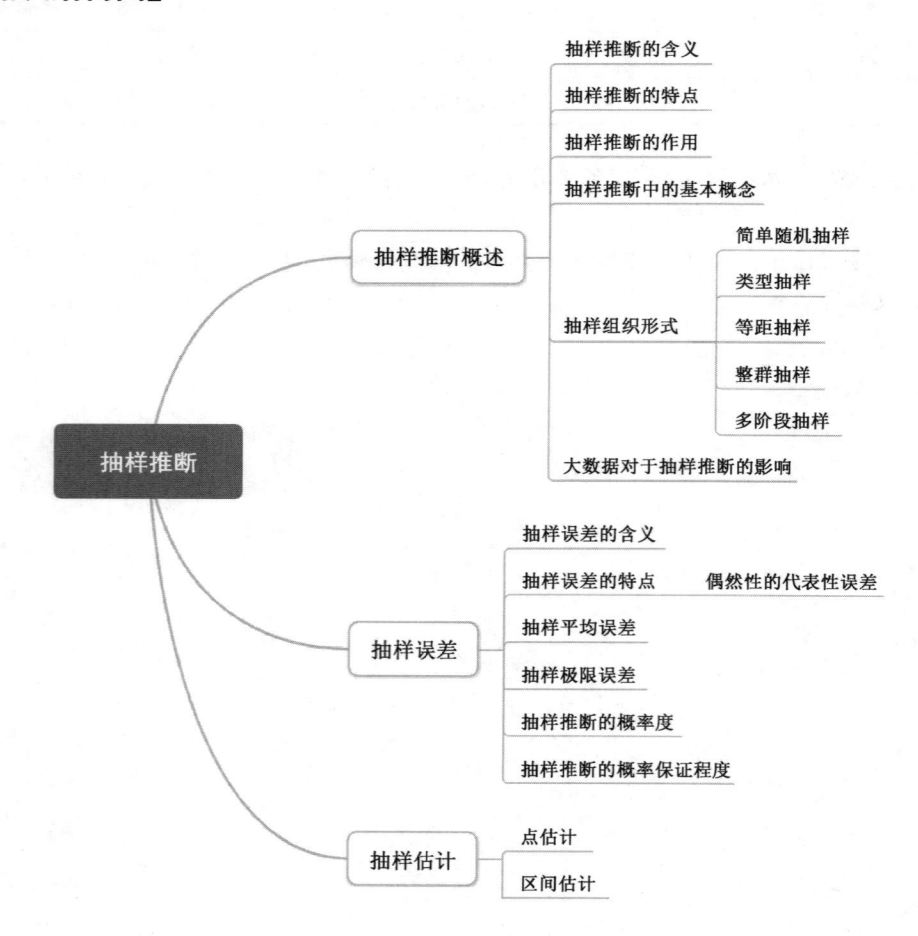

```
抽样推断
├── 抽样推断概述
│   ├── 抽样推断的含义
│   ├── 抽样推断的特点
│   ├── 抽样推断的作用
│   ├── 抽样推断中的基本概念
│   ├── 抽样组织形式
│   │   ├── 简单随机抽样
│   │   ├── 类型抽样
│   │   ├── 等距抽样
│   │   ├── 整群抽样
│   │   └── 多阶段抽样
│   └── 大数据对于抽样推断的影响
├── 抽样误差
│   ├── 抽样误差的含义
│   ├── 抽样误差的特点 —— 偶然性的代表性误差
│   ├── 抽样平均误差
│   ├── 抽样极限误差
│   ├── 抽样推断的概率度
│   └── 抽样推断的概率保证程度
└── 抽样估计
    ├── 点估计
    └── 区间估计
```

【学习目标】

知识目标

1. 了解抽样推断的基本概念、含义与特点；

2.了解大数据对抽样推断的影响；

3.掌握抽样估计的方法、误差的计量方法；

4.理解样本单位数的确定方法。

能力目标

1.具有在实际工作中正确运用抽样方法进行样本选取的能力；

2.能够根据研究目的进行抽样框的设计；

3.具有应用Excel工具进行样本抽样的能力。

素养目标

1.提升学生对事物和现象的理性洞察力，在偶然性中寻找必然性。

2.指导学生了解统计学思想，引导学生探索新知识，培养学生的辩证思维能力与全面分析问题的能力。

3.培养学生应用统计学思维的良好习惯，养成严谨的学习态度及实事求是地分析问题、解决问题的科学世界观。

【案例导入】

南风汽车有限公司零部件抽样检验方案

南风汽车有限公司通过抽样检测的方式来对零部件的合格性进行评估，确保产品品质符合标准要求，并为质量管理提供数据支持。根据汽车零部件的特性和质量控制要求，我们建议采用以下抽样方案：①集群抽样：将汽车零部件分为几个不同的集群，每个集群内部选择样本，集群之间进行随机抽样。②单位抽样：对于同一类型的汽车零部件，按照固定数量或比例进行抽样。

根据抽样方案和标准，我们可以选择以下抽样方法：①随机抽样：通过随机方法选择样本，确保抽样结果具有代表性和可靠性。②系统抽样：按照一定的规则和步骤选择样本，减少偶然性因素对抽样结果的影响。③分层抽样：将汽车零部件按照特定的特征或属性进行分层，然后在各层内按照一定比例选择样本。

零部件的抽样检验程序包括以下步骤：①样本收集：根据抽样方法，从生产线、仓库或供应商处收集所需样本，并确保样本的完整性和准确性。②抽样检验：根据抽样方案和标准，对收集到的样本进行检验。可以采用以下方法进行检验：外观检查——对汽车零部件的外观进行检查，确保外观无明显瑕疵。尺寸测量——对汽车零部件的尺寸进行测量，确保尺寸符合要求。功能测试——对汽车零部件的功能进行测试，确保功能正常。③检验结果评估：根据抽样标准和检验结果，对汽车零部件的检验结果进行评估。可以采用以下方法进行评估：合格/不合格判定——根据抽样标准，判断样本是否合格。置信区间计算——通过统计学方法，计算样本抽样结果的置信区间，评估合格率的可靠性。

零部件的抽样检验程序如图7—1所示。

对南风汽车有限公司在2022年12月生产的10万件空调管进行不重复抽样，从中随机抽取3 500件进行检验，得知其中的废品有200件，对空调管的抽样概率保证程度为95%，那么这10万件零件的合格率区间是多少？

通过抽样的方式对汽车零部件进行检验，可以有效评估产品品质，确保汽车零部件符合质

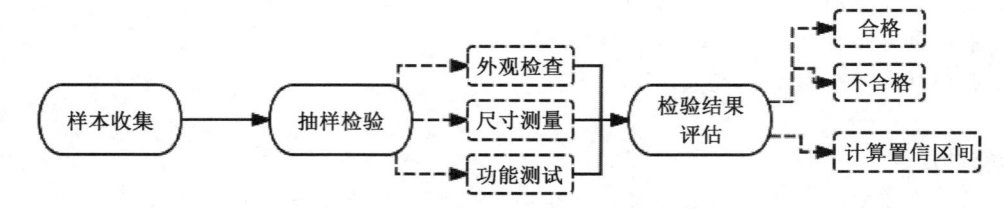

图 7-1 零部件的抽样检验程序

量要求,提高质量管理水平。同时,需要根据实际情况和具体产品特性进行调整和优化,并不断改进抽样检验方案,以满足不同情况下的质量控制需求。

任务发布:如何运用 Excel 工具计算这 10 万件空调管的合格率区间?

任务一 抽样推断概述

一、抽样推断的含义

抽样推断又称抽样估计,它是在抽样调查的基础上,利用样本实际资料揭示样本指标数值,并对总体的数量特征作出具有一定可靠程度的估计和推断,以认识总体的一种统计研究方法。在实际工作中,许多情况我们不可能对总体的所有单位进行全面调查,来达到对总体数量特征的认识,如商品需求量调查、城镇居民家庭收支调查、民意测验等。抽样调查的主要目的不在于了解样本本身的数量特征,而在于借助样本的数量特征来估计总体的相应数量特征。抽样推断是人认识现象总体的一种重要方法,在统计调查研究活动中广为应用。

二、抽样推断的特点

(一)按随机原则从总体中抽取调查单位

这是抽样调查与其他非全面调查方式的主要区别之一。所谓随机原则是指在抽取调查单位时,完全排除调查者的主观判断,总体中每个单位都有同等被抽中或不被抽中的机会,哪个单位抽中与否,纯粹是随机的、偶然的。按随机原则抽取调查单位是进行抽样推断的每个单位有同等中选的机会,从而使被选中的单位对总体具有充分的代表性,以保证推断结果的精确度和可靠性。

(二)用抽样指标推断总体的数量特征

抽样推断是根据被抽取的调查单位取得的资料,计算各种抽样指标数值,并对总体相应的指标数值作出估计。这也是抽样调查区别于其他非全面调查的特点之一。其他非全面调查如重点调查、典型调查等一般不具备推断的条件。虽然抽样调查与全面调查的目的都是达到对总体数量特征的认识,但比较起来,抽样调查能够节约人力、费用、时间,且比较灵活。

(三)抽样误差可以在推断前事先计算并加以控制

抽样调查是根据对部分单位调查所取得的资料来推断总体指标数值的,推断结果不可避免会有误差。但抽样推断中的抽样误差是可以在推断之前事先估计出来的,也可以根据调查目的和任务的要求,采取一定的组织措施加以控制,从而保证抽样推断结果的精确度和可靠性。

三、抽样推断的作用

抽样调查是一种科学、灵活、实用的调查方法,在社会经济各个领域的应用越来越广泛。其作用主要包括以下几点:

(一)对某些不可能进行全面调查而又需要了解全面情况的社会经济现象,可以采取抽样推断

例如,对产品的质量进行检查,材料抗拉强度的检查,对饮料、罐头等食品的质量检查等,一经检查就将消耗或破坏它们的使用价值,在这种情况下,只能采用抽样调查的方式。另外,对于无限总体也不可能进行全面调查,只能采取抽样调查方法。

(二)对于某些不必要或在经济上不允许经常采用全面调查的社会经济现象,最适宜采用抽样推断

例如,对于人口数量的调查,对于城乡居民的家计调查,对于旅游客源的调查等。虽然有些调查理论上可以采用全面调查,但由于总体涉及的范围较大,采用全面调查要花大量的人力、物力、财力和时间,有时没有必要,有时条件也不允许。这时采用抽样推断方式,便可以同时达到节省人力、物力、财力和时间,并获得全面调查的效果的目的。

(三)对于需要及时了解情况的现象,也经常需要采用抽样推断

因为全面调查消耗大量人力、物力和财力,资料也不易及时取得,而抽样推断方式不仅节省人力、资金,且时间快、方式灵活,能够及时满足了解情况的需要。例如,为了及时对旅游者的旅游目的、停留天数、购物等情况进行调查,需在旅游者启程之前和旅游过程中进行调查,就应该采用抽样推断方式,以便及时获得所需的统计资料。

(四)对全面调查的资料进行评价和修正,也适用于抽样推断

全面调查由于范围广、工作量大、参加人员多,发生登记性误差的可能性就大。因此,为了保证全面调查资料的准确性,检查全面调查资料的质量,在全面调查之后,一般都要进行抽样推断。在总体中再抽取一部分单位重新调查,然后将两次调查的资料进行比较,计算出差错率,并据此对全面调查的资料加以修正。例如,我国人口普查规定,在人口普查工作完毕后,还要按照规定的调查方案抽样若干个地区进行复查,根据抽样调查的资料,计算人口普查的重复和遗漏的差错率,根据这个比率去修正普查资料,从而保证人口普查数据的质量。

(五)抽样推断还可以用于工业生产过程中的质量控制

对于成批或大量连续生产的工业产品,在其生产过程中采用抽样推断,可以检查生产过程中是否有异常情况,并及时提供有关信息,有效地实施产品质量控制。这种质量控制在产品质量检查中的作用比事后检查要优越得多,它可以通过随时跟踪、抽查来保证质量。

拓展阅读

现行标准下的农村贫困人口实现脱贫,贫困县全部摘帽,解决区域性整体贫困,是我国"十三五"规划的重要要求。为科学严谨地评价脱贫攻坚的成果,根据《中共中央国务院关于打赢脱贫攻坚战三年行动的指导意见》的部署,我国已于2021年2月如期完成脱贫攻坚普查。为进一步确保结论的准确性,在对国家贫困县建档立卡户进行普查的基础上,对非国家贫困县的建档立卡户进行抽样调查。

脱贫攻坚抽样设计中的若干问题研究

四、抽样推断中的基本概念

(一)总体和样本

总体又称母体,是所要认识的研究对象的全体,是由调查对象范围内具有共同性质单位所组成的整体。组成总体的个别事物叫总体单位。总体单位数目通常都是很大的,甚至是无限的,这样才有必要组织抽样调查,进行抽样调查推断。总体单位数一般用符号 N 表示。

样本又称子样,是从总体单位中随机抽取的部分调查个体所组成的集合体。样本的单位数是有限的。样本单位数一般用符号 n 表示,也称样本容量。总体和样本的关系如图 7-1 所示。

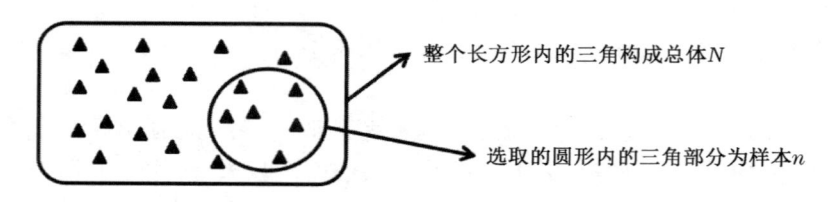

图 7-1 总体和样本

对于某一特定研究问题来说,作为推断对象的总体是确定的,而且是唯一的。但由于从一个总体中可以抽取许多个样本,所以作为观察对象的样本,不是唯一的,而是可变的。明白这一点对于理解抽样推断的原理是很重要的。

(二)总体指标和样本指标

1. 总体指标

总体指标又称参数,是反映总体数量特征的综合指标。在一个抽样调查的总体中,总体指标是唯一确定量,而且是一个未知数,需要通过样本资料进行推算。常用总体指标有总体平均数、总体方差(或标准差)、总体成数和总体成数的方差(或标准差)。

设总体变量的取值为 $X_1, X_2, \cdots, X_N$,F 为总体变量的频次,亦可称为权数,则:

$$\text{总体平均数 } \overline{X} = \frac{\sum X}{N} \quad \text{或} \quad \overline{X} = \frac{\sum XF}{\sum F}$$

$$\text{总体方差 } \sigma^2 = \frac{\sum (X - \overline{X})^2}{N} \quad \text{或} \quad \sigma^2 = \frac{\sum (X - \overline{X})^2 F}{\sum F}$$

对于总体的某些品质标志,可以把总体分为"是"或"非"两种类型。例如,产品质量的标志表现为合格和不合格,人口性别的标志表现为男性和女性。由于总体各单位品质标志表现不能用数量表示,则可以把"是"的标志表现量化表示为 1,把"非"的标志表现量化表示为 0。那么总体成数就是总体中具有某种标志表现的单位数占总体单位数的比重,是 (0,1) 分布的相对数。这样就可以计算总体成数、总体成数方差(或标准差)。

设 P 表示总体中具有某种性质的单位数在总体单位数中所占的比值,Q 表示总体中不具有某种性质的单位数在总体中所占的比重。设总体单位数为 N,具有某种标志表现的单位数为 N_1,不具有某种标志表现的单位数为 N_0,则:

$$N = N_1 + N_0$$

$$P = \frac{N_1}{N}$$

$$Q = \frac{N_0}{N}$$

$$P + Q = 1$$

那么,总体成数的平均数为:

$$\overline{X_P} = \frac{\sum XF}{\sum F} = \frac{0 \times N_0 + 1 \times N_1}{N_0 + N_1} = \frac{N_1}{N} = P$$

总体成数的方差为:

$$\sigma_P^2 = \frac{\sum (X-\overline{X})^2 F}{\sum F} = \frac{(0-P)^2 N_0 + (1-P)^2 N_1}{N_0 + N_1} = \frac{P^2 N_0 + Q^2 N_1}{N}$$

$$= P^2 Q + Q^2 P = PQ(P+Q) = PQ = P(1-P)$$

则总体成数的标准差为: $\sigma_p = \sqrt{P(1-P)}$

在抽样推断中,总体指标的意义和计算方法是明确的,但总体指标的具体数值事先是未知的,需要用样本指标来估计它。

2. 样本指标

样本指标又称统计量,是根据样本各单位的标志值或标志特征计算的,反映样本数量特征的综合指标。在抽样调查中,样本指标是根据样本资料计算得来的,主要用于推断总体数量特征。样本指标与总体指标计算原理相同,为了与总体指标相区别,用小写字母表示,代表的意义相对应。样本指标主要种类有样本平均数、样本方差(标准差)、样本成数和样本成数的方差(标准差)等。

样本平均数为: $\bar{x} = \frac{\sum x}{n}$ 或 $\bar{x} = \frac{\sum xf}{\sum f}$

样本方差为: $\sigma^2 = \frac{\sum (x-\bar{x})^2}{n}$ 或 $\sigma^2 = \frac{\sum (x-\bar{x})^2 f}{\sum f}$

样本成数为: $p = \frac{n_1}{n}$

样本成数的方差为: $\sigma_P^2 = p(1-p)$

在抽样推断中,样本指标的计量方法是确定的,但它的取值随着样本的不同而不同。所以,样本指标本身是随机变量,用它作为总体指标的估计值,有时误差大些,有时误差小些;有时产生正误差,有时产生反误差。

学中做

(1)从某班学生中抽取 20 名学生进行调查,得知其中有 12 名女生、8 名男生。请计算该样本的成数、样本成数的平均数和方差。

(2)在成数为多少时,成数的方差最大?

(三)样本容量与样本个数

样本容量是指一个样本所包含的单位数,用 n 来表示。对于总体单位数 N 来说,n 是个很小的数,它可以是 N 的几十分之一、几百分之一、几千分之一、几万分之一。一般而言,样本单位数达到或超过 30 个的样本称为大样本,而在 30 个以下称为小样本。社会经济统计的抽样推断多属于大样本,而科学实验的抽样观察则多取小样本。

样本个数又称样本可能数目,是指在一个抽样方案中从总体中所可能被抽取的样本个数。一个总体可能抽取多少个样本,和样本的容量大小有关,也和抽样的方法有关。在样本容量确定之后,样本的可能数目便取决于抽样方法,即样本的可能数目取决于是采用重复抽样还是采用不能重复抽样。

(四)重复抽样和不重复抽样

在抽样调查中,从总体中抽样本单位的方法有两种:重复抽样和不重复抽样。

1. 重复抽样

重复抽样也称重置抽样、放回抽样、回置抽样等,是指从总体 N 个单位中随机抽取容量为 n 的样本时,每次抽取一个单位,把结果登记下来后,重新放回,再从总体中抽取下一个样本单位。在这种抽样方式中,同一单位有被重复抽中的机会。

重复抽样的特点是:(1)在抽样过程中,各次抽样相互独立,每次供选取的总体单位数始终不变,都为 N;(2)总体各个单位被抽中的概率在每次抽样中都一样,都为 $1/N$;(3)所有可能被抽到的样本数 N^n 个,每个样本被抽到的概率都相同。

例如,总体由 A、B、C 三名技术人员组成,用重复抽样的方法从中随机抽取二名技术人员构成样本。首先从 3 名人员中抽取 1 人,登记后放回总体中,然后再从这 3 名中抽取 1 人,将两次抽取到单位构成一个样本,这就是重复抽样。在重复抽样的条件下,所有可能的样本组合为:AA,AB,AC,BA,BB,BC,CA,CB,CC,则全部可能被抽取样本个数为:$3^2=9$(个)。

2. 不重复抽样

不重复抽样也称不重置抽样、不回置抽样等,它是指从总体 N 个单位中随机抽取容量为 n 的样本时,每次抽取一个单位后,不再放回去,下一次则从剩下的总体单位中继续抽取,如此反复,最终构成一个样本。在这种抽样方式中,同一单位不可能有被重复抽中的机会。

不重复抽样的特点是:(1)在抽样过程中,各次抽样不是相互独立的,每一次抽样结果都影响下一次抽样,每抽一次,总体单位就减少一个;(2)总体各单位被抽中的概率在各次抽样中是不同的;(3)所有可能被抽取到的样本个数为:$N\times(N-1)\times\cdots\times(N-n+1)$,每个样本被抽中的概率相同。

前例中,用不重复抽样的方法从中抽取 2 个单位构成样本,所有可能的样本组合为:AB,AC,BA,BC,CA,CB,则全部可能被抽中的样本个数为:$3\times2=6$(个)。

由此可见,在相同样本容量的条件下,从同一个总体中用不重复抽样方法可能得到的样本个数比重复抽样方法可能得到的样本个数少。由于不重复简便易行,所以在实际工作中经常被采用。

学中做

在某班 30 名学生中,随机抽取 3 名学生进行调查。在重复抽样条件下的样本个数为_____个,不重复抽样条件下的样本个数为_____个。

五、抽样组织形式

如何科学地组织抽样调查是一个至关重要的问题。科学地组织抽样调查不但要保证随机抽样原则的实现,而且还要在调查费用一定的条件下,选择抽样误差最小的方案;在精确度要求一定的条件下,使调查费用最少。常用的抽样组织形式包括:

(一)简单随机抽样

简单随机抽样又称纯随机抽样,它是按随机原则直接从总体中抽取样本,使总体中每个单位都有同等机会被抽取的抽样组织方式。它是抽取样本的最基本、最简明的方式。简单随机抽样适用于被研究现象的数量表现没有特别明显的波动、分布比较均匀的总体。实际工作中,如果调查对象的特征缺乏足够的了解,往往采用简单随机抽样。

简单随机抽样的具体做法有:

1. 抽签法

抽签法是先将每个总体单位不加任何主观意志地编上号码,形成抽样框,然后,制作签条,经掺和均匀后从中任意抽取,抽到哪个号码就意味着抽中了与此号码相对应的总体中的某单位。

2. 随机数表法

随机数表法是利用随机数表抽取样本的方法。随机数表是由 0~9 共 10 个数字随机排列而成的数表。用随机数表抽取样本时,将总体所有单位加以编号后,形成抽样框,根据编号的最大数确定使用几位随机号码,然后从任一列或一行的任意一位号码数起,碰上属于编号范围的数字号码就定下来作为样本单位。

随机数表法的应用

简单随机抽样在理论上最符合随机原则,但在实际应用中有很大的局限性。第一,无论用抽签法还是用随机数表法抽样,均需对总体各个单位逐一编号。而如果抽样推断中的总体单位数很多,编号查号的工作量就很大。第二,当总体各单位标志变异程度较大时,简单随机抽样的代表性就较差。所以简单随机抽样适用于所调查的总体单位数不多,且各单位数标志变异程度较小的情况。

(二)类型抽样

类型抽样又称分类抽样或分层抽样,是将总体按某一标志进行分组,然后在各组中随机抽取样本单位的抽样组织方式。类型抽样实质上是分组法和随机抽样法相结合的产物。首先划分出性质不同的各个组,然后按照随机原则,从各个组中抽取调查单位,保证各组内部都有一部分单位被抽取。所以,类型抽样所抽取的样本代表性较高,抽样误差小,能够以较少的样本单位数获得比较准确的推断结果。特别是当总体单位标志值变异程度很大、单位数很多时,类型抽样则更为优越。例如,在进行城市职工家庭旅游消费支出抽样调查时,首先把职工按所属国民经济部门分类,然后在各部门中抽取若干个调查户;再如,进行星级宾馆入住情况调查时,先将各宾馆按星级标准分为五星、四星、三星、二星和一星五类,然后再在各类宾馆中抽取若干个单位。

(三)等距抽样

等距抽样又称机械抽样或系统抽样,是将总体各单位按一定顺序(标志)排队,然后按固定顺序或间隔抽取样本单位的抽样组织方式。采用机械抽样方式时,可以根据研究的具体任务及被调查现象的特点,把总体单位按有关标志排队或按无关标志排队。所谓有关标志,是指排队的标志与总体单位的标志表现有直接关系或起主要影响作用。反之,就是无关标志。例如,调查家庭财产情况,按户主姓氏笔画排队,就是按无关标志排队,实质上是简单随机抽样;若按户主工资多少排队,就是按有关标志排队。按有关标志排队,能使被研究对象标志值的变动均匀地分布在总体中,保证样本具有较高的代表性。

运用机械抽样方式抽取样本单位时,要避免抽取间隔与现象本身的节奏性或循环周期相重合。例如,在产品质量检验时,如果抽取间隔正好与上下班时间一致,就很难保证抽取样本具有代表性。

按有关标志的机械抽样方式抽取样本单位,能够使抽取的单位更均匀地分布在总体的各个部分,所以机械抽样的抽样误差一般比简单随机抽样小,它特别适用于总体单位的标志变异差异程度较大的情况。

（四）整群抽样

整群抽样,是指将总体各单位分成若干群,然后以群为单位,按随机原则抽取一些群,并将所有抽中群的所有单位组成一个样本,并对样本进行全面调查的一种抽样组织方式。前面介绍的三种抽样组织方式,都是一个一个地从总体抽取样本单位,故称为个体抽样。整群抽样则是一批一批地抽取样本单位,每抽取一批时,对其中所有的单位都进行登记调查。抽取样本群的方式,既可用简单随机抽样形式,也可用等距抽样形式,一般常用后者。例如,要按10%的比例对饭店餐具进行卫生检验,即可每隔5小时从已消毒的餐具中抽取一次消毒过的全部产品作为一群,然后按比例要求抽满群数组成样本,并对每群进行逐个登记。

整群抽样的优点是组织工作比较简便,可以节省人力、物力和财力,并在短期内得到调查结果,在统计实践中应用也较广泛。缺点是如果总体单位的标志表现在群间差异过大,群内差异过小,由于样本在总体中太集中,分布不均匀,与其他几种抽样组织方式比较,样本的代表性误差较大,代表性较差。但是如果群内差异大而群间小,则可使样本代表性提高,使抽样误差减小。考虑到编制名单和抽取样本的工作比其他各种组织形式简便易行,这时整群抽样又是有益的。因此,在采用整群抽样时,一般要比其他抽样组织方式抽取更多的样本单位。

（五）多阶段抽样

多阶段抽样又称多级抽样,是将抽取样本单位的过程分为两个或两个以上阶段进行。即先从总体中抽取选出构成样本的较大群体,再从这些被抽中的较大群体中进一步抽取较小的群体,这样一层一层地抽下去直到最后抽取构成总体的最基本单位为止。这种抽取方法可视为整群抽样的推广,不过到最后一个阶段时,要采用简单随机抽样、分类抽样或机械抽样的方式抽取样本单位。对一个很大的总体来说,直接抽取样本技术困难很多,费用也很大,一般往往采用多阶段抽样。例如,我国农产品产量抽样调查,第一阶段从省抽县；第二阶段再从中选的县抽乡；第三阶段再从中选的乡抽村；第四阶段从中选的村抽地块；最后再从地块抽具体的样本点,并以样本点的实际资料推算平均亩产和总产量。

多阶段抽样的优点是比整群抽样灵活,在样本容量相同的情况下,多阶段抽样的样本单位在总体中的分布比整群抽样均匀。此外,多阶段抽样可以利用现成的行政区划组织系统作为划分各阶段的依据。但多阶段抽样的调查结果精确度不太高,推算比较麻烦。目前,我国许多大规模抽样调查都采用这种方式。

六、大数据对抽样推断的影响

在大数据的背景下,大部分抽样工作在数据获取较少或处理大量数据比较困难的时代面临的问题得以解决:数据的计算资源不足,数据采集的限制和时效性要求。但是在当前数据化运营的大背景下,在数据庞大,采集方法多样甚至有自动清理程序,以及可以通过各类方法增强时效性的情况下,抽样工作是否就没有必要了？其实不然,即使上述限制条件都满足,还有很多场景依然需要通过抽样方法来解决具体问题：

(1)数据量过大。在做分析的时候,不一定要用到全量数据,这样对数据计算压力很大,反而会影响到工作效率。

(2)无法实现对全部样本覆盖的数据化运营场景。典型场景包括市场研究、客户线下调研分析、产品品质检验、用户电话满意度调查等,这些场景下无法实现对所有样本的采集、分析、处理和建模。

(3)定性分析的工作需要。大数据能够对定量分析问题有很大的帮助,提升数据处理效率,但对于大部分定性工作来说,没有准确的假设、严格的计算方式和分析模式,更多的是采用访问、观察和文献法收集资料并通过主观理解和定性分析找到问题答案。因此在此类工作上,我们很难通过大数据来进行推断分析。

综上所述,大数据背景下,统计工作很大一部分数据处理的工作得到了效率的提升,但是更多的分析工作部分,依旧需要统计专家做出处理和判断。大数据使得统计数据的收集和处理得到了极大的效率提高,但替代不了人工的抽样推断工作处理。

任务二 抽样误差

一、抽样误差的含义

抽样误差是指在随机抽样的前提下,由于样本内部结构与总体结构有差异而引起样本指标与总体指标之间的绝对离差。用公式表示为:

$$平均数的抽样误差 = |\bar{x} - \bar{X}|$$
$$成数的抽样误差 = |p - P|$$

抽样误差虽然可以表示为样本指标与总体指标的离差,但是依据上述公式计算抽样误差是不可能的。事实上,由于总体指标($\bar{X}$ 或 P)的真实值是未知数,所以抽样误差的确切数值也是无从知道的,我们只能用一定的方法去估计它,并可采取相应的措施对它加以控制。另外,由于总体指标是确定的量,而样本指标是随机变量,故抽样误差也是随机变量。

二、抽样误差的特点

在抽样调查中,由于各种原因,统计结果与现象实际数值之间往往存在一定的差异,我们称为统计误差。其来源主要有两个方面:一是登记性误差,即在调查和整理资料的过程中,由于主、客观因素的影响而引起的误差。如重复登记、遗漏、计算错误、弄虚作假等。二是代表性误差,即由于样本的结构情况不足以代表总体特征而导致的误差。

代表性误差的产生又有两种情况:一种是违反了抽样推断的随机原则,如调查者有意地多选较好的单位或多选较差的单位进行调查,这样计算出来的样本调查结果必然出现偏高或偏低的情况,造成系统性误差,也称为偏差。另一种情况是遵守了抽样推断的随机原则,但由于从总体抽取样本时有多种多样的可能,当取得一个样本时,只要被抽中样本内部结构与被研究总体结构有所出入,就会出现或大或小的偶然性代表性误差,也称为随机误差。系统性误差和登记性误差都是由于抽样工作组织不好而导致的,应该采取预防措施避免发生。而偶然性的代表性误差是无法消除的。

抽样误差就是指偶然性的代表性误差,即按随机原则抽样时,单纯由于不同的随机样本得出不同的估计量而产生的误差。抽样误差是抽样推断所固有的,虽然它无法避免,但可以运用大数定律的数学公式加以计算,确定其具体的数量界限,并通过抽样设计加以控制。所以这种抽样误差也称为可控制误差。

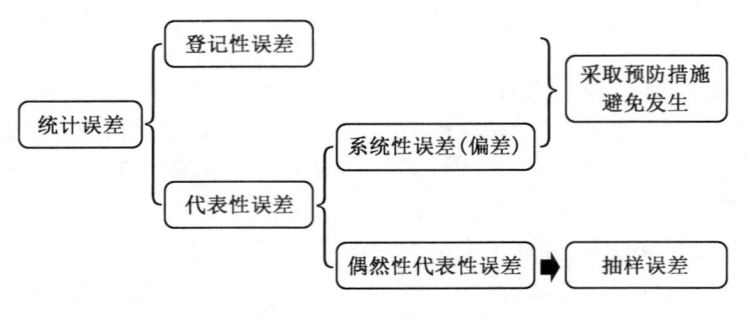

图 7-2 统计误差的分类

三、抽样平均误差

(一)抽样平均误差的含义

抽样误差描述了样本指标与总体指标之间的离差绝对数,在用样本指标估计相应的总体指标时,抽样误差可以反映估计的准确程度。但是由于抽样误差是随机变量,具有取值的多样性和不确定性的特点,因而就不能以它的某一个样本的具体误差数值来代表所有样本与总体之间的平均误差水平,并且每一次抽样的实际误差的大小是不知道的,这是由总体指标的未知性决定的,所以应该用抽样平均误差来反映抽样误差的一般水平。

所谓抽样平均误差,就是所有的样本指标与总体指标之间的平均离差,也可以理解为所有可能出现的样本指标(平均数或成数)的标准差。我们所说的抽样误差可以事先计算和控制,就是针对抽样平均误差而言的。抽样平均误差是用样本指标推断总体指标时,计算抽样误差范围的基础。

(二)抽样平均误差的计算

从理论上说,抽样平均误差可由抽样平均数的标准差(或抽样成数的标准差)来反映,其公式为:

$$\mu_{\bar{x}} = \sqrt{\frac{\sum(\bar{x}-\bar{X})^2}{M}}$$

$$\mu_P = \sqrt{\frac{\sum(p-P)^2}{M}}$$

式中:

$\mu_{\bar{x}}$——抽样平均数的平均误差;

μ_P——抽样成数的平均误差;

$\bar{X}$——总体平均数;

$\bar{x}$——样本平均数;

P——总体成数;

p——样本成数;

M——全部可能的样本个数。

上述公式从理论上说明了抽样平均误差的计算,但由于总体平均数和总体成数是未知的,而且也不可能计算出全部的样本指标,所以按上述公式来计算抽样的误差是不可能的。在实际工作中,通常采用以下计算公式来计算抽样平均误差。

抽样平均误差的计算,与抽样方法和抽样组织形式有直接关系,不同的抽样方法和抽样组织形式计算抽样平均误差的公式是不同的。在这里主要以简单随机抽样为例说明其计算方法。

1. 抽样平均数的平均误差

(1) 在重复抽样条件下,抽样平均数的平均误差的计算公式为:

$$\mu_{\bar{x}} = \sqrt{\frac{\sigma^2}{n}} = \frac{\sigma}{\sqrt{n}}$$

式中:

$\mu_{\bar{x}}$——抽样平均数的平均误差;

n——样本单位数;

σ^2——总体平均数的方差;

σ——总体平均数的标准差。

由公式可看出,抽样平均误差的大小与总体标准差成正比,而与样本单位成反比。

(2) 在不重复条件下,抽样平均数的平均误差的计算公式为:

$$\mu_{\bar{x}} = \sqrt{\frac{\sigma^2}{n}\left(\frac{N-n}{N-1}\right)}$$

在总体单位数 N 很大的情况下,上述公式可近似地表示为:

$$\mu_{\bar{x}} = \sqrt{\frac{\sigma^2}{n}\left(1-\frac{n}{N}\right)}$$

式中,$1-\frac{n}{N}$ 称为修正系数。

从上述可以看出,修正系数的值一定是大于 0 而小于 1 的正数,所以,在相同条件下,不重复抽样平均误差必然小于重复抽样平均误差。但是抽中单位数占总体单位数的比重很小时这个系数接近于 1,对于抽样平均误差所引起的作用不大。因而在实际工作中,为减轻计算工作量,不重复抽样有时仍按重复抽样的公式计算。

应用上述公式时应注意,公式中的 σ 是指总体指标的标准差。事实上,总体指标是未知的,所以通常都用样本指标的标准差来代替。实践证明,用样本的标准差来代替总体的标准差,只要组织工作得当、抽样数目足够,一般都能获得满意的效果。

【例 7-1】 对某市 1 500 名消费者进行购物消费支出调查。随机抽取其中 5% 的消费者作为样本,调查所得的资料如下:样本单位数为 75 人,平均每人购物消费支出为 434.4 元,购物消费的标准差为 46.8 元,要求计算抽样平均数的平均误差。已知:$n=75, \bar{x}=434.4$ 元,$\sigma=46.8$ 元,则抽样平均数的平均误差的计算如下:

重复抽样:$\mu_{\bar{x}} = \frac{\sigma}{\sqrt{n}} = \frac{46.8}{\sqrt{75}} = 5.38(元)$

不重复抽样:$\mu_{\bar{x}} = \sqrt{\frac{\sigma^2}{n}\left(1-\frac{n}{N}\right)} = \sqrt{\frac{46.8^2}{75}(1-5\%)} = 5.27(元)$

2.抽样成数的平均误差

(1)在重复抽样条件下,抽样成数的平均误差的计算公式为:

$$\mu_p = \sqrt{\frac{P(1-P)}{n}}$$

式中:

μ_p——抽样成数的平均误差;

n——样本单位数。

在计算成数的平均误差时,其计算公式原理和平均数的平均误差的原理相同。由于成数的方差 $\sigma_P^2 = P(1-P)$,代入抽样平均数的平均误差的公式得上述公式。同样,因为总体成数 P 是未知数,可用样本成数 p 来代替。

(2)在不重复条件下,抽样成数的平均误差的计算公式为:

$$\mu_p = \sqrt{\frac{P(1-P)}{n}\left(1-\frac{n}{N}\right)}$$

【例7—2】 从某商场购进的某批 2 000 条毛巾中随机抽取 10% 进行质量检验,其中合格产品为 196 条,要求计算合格率的抽样平均误差。

已知 $n = 2\,000 \times 10\% = 200, n_1 = 196$,则 $p = \frac{n_1}{n} = \frac{196}{200} \times 100\% = 98\%$

抽样合格率的平均误差的计算如下:

重复抽样:$\mu_p = \sqrt{\frac{P(1-P)}{n}} = \sqrt{\frac{98\% \times 2\%}{200}} = 1\%$

不重复抽样:$\mu_p = \sqrt{\frac{P(1-P)}{n}\left(1-\frac{n}{N}\right)} = \sqrt{\frac{98\% \times 2\%}{200}(1-10\%)} = 0.94\%$

抽样平均误差的计算,在抽样调查中占有相当重要的地位。抽样调查的优点在于它能计算出抽样平均误差,且以抽样误差作为用样本指标推断总体指标的重要补充指标。

(三)影响抽样平均误差的因素

1.总体各单位标志值的变量差异程度

在其他条件不变的情况下,抽样误差的大小与总体标志变异程度成正比。变异程度越大,则抽样误差越大;反之,抽样误差就越小。这是因为总体标志变异小时,表明各单位的标志值之间的差异也小,当标志变异程度等于零时,样本指标和总体指标的差异也就不存在了。

2.样本单位数的多少,即样本容量的大小

在其他条件不变的情况下,所抽取的样本单位数越多,则抽样误差越小;反之,抽样误差就越大,即样本单位数与抽样误差成反方向变化。如抽样数目为 N,则抽样调查变为了全面调查,抽样误差就不存在了。

3.抽样方法

抽样方法不同,抽样误差也就不同。一般说来,在相同条件下,重复抽样的抽样误差比不重复抽样的抽样误差要大些。

4.抽样的组织形式

不同的抽样组织形式有不同的抽样误差。因为抽样组织形式合理程度不同,必然产生不同的抽样效果。一般说来,类型抽样由于将总体进行分组,同组内各单位之间的差异比较小,因而它的抽样误差要比简单随机抽样误差和等距抽样误差小;而整群抽样的误差受抽样单位

分布不均的影响,其误差是最大的;等距抽样由于总体中被抽中的单位分布比较均匀,因此其抽样误差较小。

了解影响抽样误差的因素,对于控制和分析抽样误差十分重要。在上述影响抽样误差的三个因素中,标志变异程度是客观存在的因素,是调查者无法控制的,但样本单位数、抽样方法的组织形式却是调查者能够选择和控制的。因此在实际工作中,应当根据研究的目的和具体情况,做好抽样设计和实施工作,以获得经济有效的抽样效果。

学中做

在重复抽样的情况下,假定样本单位数增加 3 倍,其他条件不变,则抽样平均误差为原来的多少倍?

四、抽样极限误差

抽样极限误差是从另一个角度考虑抽样误差的问题。用样本指标推断总体指标时,要想达到完全准确和毫无误差,几乎是不可能的。样本指标和总体指标之间总会有一点的差距,所以在估计总体指标时,就必须同时考虑误差的大小。我们不希望误差太大,因为这会影响样本资料的价值。误差愈大,样本资料的价值愈小,当误差超过一定的限度时,样本资料也会毫无价值了。所以在进行抽样推断时,应该根据所研究对象的变异程度和分析任务的需要确定允许的误差范围,在这个范围内数字就算是有效的。这就是抽样极限误差的问题。

抽样极限误差是调查者根据抽样推断结果的精确度及可靠性要求确定的样本指标和总体指标之间误差最大允许范围,也称为允许误差或容量误差。由于总体指标是一个确定的数,而样本指标则是围绕着总体指标左右变动的量,它与总体指标之间可能产生正离差,也可能产生负离差,样本指标变动的上限或下限与总体指标之差的绝对值就可以表示抽样误差的可能范围,用"Δ"表示。

$$抽样平均数的允许误差 \quad \Delta_{\bar{x}} = |\bar{x} - \bar{X}|$$
$$抽样成数的允许误差 \quad \Delta_p = |p - P|$$

就是说,根据推算结果精确度的要求,应事先确定样本指标与总体指标之间误差的最大允许值。如果抽样误差超过此值,就达不到既定的精确度的要求了。

由于总体指标是未知的,所以样本指标与总体标志之间的误差是否不超过既定的允许误差,也无从可知。因此,上述等式只是用来表明极限误差含义的公式,在实际中无法用来计算允许误差。但是,我们可以将其变换为如下完全等值的不等式:

$$\bar{x} - \Delta_{\bar{x}} \leqslant \bar{X} \leqslant \bar{x} + \Delta_{\bar{x}}$$
$$p - \Delta_p \leqslant P \leqslant p + \Delta_p$$

由此可见,确定极限误差 Δ,实际上是希望以样本指标($\bar{x}$ 或 p)为中心,长度为 2Δ 的区间能够包含总体指标($\bar{X}$ 或 P)。只要总体指标被包含在该区间内,样本指标与总体指标之间的误差就不会超过极限误差 Δ,抽样推断就符合既定的精确度要求。

上述不等式可以作为区间估计公式使用,所以在确定了极限误差后,我们就可以根据该不等式给出总体指标的估计区间,该估计区间亦可称为置信区间。

如例 7—1 中,根据样本平均数为 434.4 元,可以推算总体 1 500 名消费者的平均每人购物消费支出。如要求误差不超过 10 元,即 $\Delta_{\bar{x}} = 10$ 元,那么,总体平均每人购物消费支出的估计区间就可以确定为[(434.4—10)元,(434.4+10)元],即[424.4 元,444.4 元]。

五、抽样推断的概率度

抽样极限误差的实际意义是期望总体指标被包含在以样本指标为中心、长度为 2Δ 的区间内。不过,我们并没有百分之百的把握肯定该区间包含总体指标,比如,例 7—1 中总体平均每人购物消费支出被包括在 [424.4 元,444.4 元] 之间并不是必然事件。那么,总体指标被包含在该区间内的把握程度或可靠性有多大?这要取决于区间的长度,即极限误差 Δ 的大小。极限误差越大,区间越宽,把握程度或可靠性就越高。所以,总体指标包含在该区间的把握程度问题,实质上就是一定的极限误差对应的概率保证程度问题。

基于概率估计的要求,抽样极限误差通常需要以抽样平均误差 $\mu_{\bar{x}}$ 或 μ_p 为标准单位来衡量。抽样极限误差与抽样平均误差之比,叫作抽样误差的概率度,用 t 表示。抽样极限误差与抽样平均误差的比值大小能反映估计区间的宽窄,标志着概率保证程度的高低,其计算公式为:

$$t=\frac{\Delta_{\bar{x}}}{\mu_{\bar{x}}} \quad t=\frac{\Delta_p}{\mu_p}$$

由此得出抽样极限误差的计算公式:

$$\Delta_{\bar{x}}=t \cdot \mu_{\bar{x}} \quad \Delta_p=t \cdot \mu_p$$

六、抽样推断的概率保证程度

抽样估计的概率保证程度表明样本指标和总体指标的误差不超过一定范围的概率。由于样本指标随着样本的变动而变动,它本身是一个随机变量,因而样本指标和总体指标的误差仍然是一个随机变量,并不可能保证误差不超过一定范围这个事件是必然事件,而只能给以一定程度的概率来保证。因此,就有必要计算总体指标落在一定区间范围内的概率,这种概率称为抽样估计的概率保证程度,也称为可靠性、把握程度或置信度。

根据抽样极限误差的基本公式 $\Delta=t \cdot \mu$ 得出,在抽样平均误差 μ 一定的条件下,概率度 t 越大,抽样极限误差 Δ 也越大,总体平均数或成数落在估计区间范围内的概率越大,抽样估计的把握程度或可靠程度越大。概率论和数理统计证明,概率度 t 与概率保证程度 $F(t)$ 之间存在着一定的函数关系,即概率保证程度是概率度的函数。给定 t 值,就可以计算出 $F(t)$ 来;相反,给出一定的概率保证程度 $F(t)$,则可以根据总体的分布,获得对应的 t 值。在实际应用中,因为所研究的总体大部分为正态总体,对于正态总体而言,为了应用的方便编有"正态分布概率表"以供使用(可在教材附录中查看)。根据"正态分布概率表",已知概率度 t 可查得相应的概率保证程度 $F(t)$;相反,已知概率保证程度 $F(t)$ 也可以查得相应的概率度 t。现将几个常用的对应数值列于表 7—1 中,用图形表示样本平均数的分布如图 7—3。

表 7—1　　　　　　　　　常用的概率与概率保证程度对照

概率度 t	概率保证程度 $F(t)\%$
1.00	68.27
1.64	90.00
1.96	95.00
2.00	95.45
3.00	99.73

样本平均数的分布

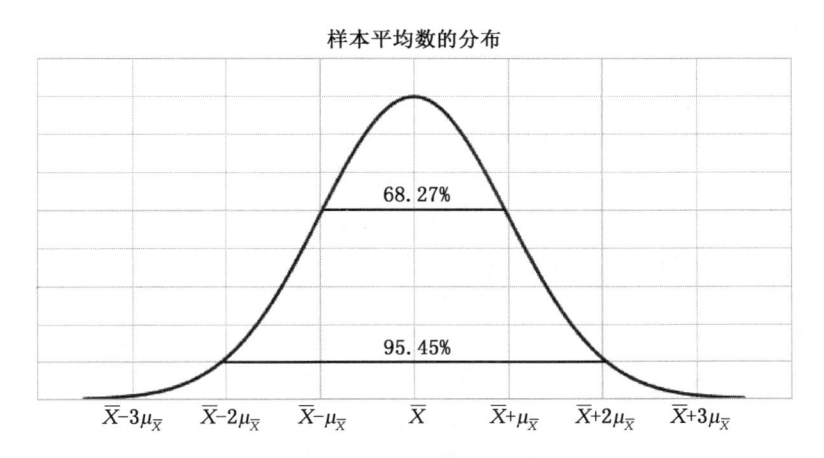

68.27%

95.45%

$\overline{X}-3\mu_{\overline{X}}$ $\overline{X}-2\mu_{\overline{X}}$ $\overline{X}-\mu_{\overline{X}}$ $\overline{X}$ $\overline{X}+\mu_{\overline{X}}$ $\overline{X}+2\mu_{\overline{X}}$ $\overline{X}+3\mu_{\overline{X}}$

图 7—3　样本平均数的分布

从抽样极限误差的计算公式中可以看出,在抽样平均误差一定的条件下,抽样极限误差、概率度和概率保证程度三者之间存在如下关系:

(1)在平均误差保持不变的情况下,要扩大概率保证程度,就要增大概率度 t,抽样极限误差 Δ 也随之扩大,这时估计的精确度将降低。

(2)在平均误差不变的情况下,要提高估计的精确度,则抽样极限误差 Δ 就要缩小,概率度 t 也要缩小,这时概率保证程度将降低。

由此可见,抽样估计的精确度与概率保证程度是一对矛盾关系,进行抽样估计时必须在两者之间进行慎重的选择。

任务三　抽样估计

抽样估计是指利用实际调查的样本指标数值估计相应的总体指标数值的方法。由于总体指标是表明总体数量特征的参数,例如,总体平均数、总体成数等,所以抽样估计也称参数估计。参数估计有点估计和区间估计两种方法。

一、点估计

点估计就是根据样本资料计算样本指标,再以样本指标数值直接作为相应的总体指标的估计量。例如,以实际计算的样本平均数作为相应总体平均数的估计值,以实际计算的样本成数作为相应总体成数的估计值等,即有:

$$\overline{x} = \overline{X} \quad p = P$$

点估计的优点是原理直观、计算简便,在实际工作中经常采用。不足之处是这种估计方法没有考虑到抽样估计的误差,更没有指明在一定范围内的概率保证程度。因此,点估计的方法只适用于推断的准确度和可靠性要求不高的情况。

二、区间估计

(一)区间估计的含义

区间估计就是根据样本指标和抽样误差来推断总体指标值的最大可能范围,并同时指出估计的概率保证程度的方法。区间估计是抽样估计的主要方法。

区间估计必须具备三个要素:一是点值估计,就是样本指标,它是区间估计的基础;二是抽样极限误差,用以推算总体指标值的估计区间,说明估计的准确度;三是概率保证程度,表明总体指标值落在该区间的可能性大小。

在以上三种要素中,抽样的准确度和可靠性是矛盾的,提高了估计的准确度,必然伴随着估计的可靠性降低;同样提高了估计的可靠性,也必然伴随着估计准确度的降低。因此,在抽样估计时,只能对其中一个要素提出要求,而推求另一要素的变动情况。所以总体参数的区间估计根据所给定的条件不同,有不同的估计模式。

(二)区间估计的模式

在进行区间估计的时候,根据所给定条件的不同,总体平均数和总体成数的估计有以下两套模式可供选择使用。

1. 根据已给定的抽样极限误差进行区间估计

具体步骤是:

第一步,抽取样本,计算样本指标,即计算样本平均数 $\bar{x}$ 或样本成数 p,作为总体指标的估计值,并计算样本标准差 σ,推算抽样平均误差 $\mu_{\bar{x}}$ 或 μ_p。

第二步,根据给定的抽样极限误差 Δ,估计总体指标的上限和下限。

第三步,将抽样极限误差 Δ 除以抽样平均误差 μ,求出概率度 t,再根据 t 值查"正态分布概率表",求出相应的概率保证程度 $F(t)$。

【例7—3】 对某批型号的电子产品进行耐用性能检测,用重复抽样方法选取其中100件产品进行检验,其结果如下:平均耐用时数 $\bar{x}=1\,050$ 小时;标准差 $\sigma=50$ 小时。要求平均耐用时数的误差范围不超过10小时,试估计该批产品的平均耐用时数的区间。

计算分析如下:

(1)计算平均数的平均误差:

$$\mu_{\bar{x}}=\frac{\sigma}{\sqrt{n}}=\frac{50}{\sqrt{100}}=5(小时)$$

(2)估计总体指标的区间:

根据给定的抽样极限误差 $\Delta_{\bar{x}}=10$(小时),计算总体平均数的上下限:

$$下限=\bar{x}-\Delta_{\bar{x}}=1\,050-10=1\,040(小时)$$
$$上限=\bar{x}+\Delta_{\bar{x}}=1\,050+10=1\,060(小时)$$

(3)求概率度:

$$t=\frac{\Delta_{\bar{x}}}{\mu_{\bar{x}}}=\frac{10}{5}=2$$

根据概率度查表得概率保证程度 $F(t)=95.45\%$。

计算结果表明,该批电子产品的平均耐用时数在 $1\,040\sim1\,060$ 小时之间,其概率保证程度为 95.45%。

【例7—4】 从某校学生中,随机抽取100名学生进行视力调查,其中戴眼镜者有48人。

要求误差范围不超过 5%,要求估计该校学生中戴眼镜者所占比重的区间。计算如下:

(1)计算样本比率和平均误差:

$$p = \frac{n_1}{n} = \frac{48}{100} \times 100\% = 48\%$$

$$\mu_p = \sqrt{\frac{P(1-P)}{n}} = \sqrt{\frac{48\% \times 52\%}{100}} = 5\%$$

(2)估计总体指标的区间:

$$下限 = p - \Delta_p = 48\% - 5\% = 43\%$$
$$上限 = p + \Delta_p = 48\% + 5\% = 53\%$$

(3)求概率度:

$$t = \frac{\Delta_p}{\mu_p} = \frac{5\%}{5\%} = 1$$

根据概率度查表得概率保证程度 $F(t) = 68.27\%$

计算结果表明,该校学生中戴眼镜者所占的比重在 43%～53% 之间,其概率保证程度为 68.27%。

2. 根据已给定的概率保证程度进行区间估计

具体步骤是:

第一步,抽取样本,计算样本指标,即计算样本平均数 $\bar{x}$ 或样本成数 p,作为总体指标的估计值,并计算样本标准差 σ,推算抽样平均误差 $\mu_{\bar{x}}$ 或 μ_p。

第二步,根据给定的概率保证程度 $F(t)$,查概率表求得概率度 t 值。

第三步,根据概率度 t 和抽样平均误差 μ 推算出抽样极限误差 Δ,并根据抽样极限误差估计总体指标的上限和下限。

【例 7-5】 为了解某企业员工的收入情况,随机重复抽取了 50 个员工进行调查,调查结果如下:月平均收入 $\bar{x} = 2\,200$ 元;标准差 $\sigma = 640$ 元。试以 95.45% 的概率保证程度估计该企业员工的月平均收入的区间。

计算分析如下:

(1)计算样本平均数的平均误差:

$$\mu_{\bar{x}} = \frac{\sigma}{\sqrt{n}} = \frac{640}{\sqrt{50}} = 90.51(元)$$

(2)求概率度:

根据概率保证程度 $F(t) = 95.45\%$,查表得概率度 $t = 2$。

(3)计算抽样极限误差:

$$\Delta_{\bar{x}} = t \cdot \mu_{\bar{x}} = 2 \times 90.51 = 181.02(元)$$

计算总体指标的区间:

$$下限 = \bar{x} - \Delta_{\bar{x}} = 2\,200 - 181.02 = 2\,018.98(元)$$
$$上限 = \bar{x} + \Delta_{\bar{x}} = 2\,200 + 181.02 = 2\,381.02(元)$$

计算结果表明,该企业员工的月平均收入在 2 018.98～2 382.02 元,其概率保证程度为 95.45%。

【例 7-6】 某厂在某时期内生产了 10 万个零件,按不重复抽样方法从中随机抽取了 2 000 个零件进检验,得知其中废品有 100 个。试以 95% 的概率保证程度估计全部零件合格率的区间。

计算分析如下：

(1)计算样本合格率和平均误差：

$$p = \frac{n_1}{n} = \frac{2\,000 - 100}{2\,000} \times 100\% = \frac{1\,900}{2\,000} \times 100\% = 95\%$$

$$\mu_p = \sqrt{\frac{P(1-P)}{n}\left(1 - \frac{n}{N}\right)} = \sqrt{\frac{95\% \times 5\%}{2\,000}\left(1 - \frac{2\,000}{100\,000}\right)} = 0.48\%$$

(2)求概率度：

根据概率保证程度 $F(t) = 95\%$，查表得概率度 $t = 1.96$。

(3)计算抽样极限误差：

$$\Delta_p = t \cdot \mu_p = 1.96 \times 0.48\% = 0.94\%$$

计算总体指标的区间：

$$下限 = p - \Delta_p = 95\% - 0.94\% = 94.06\%$$

$$上限 = p + \Delta_p = 95\% + 0.94\% = 95.94\%$$

计算结果表明，该批零件合格率在 94.06%～95.94%，其概率保证程度为 95%。

知识拓展

国家统计局关于 2023 年早稻产量数据的公告

二十大报告中指出要全方位夯实粮食安全根基，全面落实粮食安全党政同责，牢牢守住十八亿亩耕地红线，逐步把永久基本农田全部建成高标准农田，深入实施种业振兴行动，强化农业科技和装备支撑，健全种粮农民收益保障机制和主产区利益补偿机制，确保中国人的饭碗牢牢端在自己手中。国家统计局根据早稻抽样调查结果推算，2023 年全国早稻播种面积、单位面积产量、总产量分别如下：

(1)全国早稻播种面积 4 733.1 千公顷(7 099.7 万亩)，比 2022 年减少 21.9 千公顷(32.9 万亩)，下降 0.5%。

(2)全国早稻单位面积产量 5 987.0 公斤/公顷(399.1 公斤/亩)，比 2022 年增加 72.7 公斤/公顷(4.8 公斤/亩)，增长 1.2%。

(3)全国早稻总产量 2 833.7 万吨(566.7 亿斤)，比 2022 年增加 21.5 万吨(4.3 亿斤)，增长 0.8%。

国家统计局公布的早稻产量数据，由以省为总体抽样调查得出。早稻产量数据由国家统计局各调查总队组织在抽中的 200 多个国家调查县(市)开展抽样调查和实割实测调查。早稻产量抽样调查由播种面积和单位面积产量抽样调查组成。早稻播种面积抽样调查在国家调查县(市)抽取的 3 000 多个样方地块中进行，根据调查基础数据推算得出省级早稻播种面积。早稻单位面积产量抽样调查在国家调查县(市)抽取的面积调查地块中进行，全国共抽取近 7 000 个测产地块，20 000 多个测产小样方，通过对小样方内早稻进行实割实测，推算得出全省早稻平均单产水平。实割实测是指基层调查员在早稻收获前，按照《农林牧渔业统计报表制度》对早稻种植地块进行逐块踏田估产、排队，抽取一定数量调查地块做出标记，在收割期由各县级调查队员或者辅助调查员对抽中地块进行放样、实际割取样本，再通过脱粒、晾晒、测水杂和称重等环节测量地块单产。省级调查总队根据各抽中地块数据推算全省平均单产。早稻产量数据是以抽样调查的播种面积与单产相乘得出。

资料来源：《国家统计局关于2023年早稻产量数据的公告》，国家统计局网站，2023年8月23日。

【任务实施】

Excel 在抽样推断中的应用

一、随机抽样

A 汽车公司小王在车间负责测试 B 电池供应商提供的 100 颗电池的性能，按公司规定，需随机抽取 50 颗进行测试。为确保抽取的随机性，他请教了更有经验的同事，并学习了随机抽取的原则和方法。通过公正、客观的测试，他将为 A 公司与 B 供应商的合作提供有力的数据支持。

统计工作从收集数据开始。收集数据可以采用统计报表制度，也可以采用专门调查，如普查、抽样调查、重点调查和典型调查。其中抽样调查是广泛应用的一种专门调查。进行抽样调查，首先要从调查对象中抽取部分单位作为样本，然后对样本单位进行调查，再根据调查取得的样本数据推断总体的数量特征。在抽取样本单位时，可以采用 Excel 数据分析工具中的"抽样"工具，简便迅捷地完成抽样工作。下面说明其操作方法。

第一步，安装"数据分析"。如果在"数据"菜单中没有数据分析命令，必须在 Microsoft Excel 中安装分析数据库。方法是：

(1) 进入 Microsoft Excel，点左上角的"文件"，在"Excel 选项"的"加载项"中，将"非活动应用程序加载项"下的"分析工具库"选中，通过下面的"转到"Excel 加载项，确定。如图 7—4 所示。

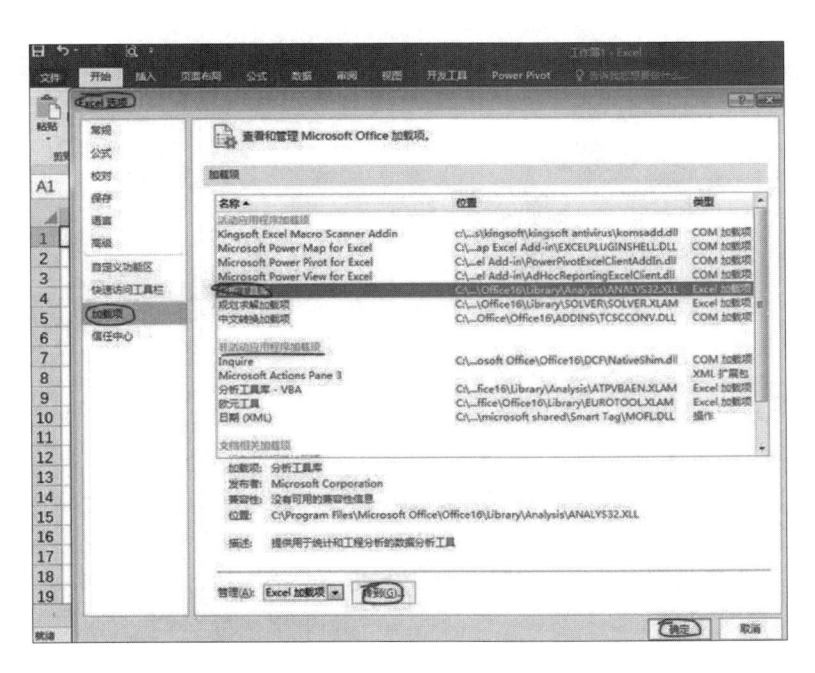

图 7—4　安装分析数据库

(2) 在"数据"选项下的"分析"中，找到新添加的"数据分析"，点击后，会出现"分析工具"，根据需要选择相应的分析工具即可。

第二步，输入编号。在总体单位中抽取部分单位组成样本，需要对总体各单位进行编号，然后将编号输入单元格中。A 汽车公司决定从外部供应商提供的 100 颗电池中随机抽取 50 颗进行检查。首先将 100 颗电池进行编号，然后将编号输入单元格中。输入编号的方法可以按以下方法进行：首先在 A1～A10 单元格中输入 1～10 号，然后单击单元格 B1，输入"＝A1＋10"，回车得出单元格 B1 编号 11 号；再将鼠标指针移至 B1 单元格右下角的小方块（填充柄）上，当指针变成"＋"形时，按住鼠标左键向下拖曳，至 B10 单元格放开鼠标，即完成第二列的编号输入；再利用填充柄功能将鼠标指针向右拖曳，至 J10 单元格放开鼠标，即完成 1～100 号的输入。如图 7—5 所示。

	A	B	C	D	E	F	G	H	I	J
1	1	11	21	31	41	51	61	71	81	91
2	2	12	22	32	42	52	62	72	82	92
3	3	13	23	33	43	53	63	73	83	93
4	4	14	24	34	44	54	64	74	84	94
5	5	15	25	35	45	55	65	75	85	95
6	6	16	26	36	46	56	66	76	86	96
7	7	17	27	37	47	57	67	77	87	97
8	8	18	28	38	48	58	68	78	88	98
9	9	19	29	39	49	59	69	79	89	99
10	10	20	30	40	50	60	70	80	90	100

图 7—5　总体各单位编号

第三步，打开"抽样"对话框。在"数据"菜单中单击"数据分析"选项，从打开对话框的"分析工具"列表框中选择"抽样"，如图 7—6 所示，单击"确定"后打开"抽样"对话框。

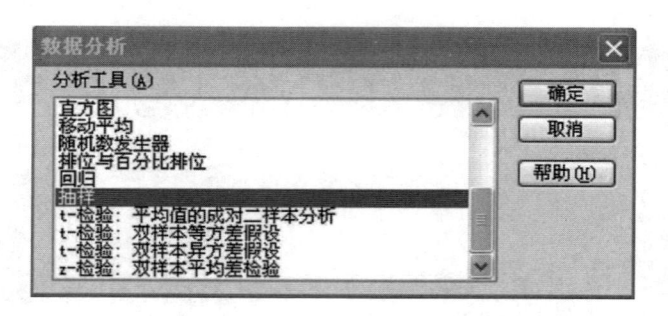

图 7—6　数据分析对话框

第四步，在"抽样"对话框中输入信息。如图 7—7 所示，在"抽样"对话框的"输入区域"框中输入总体单位编号的单元格区域，本例可输入＄A＄1:＄J＄10。如果输入区域的第一行或第一列为标志项，可单击"标志"复选框；如果输入区域的第一行或第一列没有标志项，可不选此项。在"抽样方法"项下有"周期"和"随机"两种抽样模式。"周期"模式适用于等距抽样，需要将取样的周期间隔输入；"随机"模式适用于简单随机抽样、分类抽样、整群抽样和多阶段抽样。本例采用随机抽样方式，所以在抽样方法中选择"随机"模式。选择该模式需要在"样本数"框中输入本例选择的样本数"50"，在"输出选项"中可以选择"输出区域"或"新工作表"或"新工作簿"三种方式来存放抽样结果。如本例选择在"输出区域"中输入"＄K＄1"作为存放抽样结果的位置，最后点击"确定"，则在指定位置上给出随机抽取的总体单位的编号。

完成抽样本的工作后，根据样本编号对所抽取的样本资料进行调查，取得原始资料。

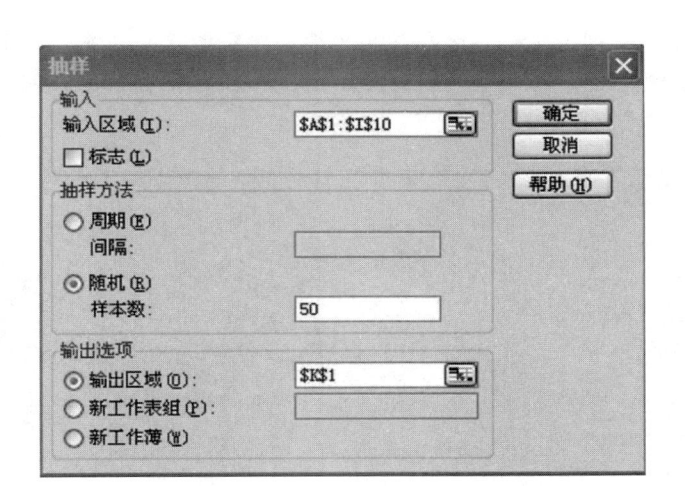

图 7—7 抽样对话框

二、总体成数的区间估计

对案例引入中南风汽车有限公司的空调管合格率使用 Excel 工具进行计算,案例中指出南风汽车有限公司在 2022 年 12 月生产的 10 万件空调管进行不重复抽样,从中随机抽取 3 500 件进行检验,得知其中的废品有 200 件,对空调管的抽样概率保证成程度为 95%,那么这 10 万件零件的合格率区间是多少?

第一步,计算样本成数。在单元格 B1 中输入"=(3500-200)/3500",回车确定。

第二步,计算平均误差。在单元格 B2 中输入"=SQRT(0.95*0.05)/3500*(1-3500/100000)",回车确定。

第三步,计算允许误差。在单元格 B3 中输入"=B2*1.96",回车确定。

第四步,计算总体成数的上下限。在单元格 B4 中输入"=B1-B3",回车确定。在单元格 B5 中输入"=B1+B3",回车确定。计算结果如图 7—8 所示。

	A	B
1	样本成数	0.9428571429
2	样本平均误差	0.0000600905
3	样本允许误差	0.0001177774
4	总体成数下限	0.9427393654
5	总体成数上限	0.9429749203

图 7—8 总体成数的区间估计

三、总体平均数的区间估计

以例 7—5 资料为例:

第一步,单击任一空单元格如 A1,点击常用工具栏的粘贴函数"f_x"按钮,弹出"插入函数"对话框。

第二步,在对话框的"函数分类"中选择"统计"。在"函数名"中选择"CONFIDENCE"函数,按"确定"按钮弹出 CONFIDENCE 对话框。

第三步,在对话框中的显著性水平参数框中输入给定的概率的显著水平"0.0455",在总体标准偏差框中输入标准差"640",在样本容量框中输入样本容量"50",如图7—9所示。单击"确定",得出允许误差"181.0196"。

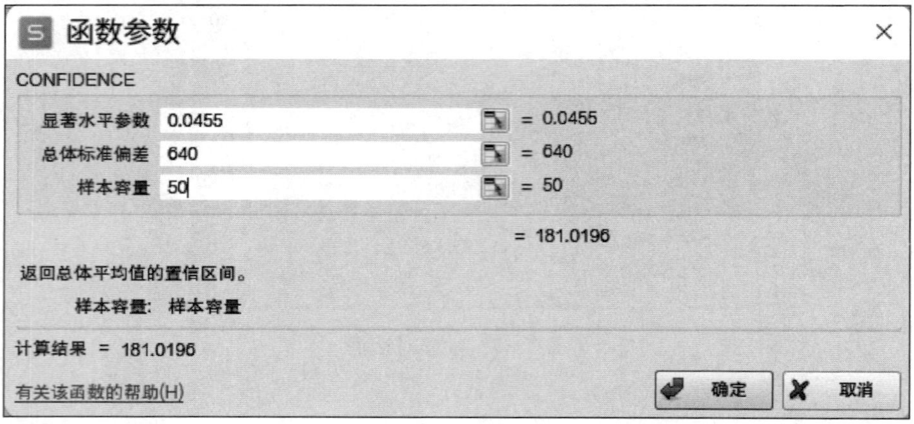

图7—9 CONFIDENCE 对话框

第四步,单击任一空单元格如 A2,输入"=2200－A1",回车确认得总体平均数的下限2 018.981元。

第五步,单击任一空单元格如 A3,输入"=2200＋A1",回车确认得总体平均数的上限2 381.019元。

【项目小结】

本项目我们重点学习了抽样推断的完整方法。明确了调查样本是按随机的原则抽取的,在总体中每一个单位被抽取的机会是均等的,因此,能够保证被抽中的单位在总体中的均匀分布,不致出现倾向性误差,代表性强。是以抽取的全部样本单位作为一个"代表团",用整个"代表团"来代表总体。而不是用随意挑选的个别单位代表总体。所抽选的调查样本数量,是根据调查误差的要求,经过科学的计算确定的,在调查样本的数量上有可靠的保证。

抽样推断是按照随机原则,从全部研究总体中抽取一部分单位进行调查,并依据所获得的数据对总体的某一数量特征做出具有一定可靠程度的估计与推断的一种统计方法。它可以对未知的或不完全知道的总体做出一些假设,然后利用抽样的方法进行检验,做出判断,并在行动上做出抉择。表7—2汇总了总体指标、总体成数、样本指标和样本成数的平均数和方差。

表7—2　　　　　　　　　各类指标平均数与方差

	总体指标	总体成数	样本指标	样本成数
平均数	$\bar{X} = \dfrac{\sum X}{N} = \dfrac{\sum XF}{\sum F}$	$\bar{X}_P = \dfrac{N_1}{N} = P$	$\bar{x} = \dfrac{\sum x}{n} = \dfrac{\sum xf}{\sum f}$	$\dfrac{n_1}{m} = p$
方差	$\sigma^2 = \dfrac{\sum(X-\bar{X})^2}{N} = \dfrac{\sum\left(X-\dfrac{N}{X}\right)^2 F}{\sum F}$	$\sigma_P^2 = (1-P)$	$\sigma^2 = \dfrac{\sum(x-\bar{x})^2}{N} = \dfrac{\sum\left(x-\dfrac{n}{x}\right)^2 f}{\sum f}$	$\sigma_P^2 = (1-p)$

抽样误差是指在随机抽样的前提下,由于样本内部结构与总体结构有差异而引起样本指

标与总体指标之间的绝对离差。理论上可由抽样平均数的标准差(或抽样成数的标准差)来反映。在其他同条件不变的情况下,变异程度越大,则抽样误差越大;所抽取的样本单位数越多,则抽样误差越小;重复抽样的抽样误差比不重复抽样的抽样误差要更大;类型抽样要比简单随机抽样误差和等距抽样误差小;整群抽样的误差受抽样单位分布不均的影响,其误差是最大的;等距抽样由于总体中被抽中的单位分布比较均匀,因此其抽样误差较小。表7—3汇总了与抽样平均数和成数相关的各类误差、允许误差、误差区间和概率度。

表7—3 各类指标的抽样平均数和成数

	重复抽样误差	不重复抽样误差	允许误差	误差区间	概率度
抽样平均数	$\mu_x = \dfrac{\sigma}{\sqrt{n}}$	$\mu_x = \sqrt{\dfrac{\sigma^2}{n}\left(1-\dfrac{n}{N}\right)}$	$\Delta_{\bar{x}} = \lvert \bar{x} - \bar{X} \rvert$	$\bar{x} - \Delta_{\bar{x}} \leq \bar{X} \leq \bar{x} + \Delta_{\bar{x}}$	$t = \dfrac{\Delta_{\bar{x}}}{\mu_{\bar{x}}}$
抽样成数	$\mu_p = \sqrt{\dfrac{P(1-P)}{n}}$	$\mu_p = \sqrt{\dfrac{P(1-P)}{n}\left(1-\dfrac{n}{N}\right)}$	$\Delta_p = \lvert p - P \rvert$	$p - \Delta_p \leq P \leq p + \Delta_p$	$t = \dfrac{\Delta_p}{\mu_p}$

抽样极限误差与抽样平均误差的比值大小能反映估计区间的宽窄,标志着概率保证程度的高低,抽样估计的概率保证程度表明样本指标和总体指标的误差不超过一定范围的概率。

最后,根据调查抽样指标数值,我们要做出抽样估计。我们可以根据样本资料计算样本指标,直接作为总体指标估计量,这种方法叫做点估计。此外,我们也可以根据样本指标和抽样误差推断总体指标值的最大可能范围,并同时指出估计的概率保证程度,这种方法叫做区间估计。

【知识巩固】

一、单项选择题

1. 抽样推断的主要目的是(　　)。
   A. 对调查单位作深入研究　　　　B. 计算和控制抽样误差
   C. 用样本指标来推算总体指标　　D. 广泛运用数学方法

2. 抽样应遵循的原则是(　　)。
   A. 随机原则　　B. 同质性原则　　C. 系统原则　　D. 及时性原则

3. 样本是指(　　)。
   A. 任何一个总体　　　　　　　　B. 任何一个被抽中的调查单位
   C. 抽样单元　　　　　　　　　　D. 由被抽中的调查单位所形成的总体

4. 抽样误差是指(　　)。
   A. 在调查过程中由于观察、测量等差错所引起的误差
   B. 在调查中违反随机原则出现的系统误差
   C. 随机抽样而产生的代表性误差
   D. 人为原因所造成的误差

5. 在其他条件相同的情况下,重复抽样的估计精确度和不重复抽样的相比,(　　)。
   A. 前者一定大于后者　　　　　　B. 前者一定小于后者
   C. 两者相等　　　　　　　　　　D. 前者可能大于、也可能小于后者

6. 抽样推断的精确度和极限误差的关系是(　　)。
   A. 前者高说明后者小　　　　　　B. 前者高说明后者大
   C. 前者变化而后者不变　　　　　D. 两者没有关系

7. 在其他条件相同的情况下,重复抽样的抽样平均误差和不重复抽样的相比,(   )。
A. 前者一定大于后者
B. 两者相等
C. 前者一定小于后者
D. 前者可能大于、也可能小于后者

8. 抽样时需要遵循随机原则的原因是(   )。
A. 可以防止一些工作中的失误
B. 能使样本与总体有相同的分布
C. 能使样本与总体有相似或相同的分布
D. 可使单位调查费用降低

二、多项选择题

1. 抽样推断适用于(   )。
A. 具有破坏性的场合
B. 时效性要求强的场合
C. 对于大规模总体和无限总体的场合进行调查
D. 对全面调查的结果进行核查和修正
E. 不必要进行全面调查,但又需要知道总体的全面情况时

2. 同其他统计调查比,抽样推断的特点是(   )。
A. 比重点调查更节省人、财、物力
B. 以部分推断总体
C. 采用高频率估计的方法
D. 可以控制抽样误差
E. 按随机原则抽选样本

3. 影响抽样平均误差的主要因素有(   )。
A. 总体的变异程度
B. 样本容量
C. 重复抽样和不重复抽样
D. 样本各单位的差异
E. 估计的可靠性和准确度的要求

4. 类型抽样的优点是(   )。
A. 只适合对各类分别进行估计
B. 只适合对总体进行估计
C. 既可以对各类分别进行估计,也可以对总体进行估计
D. 估计的效果较好,在实践中广泛应用
E. 可使总体的方差减少

5. 常用的抽样组织形式包括(   )。
A. 重复抽样
B. 不重复抽样
C. 简单随机抽样
D. 等距抽样
E. 类型抽样和整群抽样

三、判断题

1. 抽样平均误差总是小于抽样极限误差。(   )
2. 所有可能的样本平均数的平均数等于总体平均数。(   )
3. 类型抽样应尽量缩小组间标志值变异,增大组内标志值变异,从而降低影响抽样误差的总方差。(   )
4. 计算抽样平均误差,而缺少总体方差资料时,可以用样本方差代替。(   )

5. 整群抽样为了降低抽样平均误差,在总体分群时注意增大群内方差缩小群间方差。
(   )

6. 抽样估计的置信度就是表明抽样指标和总体指标的误差不超过一定范围的概率保证程度。
(   )

7. 在抽样推断中,作为推断对象的总体和作为观察对象的样本都是确定的、唯一的。
(   )

四、计算题

1. 以简单随机抽样方法调查了某地的家庭人数,抽样比例为 8%,样本容量为 80 户。经计算得:样本户均人数为 3.2 人,样本户均人数的标准差为 0.148 人,试就下列两种情况分别估计该地的户均人数和总人数:

(1)若给定概率保证程度 95%;

(2)若给定极限误差为 0.296。

2. 某储蓄所按定期存款账号进行每隔 5 号的系统抽样调查,调查资料如表 7—4 所示。

表 7—4　　　　　　　　　　　调查资料

存款金额	张数(张)
1000 以下	30
1 000—3 000	150
3 000—5 000	250
5 000—7 000	50
7 000 以上	30
合计	500

在 95% 的概率下估计:

(1)该储蓄所所有定期存单的平均存款范围、定期存款总额;

(2)定期存款在 5 000 元以上的存单数所占的比重、定期存款在 5 000 元以上的存单张数。

3. 某铸造厂生产某种铸件,现从该厂某月生产的 500 吨铸件中随机抽取 100 吨。已知一级品率为 60%,试求其一级品率的抽样平均误差。

【技能强化】

统计数据的抽样估计

一、实训目的

1. 掌握抽样推断分析的基础知识与运用条件;

2. 培养学生应用抽样推断分析实际问题的能力。

二、实训内容

通过采用抽样调查,已获得某高职院校 40 名学生的日常消费资料,见表 7—5。请对样本的生活费水平进行计算分析,并用样本资料推断该高职院校 5 600 名学生的消费水平。

表7—5　　　　　　　　　　40名学生的月生活费用支出　　　　　　　　　　　单位：元

编号	性别	月生活费	编号	性别	月生活费	编号	性别	月生活费	编号	性别	月生活费
1	1	2 720	11	0	3 180	21	1	3 300	31	0	2 700
2	0	2 810	12	0	3 090	22	0	3 470	32	1	2 400
3	1	2 500	13	1	2 830	23	0	3 150	33	0	2 600
4	1	2 740	14	0	2 840	24	1	2 960	34	0	2 630
5	0	2 500	15	1	2 480	25	1	2 540	35	1	3 190
6	0	2 790	16	0	2 560	26	1	2 590	36	1	2 630
7	0	2 520	17	1	2 540	27	0	3 610	37	0	2 650
8	1	2 680	18	0	3 140	28	1	3 300	38	0	2 820
9	1	2 660	19	1	2 510	29	0	3 280	39	0	2 740
10	1	2 650	20	0	2 450	30	0	2 480	40	1	2 910

注：性别中1表示男性，0表示女性。

三、实训要求

1. 学生分组，每组3~4人，查阅参数估计的相关知识；

2. 根据样本指标计算平均生活支出允许误差和总体平均生活费置信区间；

3. 根据样本指标计算性别比例（成数）、成数标准差和成数允许误差，并计算总体成数置信区间；

4. 根据样本指标推断总体。

四、实训评价

每个小组形成一份实训报告并进行汇报交流，通过自评、互评和教师评价综合评定成绩。

【素养提升】

关于垃圾分类满意度和实施难点的调查

目标：

(1)了解抽样调查在现实生活中的运用，学会使用抽样调查得出统计结论。

(2)通过对垃圾分类满意度和实施难点的调查，认识统计学在现实生活中的重要作用，并能够通过抽样调查对社会实事做出评价与建议。

要求：

(1)课外阅读：2022年第二季度绍兴市生活垃圾分类满意度调查报告。

(2)调查实施：通过对学校附近小区或家庭所在小区垃圾分类满意度和实施难点的调查，统计出相关结论，并据此对垃圾分类政策提出相关建议。

2022年第二季度绍兴市生活垃圾分类满意度调查报告

【拓展视野】

抽样方法在审计实务中的应用

案例来源：职业资格考试

在实务工作中，抽样方法也会在我们的审计工作中得到运用，审计抽样能够使注册会计师获取和评价有关所选取项目某些特征的审计证据，以形成或有助于形成有关总体（即从中选取样本的总体)的结论。注册会计师在运用审计抽样时,既可以使用非统计抽样方法,也可以使用统计抽样方法。

案例描述:为了测试现金支付授权控制运行的有效性,注册会计师准备使用统计抽样方法,请对具体的操作步骤及分析目标进行解释。

表7—6　　　　　　　　　　　　　　操作步骤及分析

序号	步骤	分析
1	确定测试目标	现金支付授权控制运行的有效性
2	定义总体	所有已支付现金的项目
3	定义抽样单元	现金支付单据上的每一行
4	定义偏差构成条件	没有授权人签字的发票、验收报告等证明文件的现金支付
5	定义测试期间	整个审计期间
6	确定抽样方法	统计抽样(使用简单随机选样法选取样本)
7	确定样本规模	可接受信赖过度风险为10%; 可容忍偏差率为7%; 预计总体的偏差率为1.75%; 总体规模对样本规模的影响可以忽略; 查表得到的样本规模为55
8	选取样本并实施审计程序	注册会计师使用简单随机选样法选择了55个样本并测试
9	计算偏差率考虑抽样风险	(1)假设未发现偏差,利用统计公式,风险系数为2.3,计算出总体最大偏差率为4.18%; (2)假设发现两个偏差,利用统计公式,风险系数为5.3,计算出总体最大偏差率9.64%
10	考虑偏差的性质和原因	不存在重大舞弊风险
11	得出总体结论	(1)总体最大偏差率为4.18%,可容忍偏差率为7%,总体可以接受; (2)总体最大偏差率9.64%,可容忍偏差率为7%,不能接受总体

项目八　相关与回归分析

【知识结构图】

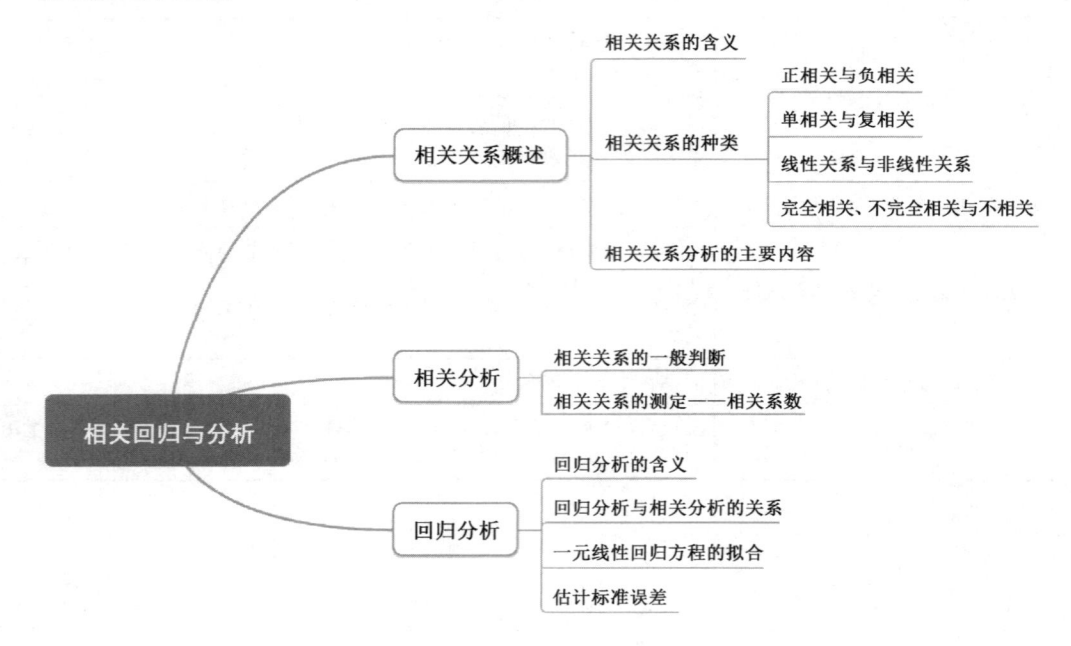

```
                        ┌─ 相关关系的含义
                        │                    ┌─ 正相关与负相关
                        │                    ├─ 单相关与复相关
         ┌─ 相关关系概述 ─┼─ 相关关系的种类 ─┤
         │              │                    ├─ 线性关系与非线性关系
         │              │                    └─ 完全相关、不完全相关与不相关
         │              └─ 相关关系分析的主要内容
         │
         │              ┌─ 相关关系的一般判断
相关回归与分析 ─┼─ 相关分析 ─┤
         │              └─ 相关关系的测定——相关系数
         │
         │              ┌─ 回归分析的含义
         │              ├─ 回归分析与相关分析的关系
         └─ 回归分析 ───┤
                        ├─ 一元线性回归方程的拟合
                        └─ 估计标准误差
```

【学习目标】

知识目标

1. 理解相关关系分析的含义及相关分析的一般方法；
2. 掌握相关系数的计算与分析；
3. 能够建立一元线性回归方程并预测；
4. 了解估计标准误差的意义与计算。

能力目标

1. 具有运用正确理论和方法判定现象之间的相关关系的能力；
2. 能够编制相关表和绘制相关图；

3.具有应用 Excel 工具进行相关分析的能力。

素养目标
1.培养学生科学严谨的学习态度。
2.培养学生逻辑推理能力,树立正确的人生观、价值观、世界观。

【案例导入】

央视网消息:中国汽车工业协会发布的 2023 年全年产销数据显示,中国汽车工业多项经济指标创历史新高,年产销量超过 3 000 万辆,连续十五年蝉联全球第一。数据显示,2023 年,中国汽车产销量分别完成 3 016.1 万辆和 3 009.4 万辆,同比分别增长 11.6% 和 12%。跨上年产 3 000 万辆级的新台阶,中国汽车工业发展史上迎来了新的里程碑。充分表明中国汽车产业大国的地位越来越稳固。近年来新能源汽车和汽车出口快速增长,创造了新的第一,标志着中国汽车产业在向电动化、智能化转型方面取得了显著的成就,也得到了全球消费者的认可,这加速了全球汽车产业变革进程。

中国新能源汽车也同样领跑全球市场,自 2015 年起,产销量连续 9 年位居世界第一。2023 年的数据显示,新能源汽车产销量分别完成 958.7 万辆和 949.5 万辆,同比分别增长 35.8% 和 37.9%,市场占有率连续 8 个月超过 30%。

2023 年全年,中国汽车整车出口 491 万辆,同比增长 57.9%,有望成为全球第一大汽车出口国。其中,新能源汽车出口 120.3 万辆,同比增长 77.6%。每 4 辆出口汽车中,有近 1 辆汽车来自新能源汽车。

中国汽车出口数量从第 1 辆达到年出口 100 万辆,我们用了 55 年,2021 年突破 200 万辆,2023 实现了 491 万辆,接近 500 万辆,我国汽车出口 2 年迈步 3 个台阶。中国汽车 2015—2023 年产销量数据表 8—1 所示。

表 8—1　　　　　　　　　　中国汽车 2015—2023 年产销量数据表

年份	汽车产量(万辆)	汽车销量(万辆)
2023	3 016.1	3 009.4
2022	2 702.1	2 686.4
2021	2 608.2	2 627.5
2020	2 522.5	2 531.1
2019	2 572.1	2 576.9
2018	2 780.9	2 808.1
2017	2 901.54	2 887.89
2016	2 811.88	2 802.82
2015	2 450.33	2 459.76

2024 年 4 月北京国际汽车展览会上,中国众多车企携新款车型亮相展会,引发国际车坛巨震,CCTV4 发布了"中国汽车走向世界舞台已成趋势 智能化发展加速量质齐升"主题报道。

任务发布：2015年国务院印发《中国制造2025》，指出制造业是国民经济的主体，是立国之本、兴国之器、强国之基。18世纪中叶开启工业文明以来，世界强国的兴衰史和中华民族的奋斗史一再证明，没有强大的制造业，就没有国家和民族的强盛。打造具有国际竞争力的制造业，是我国提升综合国力、保障国家安全、建设世界强国的必由之路。通过2015—2023年我国汽车产销量数据分析，能否预测我国汽车行业未来发展的趋势。

中国汽车走向世界舞台已成趋势 智能化发展加速量质齐升

任务一　相关关系概述

一、相关关系的含义

自然界和人类社会中存在着的无数现象，它们直接或间接地彼此联系着。每一现象的存在和发展，一方面影响周围一些事物的存在和发展，另一方面又受周围一些事物的影响和制约。例如，企业以广告来扩大商品的社会影响，通过增加广告次数和频率，增强对消费者的刺激，进而促进商品销售量的扩大；工厂根据商品的市场销售状况来组织产品的生产、设计和研制。这种普遍存在的关系通常叫作依存关系。在大量的依存关系中，可以区分为函数关系和相关关系。

函数关系是变量之间一种完全确定的依存关系，即一个变量的数值完全由另一个变量的数值所确定。函数关系的一般数学表达式为 $y=f(x)$。在这种关系中，自变量 x 的每一个数值，因变量 y 都有唯一确定的数值与之相对应。例如，数学中圆的面积 S 和半径 r 之间存在着函数关系，即当圆的半径确定以后，圆的面积也随之确定。再如，商品销售在实行标准价格 p 的情况下，销售收入与销售的商品数量之间也存在着函数关系 $y=px$，即当以标准价格销售的商品数量确定以后，该商品的销售收入也成为唯一确定的值。

相关关系是变量之间其数量变化受随机因素影响而不能唯一确定的相互依存关系，相关关系的理解应把握两个要点（也是它的重要特点）：

一是变量之间确实存在其数量上的相互依存关系，即一个变量发生数量上的变化时，另一个变量也会相应发生数量上的变化。如身材高的人一般体重要重一些；在一定条件下，增加企业商品销售量，则其经营利润也会相应增加，等等。在具有相关关系的两个变量中，作为变化根据的量叫自变量，发生对应变化的量叫因变量。如在"商品销售量"和"经营利润"两个变量中，"商品销售量"称为自变量，"经营利润"称为因变量。两个变量有时可以互相为依据，如价格是销售量的依据，相反也可以说销售量是价格的依据，应根据研究目的来确定哪个是自变量、哪个是因变量。

二是变量之间依存关系的具体数值是不确定的，如身高为1.80米的人，可以有许多个体重值；销售同量同质商品的不同企业可能获取不同的经营利润。之所以会发生这种情况，是因为影响因变量发生变化的因素不止一个，还有许多其他因素。如人的体重除了与身高有关之外，还受遗传、运动、饮食等因素的影响；企业经营利润除了与商品销售量有关以外，还受商品进价、经营费用、税金等因素变动的影响。

相关关系与函数关系的区别，突出表现在相关关系是一种非确定性关系，如人的身高与年龄，而函数关系中的两个变量是一种确定性关系；函数关系是一种因果关系，而相关关系不一定是因果关系。相关关系与函数关系又有着密切的联系,在一定条件下可以相互转化。例如正方形的面积 S 与其边长 x 之间虽然是一种确定性关系,但在每次测量时,由于测量误差等原因,其数值大小又表现出一种随机性,而对于具有相关关系的两个变量来说,当求得其回归直线方程后,我们又可以用一种确定的关系对这两个变量间的关系进行估计。

二、相关关系的种类

现象之间的相关关系很复杂,大体有以下几种分类。

(一)正相关与负相关

按相关关系的方向可以分为正相关与负相关。当因素(或变量)间的变动方向相同时,即自变量 x 值增加(或减少),因变量 y 值也相应增加(或减少),这样的关系就是正相关。如家庭消费支出随收入增加而增加就属于正相关。如果因素(或变量)间的变动方向相反时,即自变量 x 值增大(或减小),因变量 y 值随之减小(或增大),则称为负相关。如商品流通费用随着商品经济的规模增大而逐渐降低就属于负相关。

(二)单相关与复相关

按自变量的多少可分为单相关与复相关。单相关是指两个变量之间的关系,即所研究的问题只涉及一个自变量和一个因变量,如职工的生活水平与工资之间的关系就是单相关。复相关是指三个或三个以上变量之间的相关关系,即所研究的问题涉及若干个自变量与一个因变量,如同时研究成本、市场、供求状况、消费倾向对利润的影响时,这几个因素之间的关系是复相关。

(三)线性相关与非线性相关

按相关关系的表现形态可分为线性相关与非线性相关。线性相关是指在两个变量之间,当自变量 x 值发生变动时,因变量 y 值发生大致均等的变动。它在相关图的分布上,近似地表现为直线形式。非线性相关是指在两个变量之间,当自变量 x 值发生变动时,因变量 y 值发生不均等的变动。它在相关图的分布上,表现为抛物线、双曲线等非直线形式。比如,从人的生命全过程来看,年龄与医疗费支出呈非线性相关。

(四)完全相关、不完全相关与不相关

按相关程度可分为完全相关、不完全相关与不相关。完全相关是指两个变量之间具有完全确定的关系,即因变量 y 完全随自变量 x 值的变动而变动,这时,相关关系就转化为函数关系。不相关是指两个变量之间不存在相关关系,即两个变量变动彼此互不影响,自变量值变动时,因变量不随之作相应变动。比如,家庭收入多少与孩子多少之间不存在相关关系。不完全相关是指介于完全相关与不相关之间的一种相关关系,即变量之间数量上存在不完全确定的相关关系。比如,农作物产量与播种面积之间的关系。一般的相关现象是指不完全相关,不完全相关关系是统计研究的主要对象。

三、相关关系分析的主要内容

对现象之间数量关系的研究,统计上是从两个方面进行的:一方面是分析现象之间的数量变化的密切程度,这是相关分析;另一方面是找出现象之间数量变化的规律,这是回归分析。

(一)相关分析的主要内容

1. 确定现象之间有无相关关系

这是相关回归分析的起点,只有存在相互依存关系,才有必要进行进一步的分析。

2.确定相关关系的表现形式

只有判断现象之间相关关系的具体表现形式,才能运用相应的相关分析方法进行分析。如果把曲线相关误认为是直线相关,按直线相关来分析,便会出现认识上的偏差,导致错误的结论。

3.测定相关关系的密切程度和方向

运用恰当的方法,对具有相关关系的变量,求得一个表明其相关密切程度的指标——相关系数,来反映现象之间相关关系的密切程度。只有对达到一定密切程度的相关关系,配合回归方程才有实际意义。

(二)回归分析的主要内容

1.建立相关关系的回归方程

利用回归分析方法,配合一个表明变量之间数量上的相关关系的方程式,而且根据自变量变动,来预测因变量的变动。

2.测定因变量的估计值与实际值的误差程度

通过计算估计标准误差,可以反映因变量估计值的准确程度,从而将误差控制在一定范围内。

思考

以下各项哪些属于相关关系?并指出其相关关系的种类。

A. 物体的体积随着温度的升高而膨胀,随着压力的加大而收缩。
B. 家庭收入增多,其消费支出也有增长的趋势。
C. 物价上涨,商品的需求量下降。
D. 农作物的收获量和雨量、气温、施肥量有着密切的关系。
E. 圆的半径越长,其面积也就越大。

任务二 相关分析

一、相关关系的一般判断

要分析社会经济现象之间的相关关系,一般先要进行现象之间相关关系的定性分析和利用相关表、相关图进一步判断。

(一)定性分析

要分析说明现象之间相关关系的具体数量表现,首先要根据对客观事物的定性认识来判断。由于任何事物都有其质的规定性,质的规定性表明了事物自身与其他事物的区别和联系,因而对事物的规定性的认识和分析,称为定性分析。按照人们认识事物的顺序,先有对事物的定性判断,才能据此进行量的分析。

由于现象之间的相关关系比较复杂,测定相关关系之前,一般在定性分析的基础上,还要利用相关表和相关图粗略地判断现象之间的相关程度和相关形态。

(二)相关表

相关表是一种反映变量之间相关关系的统计表。将一变量按其取值的大小排列,然后再将与其相关的另一变量的对应值平行排列,便可得到简单的相关表。变量之间的相关关系在表面看是杂乱无章的,看不出其变化规律。通过对大量观察中得到的资料的加工整理,编制成相关表,可以初步看出现象之间的相关关系的形式、方向,并可粗略看出相关的密切程度。其编制程序是:首先确定自变量和因变量;其次,将变量的变量值一一对应,按自变量的变量值从大到小的顺序排列即可。

【例 8－1】 为研究居民收入与消费支出的关系,通过抽样调查获得 10 户居民家庭月收入消费支出的资料。以居民家庭月收入为自变量,将家庭月收入的数据从小到大排列,以消费支出为因变量编制的相关资料如表 8－2 所示。

表 8－2　　　　　　　　居民家庭月收入与消费支出资料　　　　　　　　单位:元

家庭编号	1	2	3	4	5	6	7	8	9	10
家庭月收入 x	1 500	1 800	2 000	2 500	3 000	4 000	6 200	7 500	8 800	9 200
消费支出 y	1 200	1 500	1 800	2 000	2 800	3 600	4 200	5 300	6 000	6 500

从表 8－2 中可以看出,随着居民家庭月收入的提高,消费支出也有相应增长,两者之间存在明显的正相关关系。其相关关系不仅在理论上成立,客观现实中也是存在的。

(三)相关图

相关图又称散点图,是用直角坐标系的横轴代表变量 x,纵轴代表变量 y,将两个变量间相对应的点描绘出来,用来反映两变量之间相关关系的图形。通过相关图所有点的状况,可以直观大致地看出两个现象间的相关关系的表现形式、方向,也可粗略地判断相关关系的密切程度,为进一步测定相关关系奠定了基础。根据表 8－2 的资料绘制成相关图(见图 8－1)。

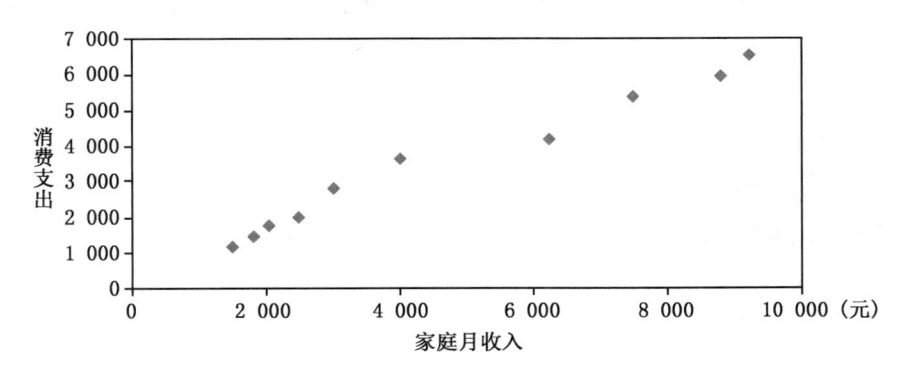

图 8－1　居民家庭月收入与消费支出相关图

从图 8－1 中可以看出,居民家庭月消费支出随着家庭月收入的增加而增加,并且散布点的分布近似地表现为一条直线。由此可以判断居民家庭月收入与消费支出之间存在着直线正相关关系。

二、相关关系的测定——相关系数

相关表和相关图大体说明变量之间有无关系、相关的形式和方向,但它们的相关关系的密切程度却无法准确判断。因此,需运用数学解释方法,构建一个恰当的数学模型来显示相关关系的密切程度。对现象之间的相关关系的密切程度作出确切的数量说明,就需要计算相关系数。

(一)相关系数的计算

相关系数是在直线相关条件下,说明两个现象之间关系程度的统计分析指标,通常用"r"表示。

1. 定义公式

相关系数的计算方法有若干种,其中最易理解的叫积差法,直接来源于数理统计中相关系数的定义:两变量的协方差与两变量的各自标准差乘积之比。

$$r=\frac{\sigma_{xy}^2}{\sigma_x \sigma_y}=\frac{\frac{1}{n}\sum(x-\bar{x})(y-\bar{y})}{\sqrt{\frac{1}{n}\sum(x-\bar{x})^2}\cdot\sqrt{\frac{1}{n}\sum(y-\bar{y})^2}}$$

式中:

r——相关系数;

σ_{xy}^2——自变量与因变量的协方差;

σ_x——自变量的标准差;

σ_y——因变量的标准差。

x——自变量;

y——因变量;

$\bar{x}$——x 的平均数;

$\bar{y}$——y 的平均数;

n——两变量的组数。

2. 简捷公式

在实际工作中,利用定义公式计算相关系数很麻烦,可对其进行推导,形成简便可行的简捷计算公式:

$$r=\frac{n\sum xy-\sum x\sum y}{\sqrt{n\sum x^2-(\sum x)^2}\cdot\sqrt{n\sum y^2-(\sum y)^2}}$$

(二)相关系数分析

相关系数可以准确地说明现象之间的相关方向和密切程度,现分析如下:

(1)相关系数的数值范围。是在-1和$+1$之间,即$-1\leqslant r\leqslant 1$。

(2)相关系数可以说明现象的相关方向。当$r>0$时,表示现象之间为正相关关系;当$r<0$时,现象之间为负相关关系。

(3)相关系数可以说明相关关系的密切程度。相关系数r的绝对值越接近于1,表示相关关系密切的程度越强;相关系数r的绝对值越接近于0,表示相关关系密切的程度越弱;如果$|r|=1$,则表示现象之间是完全直线相关关系;如果$r=0$,则表示现象之间不存在直线相关关系。根据r值的大小,相关关系的密切程度可分为以下几个等级:

$|r|$在0.3以下表示微弱直线相关关系;

$|r|$在0.3~0.5之间表示低度直线相关关系;

$|r|$在0.5~0.8之间表示显著直线相关关系;

$|r|$在0.8以上表示高度直线相关关系。

【例8—2】 根据例8—1和图8—1中的资料,已知居民家庭月收入与消费支出之间为直线相关,计算居民家庭月收入与消费支出的相关系数,见表8—3。

表 8—3　　　　　　　　　家庭月收入与消费支出相关系数计算表

编号	月收入(百元)x	消费支出(百元)y	x^2	y^2	xy
1	15	12	225	144	180
2	18	15	324	225	270
3	20	18	400	324	360
4	25	20	625	400	500
5	30	28	900	784	840
6	40	36	1 600	1 296	1 440
7	62	42	3 844	1 764	2 604
8	75	53	5 625	2 809	3 975
9	88	60	7 744	3 600	5 280
10	92	65	8 464	4 225	5 980
合计	465	349	29 751	15 571	21 429

将表 8—3 中资料代入公式中：

$$r=\frac{10\times 21\,429-465\times 349}{\sqrt{10\times 29\,751-465^2}\times\sqrt{10\times 15\,571-349^2}}=\frac{52\,005}{\sqrt{81\,285}\times\sqrt{33\,909}}=0.99$$

由计算结果得知，相关系数为 0.99，说明居民消费支出与家庭月收入之间为高度正相关关系，即家庭收入越高，其消费支出也越高。

任务三　回归分析

一、回归分析的含义

回归分析是指具有相关关系的现象，根据其变量之间的数量变化规律，运用一个相关的数学模型（称为回归方程式）近似地表示变量间的平均变化关系，并进行估算和预测的一种统计分析方法。

通过相关系数，只能了解因变量和自变量之间相关关系的方向和密切程度，但不能根据自变量的变动来推断因变量的变动。要根据某一变量的数值来估计另一变量的数据，根据已知推求未知，就需要进行回归分析。

回归分析实际上是相关现象间不确定、不规则的数量关系的一般化、规则化，回归分析采用的方法是配合直线或曲线，用这条直线或曲线来代表现象之间的一般数量关系。这条直线或曲线叫回归直线或回归曲线，它们的方程称为线性回归方程或非线性回归方程。两个变量之间的回归方程称为一元回归(简单回归)方程；三个或三个以上变量之间的回归方程称为多元回归方程。本项目着重分析一元线性回归方程。

二、回归分析与相关分析的关系

(一)回归分析与相关分析的区别

(1)相关分析所研究的两个变量是对等关系；回归分析所研究的两个变量不是对等关系，必须根据研究目的，先确定其中一个自变量，另一个是因变量。

(2)对两个变量 x 和 y 来说，相关分析只能计算出一个反映两个变量间相关关系密切程度的相关系数,而且计算中改变 x 和 y 的地位不影响相关系数的数值。回归分析有时可以根据研究目的的不同分别建立两个不同的回归方程:一个以 x 为自变量,y 为因变量,建立 y 对 x 的回归方程;一个是以 y 为自变量,x 为因变量,建立 x 对 y 的回归方程。

(3)相关分析对资料要求是两个变量都是随机变量;而回归分析对资料的要求是自变量是可以控制的变量(给定的变量),因变量是随机变量。

(二)回归分析与相关分析的联系

(1)相关分析是回归分析的基础与前提。如果缺少相关分析,没有从定性上说明现象间是否存在相关关系,没有对相关关系的密切程度作出判断,就不能进行回归分析,即使勉强进行了回归分析,也可能是没有实际意义的。

(2)回归分析是相关分析的深入和继续。仅仅说明现象之间具有密切的相关关系是不够的,只有进行了回归分析、拟合了回归方程,才有可能进一步分析和回归预测,相关分析才有实际意义。

因此,如果仅有回归方程而缺少相关分析,将会因为缺乏必要的基础和前提而影响回归方程的可靠性;如果仅有相关分析而缺少回归分析,就会降低相关分析的意义。只有把两者结合起来,才能达到统计分析的目的。

三、一元线性回归方程的拟合

用直线方程来表示两个变量之间的变动关系,并进行估计和推算的分析方法称为一元线性回归分析或简单线性回归分析。一元线性回归分析是回归分析最简单且应用最广泛的一种,它是一般回归分析的基础,多元回归分析和非线性回归分析是从一元线性回归分析的基本理论上发展起来的。

并非给定的任何资料都可拟合一元线性回归方程,拟合一元线性回归方程必须具备以下条件:(1)两现象间确实存在数量上的相互依存的关系;(2)现象间的关系是线性相关关系;(3)具备一组变量与因变量的对应资料,且明确哪个是自变量,哪个是因变量。

如果两现象资料满足上述前提条件,可以拟合一元线性回归方程:

$$y_c = a + bx$$

其中,y_c 是因变量的估计值,它是根据回归方程推算出来的回归直线上因变量的理论值;x 代表自变量;a 为回归直线的起点值,这个值在相关图上表现为 $x=0$ 时,纵轴上的一个点,数学上称为 y 的截距;b 为回归直线斜率,统计上称为回归系数,它表示自变量每增加一个单位量时,因变量的平均变动值。公式中 a,b 均为待定参数,需要根据实际资料求解,一旦解出来,表明变量之间一般关系的具体回归直线也就确定下来了。

估计参数可以有不同的方法,统计中使用最多的是最小平方法,也称为最小二乘法。用这种方法求出的回归线是原资料最适合线,使得因变量的实际值与理论值离差的代数和等于零。即 $\sum(y-y_c)=0$,使得离差的平方和为最小,即 $\sum(y-y_c)^2=$最小值。

设 $Q=\sum(y-y_c)^2=$最小值,把 $y_c=a+bx$ 代入 Q,得:

$$Q = \sum(y-a-bx)^2 = 最小值$$

求偏导数可得到两个标准方程:

$$\sum y = na + b\sum x$$
$$\sum xy = a\sum x + b\sum x^2$$

从以上方程中可解出两参数的计算公式:

$$b=\frac{n\sum xy-\sum x\sum y}{n\sum x^2-(\sum x)^2}$$

$$a=\bar{y}-b\cdot\bar{x}=\frac{\sum y}{n}-b\cdot\frac{\sum x}{n}$$

【例 8—3】 根据例 8—1 和图 8—1 的相关分析,居民家庭月收入和消费支出之间大致呈线性相关关系。现根据例 8—2 中的资料,拟合一元线性回归方程并预测。将有关数据代入方程:

$$b=\frac{10\times 21\ 429-465\times 349}{10\times 29\ 751-465^2}=\frac{52\ 005}{81\ 285}=0.639\ 8$$

$$a=\frac{349}{10}-0.639\ 8\times\frac{465}{10}=5.149\ 3$$

将两参数代入回归方程得:$y_c=5.149\ 3+0.639\ 8x$

式中,$a=5.149\ 3$ 代表即使月收入为 0,消费支出也需要 5.149 3 百元(514.93 元)。回归系数 $b=0.639\ 8$ 表示家庭月收入每提高 1 百元,消费支出平均增加 0.639 8 百元(63.98 元)。

利用回归方程可以进行预测。如某家庭月收入为 15 000 元($x=150$),在其他条件相对稳定的情况下,可以预测其消费支出为:

$$y_c=5.149\ 3+0.639\ 8\times 150=101.119\ 3(百元)=10\ 111.93(元)$$

建立回归方程应注意以下几个问题:

(1)建立回归方程后,只能通过给定的自变量的值来求因变量的估计值,而不能反过来推算。如上例方程中,只能通过给定的家庭收入来估计消费支出,而不应反过来估计。如果是两个互为因果的变量,既要由 x 估计 y,又需要由 y 估计 x,那就必须建立两个回归方程:一个是 $y_c=a+bx$,另一个是 $x_c=c+dy$(c、d 与 a、b 的含义相同,只是数值不同)。总之,不能用一个回归方程求 x、y 两个估计值。

(2)不能把根据直线回归方程求出的因变量估计值 y 看成是确定性的数值,它只不过是许多可能值的平均数,它是把非确定性的数量关系一般化、平均化。

(3)回归系数 b 的值有正负号,正回归系数表示两个变量为正相关关系,在图形上表现为一条上升直线;负回归系数表示负相关,为一条下降直线。另外,由于回归系数数值的大小与相关表中原数列使用的计量单位有关,所以它不能表明两个变量之间变化的密切程度,只能反映两个变量之间数值变化的比例关系,即只能表明自变量每变化一个单位,因变量的平均变化量。

四、估计标准误差

(一)估计标准误差的含义

我们知道根据前述回归方程推算出来的因变量的数值,只是个估计值、理论值或者说是一个平均值,因此它和实际数值之间必然会出现差异。这样就有了估计值与实际值相差多大的问题,这直接关系到推算估计的准确性。从另一方面讲,这种差别大小也反映着回归直线的代表性大小。

估计标准误差就是用来说明回归方程推算结果准确性的统计分析指标,或者说是反映回归直线代表性大小的统计分析指标。估计标准误差值小,说明因变量的实际值与估计值间的差异小,回归直线的代表性就大;估计标准误差值大,说明因变量的实际值与估计量间的差异大,回归直线的代表性就小。

(二)一元线性回归估计标准误差的计算

估计标准误差是因变量的实际值与估计值离差的平均数,其计算公式如下:

$$S_y = \sqrt{\frac{\sum (y-y_c)^2}{n-2}}$$

式中,S_y 代表估计标准误差,$n-2$ 为自由度。因为在一元线性回归方程中,有 a 和 b 两个参数,所以要由 n 减去 2,表示估计的回归线已失去了两个自由度。

从计算公式可以看出,计算的结果实际上是个平均误差,但不是简单平均,而是经过乘方、平均、再开方的过程,这和标准差的计算过程一样。它的作用是说明估计的准确程度,所以叫作估计标准误差,也叫作估计标准差或回归标准差。

上述计算估计标准误差的方法是用平均误差来表现的,计算比较麻烦,必须计算出所有的估计值。因此,在已有线性回归方程的情况下,可利用如下简捷公式计算:

$$S_y = \sqrt{\frac{\sum y^2 - a\sum y - b\sum xy}{n-2}}$$

【例 8—4】 依据表 8—3 和例 8—3 的资料,计算该回归方程的估计标准误差。将相关数据代入公式计算如下:

$$S_y = \sqrt{\frac{15\,571 - 5.149\,3 \times 349 - 0.639\,8 \times 21\,429}{10-2}} = 2.82(百元)$$

小讨论

你认为相关性分析与回归方分析有何作用?如何进行相关性分析与回归分析?

思考

某校对学生考试成绩和学习时间的关系进行测定,建立了考试成绩对学习时间的直线回归方程为:$y_c = 180 - 5x$,该方程(　　)。

A. a 值的计算有误,b 值是对的 B. b 值的计算有误,a 值是对的
C. a 值和 b 值的计算都有误   D. a 值和 b 值的计算都正确

【任务实施】

Excel 在相关分析与回归分析中的应用

一、绘制散点图

第一步,将案例导入中的汽车产量和销量输入表中 A、B 两列,如图 8—2 所示。

年份	汽车产量(万辆)	汽车销量(万辆)
2015	2450.33	2459.76
2016	2811.88	2802.82
2017	2901.54	2887.89
2018	2780.9	2808.1
2019	2572.1	2576.9
2020	2522.5	2531.1
2021	2608.2	2627.5
2022	2702.1	2686.4
2023	3016.1	3009.4

图 8—2　中国汽车 2015—2023 年产销量

第二步,选择数据区域＄A＄1:＄C＄10,如图8-3所示。

	A	B	C
1	年份	汽车产量（万辆）	汽车销量（万辆）
2	2015	2450.33	2459.76
3	2016	2811.88	2802.82
4	2017	2901.54	2887.89
5	2018	2780.9	2808.1
6	2019	2572.1	2576.9
7	2020	2522.5	2531.1
8	2021	2608.2	2627.5
9	2022	2702.1	2686.4
10	2023	3016.1	3009.4

图8-3 "图表数据源"对话框

第三步,单击"插入"菜单,选择"所有图表",弹出"插入图表"中选择"XY散点图",如图8-4所示。

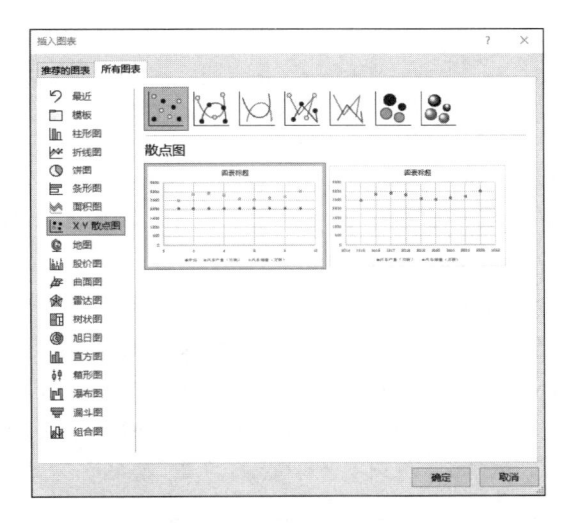

图8-4 "插入如表"对话框

第四步,单击"确认"按钮,得如图8-5所示图表对话框。

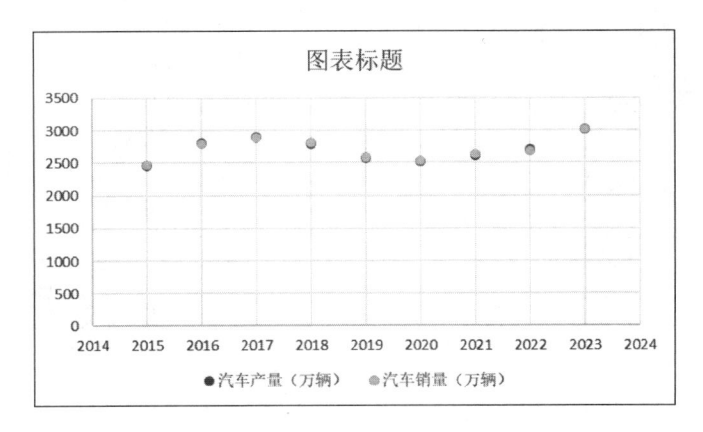

图8-5 图表对话框

第五步，单击"图表元素"按钮，勾选"坐标轴标题"并填写坐标轴名称，得散点图如图8-6所示。

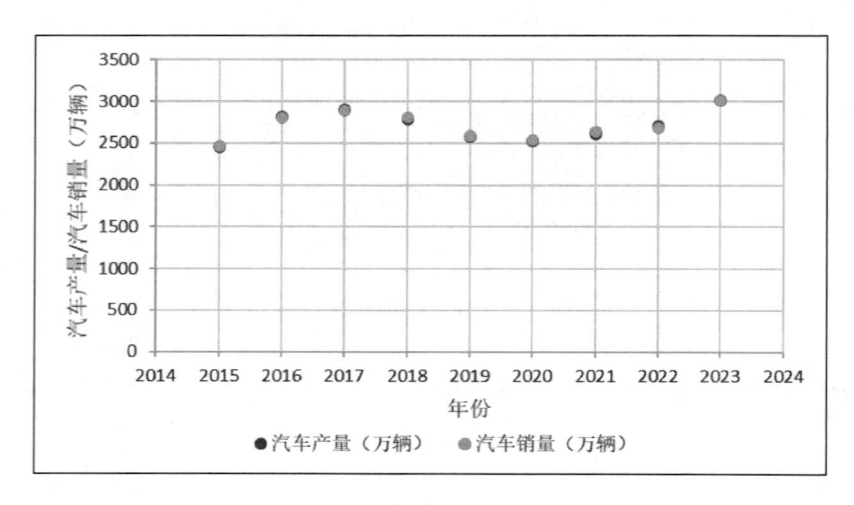

图8-6 散点图

二、相关系数的计算

用Excel计算相关系数主要有两种方法，一个是利用CORREL函数求相关系数，另一个是利用函数分析工具求相关系数。

（一）利用CORREL函数求相关系数

现用图8-2的资料说明具体的操作步骤：

第一步，选择任一空格，单击"公式"菜单，选择"插入函数"按钮，在打开的插入函数对话框中选择"统计"类的"CORREL"函数。单击"确认"后进入"CORREL"对话框。

第二步，在对话框中输入数据所在区域，在Array 1中输入"A2:A10"，在Array2中分别输入"B2:B10"/"C2:C10"，如图8-7、图8-8所示，单击"确定"，分别得计算结果0.27/0.27。

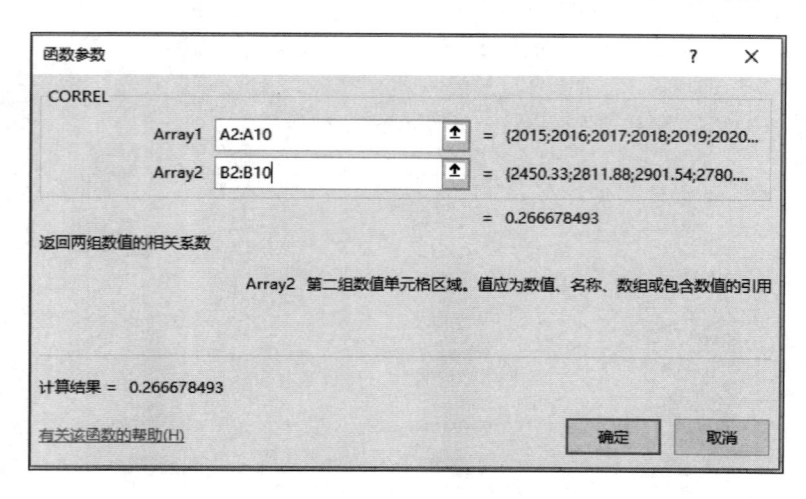

图8-7 B列结果

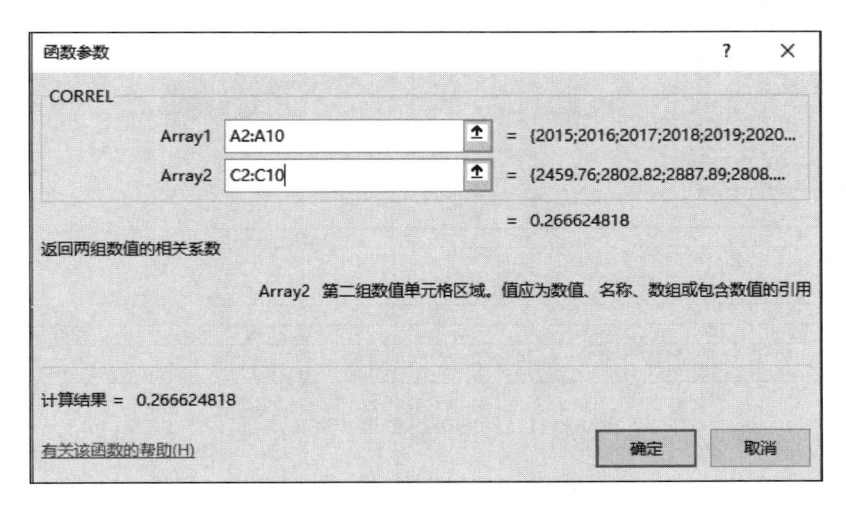

图 8—8　C 列结果

(二)利用数据分析工具求相关系数

仍用图 8—2 的资料说明其具体的操作步骤：

第一步,在"工具"菜单中选择"数据"选项,点击"数据分析"按钮,从其对话框"数据分析"列中选择"相关系数",确认后进入"相关系数"对话框。

第二步,在对话框中输入相关信息。在输入区域框分别输入数据所在区域,由于第一行是标志不是数据,所以要选择"标志位于第一行"选项,得出相关系数的计算结果,分别如图 8—9/8—10 所示。

	年份	汽车产量（万辆）
年份	1	
汽车产量（万辆）	0.266678493	1

图 8—9　相关系数计算结果—汽车产量

	年份	汽车销量（万辆）
年份	1	
汽车销量（万辆）	0.266624818	1

图 8—10　相关系数计算结果—汽车销量

三、一元线性回归分析

仍用图 8—2 资料说明一元线性回归分析的具体步骤：

第一步,单击"数据"菜单,选择"数据分析"选项,出现"数据分析"对话框,在分析框中选择"回归"工具,按"确定"即弹出"回归"对话框。

第二步,在回归对话框中的"Y 值输入区域"中分别输入"＄B＄2:＄B＄10"/"＄C＄2:＄C＄10",在"X 值输入区域"框中分别输入"＄A＄2:＄A＄10"/"＄A＄2:＄A＄10",在"输入选项"中选择"新工作表",点击"确认"按钮,计算结果分别如图 8—11/8—12 所示。

图 8-11 回归分析结果—汽车产量

SUMMARY OUTPUT								
回归统计								
Multiple R	0.266678493							
R Square	0.071117419							
Adjusted R Square	-0.061580093							
标准误差	191.9817903							
观测值	9							
方差分析								
	df	SS	MS	F	Significance F			
回归分析	1	19753.00993	19753.00993	0.535936342	0.487902239			
残差	7	257999.0547	36857.00781					
总计	8	277752.0646						
	Coefficients	标准误差	t Stat	P-value	Lower 95%	Upper 95%	下限 95.0%	上限 95.0%
Intercept	-33926.11456	50040.43614	-0.677973998	0.51956212	-152252.9434	84400.7143	-152252.9434	84400.7143
X Variable 1	18.14433333	24.78474256	0.732076732	0.487902239	-40.46226998	76.75093665	-40.46226998	76.75093665

图 8-12 回归分析结果—汽车销量

SUMMARY OUTPUT								
回归统计								
Multiple R	0.266624818							
R Square	0.071088794							
Adjusted R Square	-0.061612807							
标准误差	185.4724553							
观测值	9							
方差分析								
	df	SS	MS	F	Significance F			
回归分析	1	18428.23851	18428.23851	0.535704115	0.487993173			
残差	7	240800.2217	34400.03167					
总计	8	259228.4602						
	Coefficients	标准误差	t Stat	P-value	Lower 95%	Upper 95%	下限 95.0%	上限 95.0%
Intercept	-32673.66244	48343.765	-0.67586094	0.520824659	-146988.5016	81641.17668	-146988.5016	81641.17668
X Variable 1	17.52533333	23.94439102	0.731918106	0.487993173	-39.09415436	74.14482102	-39.09415436	74.14482102

在结果中,第一部分是回归统计,第二部分是方差分析,第三部分是回归系数表,其中 Intercept 指截距,即 a 值,从表中可知:$a=-33\,926.1/a=-32\,674.7,b=18.1/b=17.5$,因此汽车产量和汽车销量的一元线性回归方程分别为:$y_c=-33\,926.1+18.1x/y_c=-32\,673.7+17.5x$。因此在其他条件相对稳定的情况下,可以预测 2026 年的汽车产量为:$y=-33\,926.1+18.1\times2\,026=2\,744.5$(万辆),可以预测 2026 年的汽车销量为:$y=-32\,673.7+17.5\times2\,026=2\,781.3$(万辆)

【项目小结】

本项目主要给同学们阐述了相关关系、相关分析和回归分析。相关关系是变量之间其数量变化受随机因素影响而不能唯一确定的相互依存关系,可以分为正相关与负相关、单相关与复相关、线性相关与非线性相关以及完全相关、不完全相关与不相关。相关关系分析就是分析现象之间的数量变化的密切程度。

分析经济现象之间的相关关系,一般先要进行现象之间相关关系的定性分析和利用相关表、相关图进一步判断。定性分析是对事物的规定性的认识和分析,区分了事物自身与其他事物的区别和联系。相关表将一变量按其取值的大小排列,然后再将与其相关的另一变量的对应值平行排列,使得杂乱无章没有变化规律的变量能系统地体现。相关图又称散点图,可以直观地反映两变量之间相关关系。为了能够更加准确地表示相关关系的密切程度,我们使用数学方法,引入一个相关系数的概念,通常用 r 表示,r 的取值是在 -1 和 $+1$ 之间。当 $r>0$ 时,表示现象之间为正相关关系;当 $r<0$ 时,现象之间为负相关关系。相关系数 r 的绝对值越接近于 1,表示相关关系密切的程度越强,r 的绝对值越接近于 0,表示相关关系密切的程度越弱。

在相关关系的研究基础上,我们又学习了回归分析,根据具有相关关系的变量之间的数量变化规律,运用一个相关的数学模型(称为回归方程式)近似地表示变量间的平均变化关系,并进行估算和预测的一种统计分析方法。我们常常使用直线方程来表示两个变量之间的变动关系,即一元一次线性回归。最后,我们拟合的方程,和实际数值之间必然会出现差异,因此又引入了标准误差表示因变量的实际值与估计值离差的平均数。

【知识巩固】
一、单项选择题
1. 自然界和人类社会中的诸多关系基本上可归纳为两种类型,这就是(　　)。
A. 函数关系和相关关系　　　　　　　B. 因果关系和非因果关系
C. 随机关系和非随机关系　　　　　　D. 简单关系和复杂关系
2. 相关关系是指变量间的(　　)。
A. 严格的函数关系　　　　　　　　　B. 简单关系和复杂关系
C. 严格的依存关系　　　　　　　　　D. 不严格的依存关系
3. 具有相关关系的两个变量的关系是(　　)。
A. 一个变量的取值不能由另一个变量唯一确定
B. 一个变量的取值由另一个变量唯一决定
C. 变量之间的一种确定性的数量关系
D. 变量之间存在的一种函数关系
4. 当变量 x 的值增加时,变量 y 的值也随之增加,那么变量 x 和变量 y 之间存在着(　　)。
A. 正相关关系　　　　　　　　　　　B. 负相关关系
C. 不确定关系　　　　　　　　　　　D. 非线性相关关系
5. 相关系数的值越接近 -1,表明两个变量间(　　)。
A. 正线性相关关系越弱　　　　　　　B. 负线性相关关系越强
C. 负线性相关关系越弱　　　　　　　D. 正线性相关关系越强
6. 回归方程 $y=123+1.5x$ 中回归系数的意思是,当自变量每增加一个单位时,因变量(　　)。
A. 增加 1.5 个单位　　　　　　　　　B. 平均增加 1.5 个单位
C. 增加 123 个单位　　　　　　　　　D. 平均增加 123 个单位
7. 若回归系数 b 大于 0,表明回归直线是上升的,此时相关系数 r 的值(　　)。
A. 一定大于 0　　　B. 一定小于 0　　　C. 等于 0　　　D. 无法判断

二、多项选择题
1. 下列关系中属于相关关系的是(　　)。
A. 家庭收入与消费支出的关系　　　　B. 商品价格与商品需求量的关系

C. 速度不变,路程与时间的关系　　　D. 肥胖程度和死亡率的关系
E. 利率变动与居民储蓄存款额的关系
2. 判断变量之间相关关系形态及密切程度的方法有(　　)。
A. 回归方程　　　B. 散点图　　　C. 相关系数　　　D. 回归系数
3. 回归方程可用于(　　)。
A. 根据自变量预测因变量　　　B. 根据给定因变量推算自变量
C. 确定两个变量之间的相关程度　　　D. 解释自变量与因变量的数量依存关系
4. 在回归分析中要建立有意义的线性回归方程,应该满足的条件是(　　)。
A. 现象间存在着显著性的线性相关关系　　　B. 相关系数必须等于1
C. 在两个变量中须确定自变量和因变量　　　D. 相关数列的项数应足够多

三、计算题

一家汽车4S店的总经理认为,经验是决定一个营销人员成功与否的关键因素。为了验证他的想法,随机抽取了10名营销人员并记录他们上个月的销售额数据和工作年限如表8—4所示。

表8—4　　　　　　销售人员工作年限、销售额统计表

营销人员编号	1	2	3	4	5	6	7	8	9	10
工作年限(年)	0	2	10	3	8	5	12	7	20	15
销售额(万元)	70	90	200	150	180	140	200	170	300	250

根据表中的统计资料完成以下问题:

判断销售人员的销售额与工作年限之间的相关程度。

假设销售额与工作年限有关,拟合销售额与工作年限的最优回归方程,并解释回归系数b的意义。

在销售人员销售额的变化中有多大比例是由其工作年限来解释的?

【技能强化】

相关分析与回归分析的运用

一、实训目的

1. 掌握回归分析应注意的问题;
2. 培养学生应用一元线性回归模型分析经济现象发展的能力,并能够通过一元线性回归模型进行预测。

二、实训内容

通过中美两国近十五年GDP的对比情况(见表8—5),建立一元线性回归模型进行预测,多少年以后中国的GDP将超过美国。

表8—5　　　　　　2008—2022 中美 GDP

年份	中国(万亿美元)	美国(万亿美元)
2008	4.59	14.71

续表

年份	中国（万亿美元）	美国（万亿美元）
2009	5.11	14.45
2010	6.09	14.99
2011	7.55	15.54
2012	8.53	16.2
2013	9.57	16.78
2014	10.48	17.53
2015	11.06	18.24
2016	11.23	18.75
2017	12.31	19.54
2018	13.89	20.61
2019	14.28	21.43
2020	14.73	20.89
2021	17.73	23.04
2022	17.88	25.44

三、实训要求

1. 学生分组，每组3～4人，查阅回归分析的相关知识；

2. 根据提供的信息分析解决步骤；

3. 利用Excel工具建立回归方程；

4. 确定未来发展趋势。

四、实训评价

每个小组形成一份实训报告并进行汇报交流，通过自评、互评和教师评价综合评定成绩。

【素养提升】

经济实力的增强巩固我国国际社会地位

目标：

(1) 了解世界经济发展状况以及我国国际地位现状。

(2) 通过对我国近30年GDP数据的梳理，观察国际社会地位和经济发展之间的关系。

要求：

(1) 搜集我国近30年GDP数据并进行分析，梳理近30年发生在我国的国际经济事件。

(2) 课堂讨论：中国经济处于高速发展中，国际社会地位也越来越高，我们大学生如何更好地做到"两个维护"，增强"四个自信"？

美国当地时间2021年3月18日19时45分左右，在美国阿拉斯加州安克雷奇举行的中美高层战略对话第二场会谈正式开始。当天下午，由中共中央政治局委员、中央外事工作委员会办公室主任杨洁篪，国务委员兼外长王毅率领的中方代表团，已经与由美国国务卿布林肯、总统国家安全事务助理沙利文带领的美方代表团进行了第一场会谈。本次中美高层战略对话,是中美元首除夕通话后的首次高层接触。

在第一轮会谈中,美方先致开场白时严重超时,并对中国内外政策无理攻击指责,挑起争端。面对美方无理行径,中共中央政治局委员、中央外事工作委员会办公室主任杨洁篪回应:"我们把你们想得太好了,我们认为你们会遵守基本的外交礼节,所以我们刚才必须阐明我们的立场,我现在讲一句,你们没有资格在中国的面前说,你们从实力的地位出发同中国谈话。"

资料来源:网易新闻,https://www.163.com/dy/article/G5MDVCAE0550HKNY.html.

【拓展视野】

中国的轿车生产是否与GDP、城镇居民人均可支配收入、城镇居民家庭恩格尔系数、私人载客汽车拥有量、公路里程等都有密切关系?如果有关系,它们之间是种什么关系?关系强度如何?(数据见《中国统计年鉴》)

(1) 分析轿车生产量与私人载客汽车拥有量之间的关系:

首先,求出因变量轿车生产量 y 和自变量私人载客汽车拥有量 $x1$ 的相关系数 $r=0.992\,018$(见图 8—13),说明两者间存在一定的线性相关关系且正相关程度很强。

	y	x1
y	1	
x1	0.992018	1

图 8—13 y 和 $x1$ 的相关系数

然后以轿车生产量为因变量 y,私人载客汽车拥有量 $x1$ 为自变量进行一元线性回归分析,结果如图 8—14。

```
SUMMARY OUTPUT

   回归统计
Multiple    0.992018
R Square    0.984101
Adjusted    0.983041
标准误差     14.38616
观测值          17

方差分析
              df      SS        MS         F
回归分析        1   192150.3  192150.3   928.4352904
残差           15   3104.422  206.9615
总计           16   195254.8

           Coefficien  标准误差   t Stat     P-value
Intercept   1.775687   4.676408  0.379712   0.709481543
x1          0.206783   0.006786  30.47024   6.60805E-15
```

图 8—14 线性回归结果

①由回归统计中的 $R^2=0.984\,101$ 看出,所建立的回归模型对样本观测值的拟合程度很好;

②估计出的样本回归函数为:$\hat{y}=1.775\,687+0.206\,783x1$,说明私人载客汽车拥有量每增加 1 万辆,轿车生产量增加 2 067.83 辆;

③由图 8—14 中 $\hat{\alpha}$ 和 $\hat{\beta}$ 的 p 值分别是 0.709 4815 43 和 6.608 05E—15，显然 $\hat{\alpha}$ 的 p 值大于显著性水平 $\alpha=0.05$，不能拒绝原假设 $\alpha=0$，而 $\hat{\beta}$ 的 p 值远小于显著性水平 $\alpha=0.05$，拒绝原假设 $\beta=0$，说明私人载客汽车拥有量对轿车生产量有显著影响。

（2）分析轿车生产量与城镇居民家庭恩格尔系数之间的关系：

首先，求出因变量轿车生产量 y 和自变量城镇居民家庭恩格尔系数 $x2$ 的相关系数 $r=-0.774\ 99$（见图 8—15），说明两者间存在一定的线性相关关系但负相关程度一般。

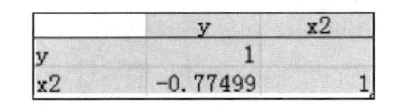

	y	x2
y	1	
x2	-0.77499	1

图 8—15　y 和 $x2$ 的相关系数

然后以轿车生产量为因变量 y，城镇居民家庭恩格尔系数 $x2$ 为自变量进行一元线性回归分析，结果如图 8—16 所示。

由回归统计中的 $R^2=0.600\ 608$ 看出，所建立的回归模型对样本观测值的拟合程度一般，综合其相关系数值可知此二者关系不太符合所建立的线性模型，说明二者间没有密切的线性相关关系。

```
SUMMARY OUTPUT

    回归统计
Multiple  0.774989
R Square  0.600608
Adjusted  0.573982
标准误差   72.10323
观测值       17

方差分析
           df      SS        MS       F      gnific
回归分析    1    117271.6  117271.6  22.55712  0.000
残差       15    77983.13  5198.875
总计       16    195254.8

          Coefficien 标准误差  t Stat   P-value  Lower
Intercept  661.243   120.1556 5.503221 6.07E-05  405.
x2         -12.692   2.672314 -4.74943 0.000258  -18.
```

图 8—16　线性回归结果

（3）分析轿车生产量与公路里程之间的关系：

首先，求出因变量轿车生产量 y 和自变量公路里程 $x3$ 的相关系数 $r=0.941\ 214$（见图 8—17），说明两者间存在一定的线性相关关系且正相关程度较强。

	y	x3
y	1	
x3	0.941214	1

图 8—17　y 和 $x3$ 的相关系数

然后以轿车生产量为因变量 y, 公路里程 $x3$ 为自变量进行一元线性回归分析, 结果如图 8—18 所示。

```
SUMMARY OUTPUT

        回归统计
Multiple   0.941214
R Square   0.885883
Adjusted   0.878275
标准误差    38.54168
观测值         17

方差分析
            df       SS        MS        F      gnific
回归分析       1    172972.9  172972.9  116.4439  1.82E
残差         15    22281.91  1485.461
总计         16    195254.8

         Coefficien 标准误差   t Stat   P-value   Lower
Intercept -125.156  22.58047 -5.54268 5.64E-05  -173.
x3         1.403022  0.130019 10.79092 1.82E-08  1.125
```

图 8—18 线性回归结果

① 由回归统计中的 $R^2=0.885\,883$ 看出, 所建立的回归模型对样本观测值的拟合程度较好;

② 估计出的样本回归函数为: $\hat{y}=-125.156+1.403\,022x3$, 说明公路里程每增加 1 万公里, 轿车生产量增加 1.403 022 万辆;

③ 由图 8—18 中 $\hat{\alpha}$ 和 $\hat{\beta}$ 的 p 值分别是 5.64E—05 和 1.82E—08, 显然 $\hat{\alpha}$ 和 $\hat{\beta}$ 的 p 值均远小于显著性水平 $\alpha=0.05$, 拒绝原假设 $\alpha=0$、$\beta=0$, 但由于 β 对两者的影响更为显著, 所以可以说明公路里程对轿车生产量有显著影响。

(4) 分析轿车生产量与 GDP 之间的关系:

首先, 求出因变量轿车生产量 y 和自变量 $GDPx4$ 的相关系数 $r=0.939\,995$ (见图 8—19), 说明两者间存在一定的线性相关关系且正相关程度较强。

	y	x4
y	1	
x4	0.939995	1

图 8—19 y 和 $x4$ 的相关系数

然后以轿车生产量为因变量 y, $GDPx4$ 为自变量进行一元线性回归分析, 结果如图 8—20 所示。

① 由回归统计中的 $R^2=0.883\,59$ 看出, 所建立的回归模型对样本观测值的拟合程度较好;

② 估计出的样本回归函数为: $\hat{y}=-70.712\,7+0.001\,829x4$, 说明 GDP 每增加 1 亿元, 轿车生产量增加 18.29 辆;

③ 由图 8—20 中 $\hat{\alpha}$ 和 $\hat{\beta}$ 的 p 值分别是 0.001 534 和 2.11E—08, 显然 $\hat{\alpha}$ 和 $\hat{\beta}$ 的 p 值均小于显著性水平 $\alpha=0.05$, 拒绝原假设 $\alpha=0$、$\beta=0$, 但由于 β 对两者的影响更为显著, 所以可以说明 GDP 对轿车生产量有较显著影响。

```
SUMMARY OUTPUT

        回归统计
Multiple    0.939995
R Square    0.88359
Adjusted    0.87583
标准误差     38.92691
观测值        17

方差分析
            df      SS          MS        F         gni
回归分析      1    172525.2   172525.2  113.8552   2.
残差         15    22729.56   1515.304
总计         16    195254.8

            Coefficien  标准误差   t Stat   P-value   Lo
Intercept   -70.7127    18.30702  -3.8626  0.001534
x4          0.001829    0.000171  10.67029 2.11E-08  0.
```

图 8—20　线性回归结果

（5）分析轿车生产量与城镇居民人均可支配收入 $x5$ 之间的关系：

首先,求的因变量轿车生产量 y 和自变量城镇居民人均可支配收入 $x5$ 的相关系数 $r=0.917\,695$（见图 8—21）,说明两者间存在一定的线性相关关系且正相关程度较强。

	y	x5
y	1	
x5	0.917695	1

图 8—21　y 和 $x5$ 的相关系数

然后以轿车生产量为因变量 y,城镇居民人均可支配收入 $x5$ 为自变量进行一元线性回归分析,结果如图 8—22 所示。

```
SUMMARY OUTPUT

        回归统计
Multiple    0.917695
R Square    0.842164
Adjusted    0.831641
标准误差     45.32719
观测值        17

方差分析
            df      SS          MS        F         mif
回归分析      1    164436.5   164436.5  80.03511   2.1
残差         15    30818.31   2054.554
总计         16    195254.8

            Coefficien  标准误差   t Stat    P-value  Lowe
Intercept   -92.9054    23.8703   -3.89209  0.001444 -14
x5          0.032928    0.003681  8.946234  2.12E-07 0.0
```

图 8—22　线性回归结果

① 由回归统计中的 $R^2=0.842\,164$ 看出，所建立的回归模型对样本观测值的拟合程度较好；

② 估计出的样本回归函数为：$\hat{y}=-92.905\,4+0.032\,928x5$，说明城镇居民人均可支配收入每增加 1 元，轿车生产量增加 329.28 辆；

③ 由图 8—22 中 $\hat{\alpha}$ 和 $\hat{\beta}$ 的 p 值分别是 $0.001\,444$ 和 $2.12E-07$，显然 $\hat{\alpha}$ 和 $\hat{\beta}$ 的 p 值均小于显著性水平 $\alpha=0.05$，拒绝原假设 $\alpha=0$、$\beta=0$，但由于 β 对两者的影响更为显著，所以可以说明城镇居民人均可支配收入对轿车生产量有显著影响。

项目九 撰写统计调查报告

【知识结构图】

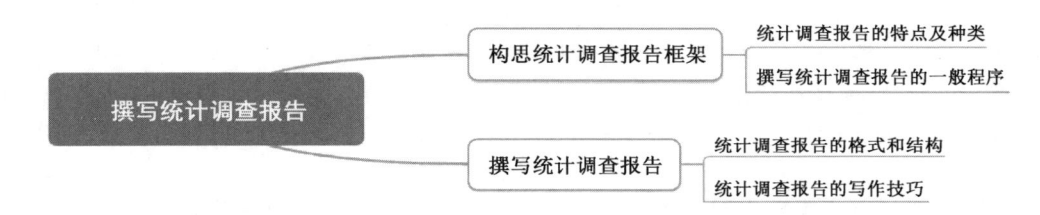

```
                                 ┌─ 构思统计调查报告框架 ─┬─ 统计调查报告的特点及种类
                                 │                       └─ 撰写统计调查报告的一般程序
    撰写统计调查报告 ─────────────┤
                                 └─ 撰写统计调查报告 ─────┬─ 统计调查报告的格式和结构
                                                         └─ 统计调查报告的写作技巧
```

【学习目标】

知识目标

1. 了解统计调查报告的种类;
2. 熟悉撰写统计调查报告的一般程序;
3. 掌握统计调查报告的基本结构。

能力目标

1. 具有根据调查目的确定调查报告的主题及拟定提纲的能力;
2. 通过学习如何撰写调查报告,具备一定的语言组织能力。

素养目标

1. 树立统计思维,培养理论与实践相结合的意识;
2. 通过学习统计分析报告的写作技巧,培养严谨认真的职业素养。

【案例导入】

统计工作是党和国家事业的重要组成部分。贯彻新发展理念、构建新发展格局、推动高质量发展离不开真实准确、完整及时的统计数据。党的二十大报告指出,"全面依法治国是国家治理的一场深刻革命,关系党执政兴国,关系人民幸福安康,关系党和国家长治久安。"依法治统作为依法治国的重要组成部分,对推动统计事业持续健康发展,建立现代统计体系具有重要意义。

　　汽车是观察经济的重要指标,也是拉动需求、推动生产的重要抓手。汽车消费的增加必然带动汽车产业的发展,而汽车产业对整个经济的发展具有很强"波及"效应,能带动钢铁、机械、电子、橡胶、玻璃、石化、建筑和服务等156个相关产业的发展。

　　中汽协2023年4月11日发布数据,3月汽车产销分别完成258.4万辆和245.1万辆,环比分别增长27.2%和24%,同比分别增长15.3%和9.7%。1—3月,汽车产销分别完成621万辆和607.6万辆,同比分别下降4.3%和6.7%。一季度汽车整车出口同比增长70.6%。

　　4月7日,上汽集团发布产销快报。2023年3月,上汽实现整车批售35.2万辆,环比增长16.7%,整车销量继续保持行业领先,并且呈现环比连增的良好势头。同时,上汽乘用车、上汽大通、上汽大众、上汽通用新能源车销量均实现同比增长。

　　3月,上汽海外市场整体销量达9.7万辆,环比继续节节攀升,同比增速超过92%;其中,新能源车销量占比接近三成,自主品牌销量占比超过八成。

　　据中国汽车工业协会整理的海关总署数据显示,1—2月,整车出口量同比增长1.4倍,整车出口金额同比增长2.3倍。在汽车主要出口车型中,纯电动机动车(10座及以上客车除外)出口量位居第一,客车居次,轿车位居第三,载货车居第四位,与上年同期相比,上述四大类车型均呈较快增长,其中纯电动机动车增速最为显著。上述四大类品种出口量占整车出口总量的92.3%。

　　汽车整车行业就是生产和销售汽车整车的行业。汽车整车行业就是最后销售汽车的制造商,上游的比如汽车发动机厂,也是汽车行业的主力,但不是总装,没有完备的整车。随着汽车越来越普及,目前,全国汽车行业形成了一个门类齐全、品种多样,分布广泛,服务方便,能够满足不同消费层次需求的汽车市场体系。

　　中国汽车整车市场经过多年来的蓬勃发展,汽车生产和销售已连续12年蝉联全球第一,庞大的汽车制造市场不断助推中国汽车整车走向成熟,中国汽车整车市场总体继续呈现稳中向好的发展态势。

　　任务发布:现在,项目小组成员面对这次调查活动的调查资料与数据分析的结果,应当如何撰写《2023年汽车行业发展现状及趋势》这份统计调查报告呢?

任务一　构思统计调查报告框架

　　统计调查报告是对统计工作的总结,调查报告如何提交和陈述,调查报告是否科学、完整,关系到统计活动的全过程。比如统计调查得来的资料,这项工作完成的质量与呈现形式,将会影响到统计调查成果的理解,以及决策者实施的决策活动。因此,统计调研人员必须了解其特点,掌握撰写的方法,能够较好地完成统计调查报告的撰写。

一、统计调查报告的特点及种类

(一)统计调查报告的特点

　　统计调查的目的是为了发现问题、反映情况、总结经验和掌握规律,并以此指导或影响人们的社会实践。在统计调查分析的基础上,必然要进行调查报告的撰写。调查报告的类别和形式是多种多样的,但任何种类、形式的调查报告具有如下的基本特征。

第一,调查报告是社会调查活动的总结和说明,是社会调查过程的高度概括,产生于社会调查分析之后。

第二,调查报告既反映了对现有认识的广度和深度,又反映了对未知领域广度和深度的探索,同时它的针对性很强。

第三,调查报告是科学的。首先调查报告是以调查事实为依据的分析和总结,它如实反映了客观世界,是客观事物内在联系的总结和反映。其次,调查报告中运用的调查资料和数据是采用科学的方法获取的。

第四,调查报告对社会现象不是一般性的描述,而是经过对现象科学的分析和总结揭示出事物的本质。

第五,一般来讲,调查报告涉及的知识面较宽,除涉及一般的基础知识,还涉及与调查内容有关的专业知识。可以说调查报告实际上是调查者的思想、立场、知识、能力和才华的综合体现。

(二)调查报告的种类

调查报告依据不同标准可划分为多种类型。依据研究的目的不同,可分为理论型调查报告与实际建议型调查报告;依据调查对象的范围和关系的不同可分为概括调查报告和专题调查报告;依据调查的性质不同可分为叙述性调查报告和分析性调查报告;按表达形式不同可分为文字报告与口头报告。

二、撰写统计调查报告的一般程序

调查报告是调查分析结果的书面表现形式。撰写调研报告是把调研分析的结果用文字表述出来。撰写调研报告的目的是反映实际情况,为决策提供书面依据。而报告的撰写是在对调研资料进行科学的整理、分析基础上进行的。在正式撰写之前,调研人员首先要构思市场调研报告的整体框架,确定写作思路。调查报告的撰写程序一般是:确定主题、取舍资料、拟定提纲、撰写报告和修改报告等五个步骤。

(一)确定统计调查报告的主题

调查报告的主题是调查报告的中心问题。主题是否明确,是否有价值,对调查报告具有决定性的意义。确定主题由选题和确定观点两个步骤完成。

1. 选题

选题是发现、选择、确定、分析论题的过程。论题就是分析对象和目的的概括。所以选题一般表现为调研报告的标题,也就是调查报告的题目,它必须准确揭示调查报告的主题思想,做到题文相符,高度概括,具有较强的吸引力。一般是通过扼要地突出统计调查全过程中最有特色的环节的方式,揭示本报告所要论述的内容。

2. 确定观点

观点是调研者对分析对象所持有的看法与评价,是调研材料的客观性与调研者主观认识的统一体,是形成思路、组织材料的基本依据和出发点。要从实际调研的情况和数字出发,通过现象而把握本质,具体分析,提炼观点,并立论新颖,用简单、明确、易懂的语言阐述。

3. 确定主题应注意的问题

(1)调查报告的主题必须与调查主题相一致。一般来说,调查的主题就是调查报告的主题。因此选题也是调查主题确定的关键。调查主题在统计调查之初已基本确定。而调查报告的主题观点则产生在调查分析之后。

(2)要根据调查分析的结果确立观点并重新审定主题。

(3)调查报告的主题不宜过大。为了便于反映问题,主题要相对小些、集中些。

(二)取舍资料

资料是形成调查报告主题观点的基础。观点是资料的统帅和代表,观点决定资料的取舍和使用。只有达到资料与观点的高度统一,资料才能充分地说明调查报告的主题。这是撰写调查报告必须遵循的主要原则。

(三)拟定提纲

在确定主题、取舍材料之后,撰写调查报告就有一个笼括。拟定一份提纲会使初步形成的"模糊"的报告明确呈现出来。提纲是调查报告的骨架,可以理清思路,表明调查报告各部分之间的联系。

调研报告提纲可以采用从层次上列出报告的章节形式的条目提纲,或者列出各章节要表述的观点形式的观点提纲。一般先拟定提纲的框架,把调研报告分为几个大部分。然后在各部分中再充实,按次序或轻重,横向或纵向罗列而成较细的提纲。提纲越细,反映调研者的思路越清晰,同时也便于对调研报告进行调整。

(四)撰写报告

在拟定较细的提纲基础上,便可以正式撰写调查报告了。在撰写调查报告的过程中,要注意以下问题:

(1)要做到通俗易懂。

(2)使用材料要准,分析问题要深刻。

(3)文字生动、活泼,形式灵活多样。如使用图表可以打破一味叙述论证的"呆板"形式。

(五)修改报告

任何调查报告都不是一次完成的,调查报告写完后必须反复修改,逐句审查,严把质量关。修改报告的主要任务如下:

第一,调查引用资料依据是否合理,全篇报告是否言之有理,持之有据。

第二,检查调查报告中所运用的观点是否明确,表达是否准确。

第三,检查调查报告的思想基调是否符合调查的目的和要求。最后在通读报告时检查语言是否流畅,及有无错别字和用错的标点符号。

任务二　撰写统计调查报告

确定主题,拟定提纲,只是完成调查报告的前期准备的工作,还需要选用合适的语言表述调查的分析结果,并且要构思调查的框架,在这些都完成的基础上才能撰写调查报告。

一、统计调查报告的格式和结构

好的调查报告不仅言之有理,还应言之有序。精心安排其结构,才能做到言之有理有节。如果说观点是调查报告的灵魂,材料是血肉,那么结构就是调查报告的骨骼。

调查报告无固定的模式,形式各种各样。一般是根据调查主题要求,确定论证方法,从而决定其结构形式。但是不论何种模式,一篇规范调查报告一般应包括下列三个部分:前言部分、主体部分和结尾部分,如图9-1所示。

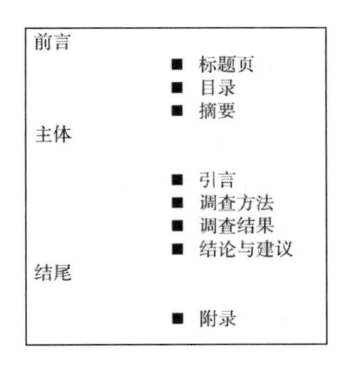

```
前言
          ■ 标题页
          ■ 目录
主体       ■ 摘要

          ■ 引言
          ■ 调查方法
          ■ 调查结果
          ■ 结论与建议
结尾
          ■ 附录
```

图9-1　调查报告的结构与内容

(一)前言

前言部分通常包括标题页、目录、摘要等。

1. 标题页

标题页即封面,包括调查报告的题目或标题,还包括执行调查项目的研究人员或机构等。作为一种习惯做法,在封面上的调查题目的下方,紧接着注明报告人或单位、报告日期;然后另起一行,注明报告呈交的对象。这些内容编排在调查报告的首页上,即标题页,如图9-2所示。

```
           ××市商业网点布局调查


           ××职业技术学院商贸管理系
           ××市南郊新区济南路1号
                  2017年4月
```

图9-2　标题页

标题是报告的名字,好的标题既深刻又能直接体现中心思想和主要内容。依据调查目的列出标题,有单(行)标题和双(行)标题两种。

(1)单标题

用一个内容的文字简单地直接表示的标题称为单标题。如《中学生发扬艰苦奋斗精神现状的调查》。

(2)双标题

用两行、两个内容表达同一主题的标题,称为双标题。双标题有两行标题,采用正、副标题的形式,一般正标题表达调查主题,副标题用于补充说明调查对象和主要内容。如《艰苦奋斗的精神不能丢——××中学学生生活态度和表现的调查》。不管采用哪种标题形式,都要符合调查的主题。

2. 报告目录

当市场调研报告的页数较多时,应使用目录或索引列出主要纲目及页码,编排在报告题目的后面。

3. 报告摘要

报告摘要是调查报告中最重要的内容,是整个报告的精华。摘要应概括地说明活动所获得的主要成果。摘要应当用清楚、简洁、概括的手法,扼要地说明调查的主要结果。详细的论证资料只要在正文中加以阐述即可。

报告摘要主要包括四个方面的内容:

(1)明确指出本次调研的目标。

(2)简要指出调研时间、地点、对象、范围以及调研的主要项目。

(3)简要介绍调研实施的方法、手段以及调研结果的影响。

(4)调研中的主要发现,或结论性内容。

(二)主体

调查报告的主体部分是调查报告的正文,具体构成可能因研究项目不同而异,但基本上包含导语、正文和结论等三个部分。

1. 导语(引言)

导语又称引言。它是调查报告的前言,简洁明了地介绍有关调查的情况,或提出全文的引子,为正文写作做好铺垫。引言或导语放在调查报告的开头,好的开头能起到提纲挈领的作用,既可以使全文顺利展开,又可以吸引读者的注意力,产生阅读的欲望。

常见的导语有以下几种:

(1)简介式导语。对调查的课题、对象、时间、地点、方式、经过等作简明的介绍。

(2)概括式导语。对调查报告的内容(包括课题、对象、调查内容和分析的结论等)作概括的说明。

(3)交代式导语。即对课题产生的由来作简明的介绍和说明。

2. 正文

正文是调查报告的分析论证问题部分,是调查报告的中心。正文部分应依据调研提纲设定的内容充分展开,这部分要分章节运用大量事实和数据及有关图表来陈述调查材料,进行系统分析,阐明观点。因而这部分在全篇中所占的比重也是最大的。

正文的结构有不同的框架,可进行如下分类。

(1)根据逻辑关系安排材料的框架有:纵式结构、横式结构、纵横式结构。这三种结构,以纵横式结构常为人们所采用。

(2)按照内容表达的层次组成的框架有:"情况—成果—问题—建议"式结构,多用于反映基本情况的调查报告;"成果—具体做法—经验"式结构,用于介绍经验的调查报告;"问题—原因—意见或建议"式结构,多用于揭露问题的调查报告;"事件过程—事件性质结论—处理意见"式结构,多用于揭露案件是非的调查报告。

写好正文部分的关键在于利用尽可能多的准确数据、材料,并对它们进行科学分类和符合逻辑的安排,做到结构严谨、条理清晰、重点突出。

3. 结论

结论和建议是撰写调查报告的主要目的,包括对引言和正文部分所提出的主要内容的总结。仅仅将统计的结果总结出来是不够的,调查员应该按照定义的问题来解决统计结果,并从中提炼出一些结论性的东西。然后根据调查统计结果和结论,向决策者提出如何利用已被证明为有效的措施以及解决某一具体问题可供选择的方案和建议。

调查报告的结论部分,应该根据写作目的、内容的需要采取灵活多样的写法,要简明扼要,意尽即止,切不可画蛇添足,弄巧成拙。

(三)结尾

结尾部分由附录或附件组成。附件是指调研报告正文包括不了的资料或对正文结论的说明,是正文报告的补充或更为详细的专题性说明。一般包括数据的汇总、统计公式或参数选择的依据,与本调研题目相关的整体环境资料或有直接对比意义的完整数据,调查问卷、访谈提纲等,均可单独成为报告的附件。

通常附录中包括有以下内容:
- 调查方案。
- 调查问卷。
- 统计分析和计算的细节。
- 数据汇总表。
- 原始资料背景资料。
- 名词注释、人名和专业术语对照表。
- 参考文献等。

附录也不是调查报告不可缺少的部分。只有大型调查报告才需要附录。附录的内容不应随意扩张,只有那些与调查报告密切相关而又无法为调查报告所包含的内容才列入附录之内。

思考

调查报告的提纲已经拟定,还有必要确定调查报告的格式和结构吗?为什么?

二、统计调查报告的写作技巧

调查报告是一种陈述性和说明性相结合的文体,在篇章结构、语言运用等各方面有它独特的要求。

(一)写作的表达方式

调研报告的表达方式以说明为主。说明在调研报告中的主要作用是将研究对象及其存在的问题,产生的原因、程度以及解决问题的办法解释清楚,使读者了解、认识和信服。在报告中不论是陈述情况、介绍背景,还是总结经验、罗列问题、分析原因以及反映事物情节、特征和状况等,都要加以说明,即使提出建议和措施也要反映说明。因此,调研报告是一种特殊说明文。

1. 背景说明

背景说明一般放在导语部分,有时为了论说便利也可以化整为零,分别插入各部分之中。

2. 情况说明

在产生和发展过程中,会呈现各种不同的结构、状态、变化、规模和性质等各种情况。调查报告的重要任务之一就是要说明这些情况。为了达到客观、准确,必须对研究对象有深入细致的了解、清晰的说明。

3. 建议说明

建议说明是调查报告的必然成分,这部分必须明确具体、切实中肯,具有较强的针对性和可行性。

(二)调研报告的语言

调研报告不是文学作品,它具有较强的应用性,因此它的语言应该严谨、简要和通俗。

1. 语言要严谨

在调研报告中不宜使用如"可能"、"也许"和"大概"等含糊的词语,还要注意在选择使用表示强度的副词或形容词时,要把握词语的程度差异。例如,"有所反应"与"有反应"、"较大反响"与"反应强烈"、"显著变化"与"很大变化"之间的差别。

为确保用词的精确,最好用数字来反映。还要区分相近、易于混淆的概念,如"发展速度"与"增长速度"、"番数"与"倍数"、"速度"与"效益"。

2. 语言要简要

在叙述事实情况时,力争以较少的文字清晰地表达较多的内容。要使语言简明,重要的是训练作者的思维。只有思维清晰、深刻,才能抓住事物的本质和关键,用最简练的语言概括和陈述。

3. 语言要通俗

调查报告主要是面向公众的,报告的语言应力求朴实严肃,平易近人,通俗易懂,才能发挥应有的作用。但通俗、严肃并非平淡无味,作者要加强各方面的修养和语言文字表达的训练,提高驾驭语言文字的能力,最终才能写出语言生动、通俗易懂的高水平的调查报告。

(三)调查报告中数字的运用

较多地使用数字、图表是调查报告的主要特征。调查报告中的数字既要准确,又要讲究技巧,力求把数字用活,用得恰到好处。

1. 要防止数字过度化

数字过度化表现为在调查报告中到处都是数字。在大量使用数字时,要注意使用方式。一般我们应该使用图表来说明数字。

2. 运用数字的技巧

为了增加统计数字的表现力,使之更加鲜明生动,通俗易懂,还要对数字进行加工和换算。

(1)比较法。这是基本的数字加工方法,可以纵向比较和横向比较。纵向比较可以反映事物自身的发展变化,横向比较可以反映事物间的差距。对比可形成较强的反差,增强数字的鲜明性。

(2)化小法。有时数字太大,不易于理解和记忆。如果把大数字换成小数字则便于记忆。如把某厂年产电视机 518 400 台换算成每分钟生产一台效果更好,153 000 000 公里换算成 1.53 亿公里更容易记忆。

(3)推算法。有时个体数量较小,不易于引起人们的重视,但由此推算出的整体数量却大得惊人。如对农村居民建房占用耕地情况调研发现 12 个村 3 年每户平均占耕地 2 分 2 厘,而由此推算出全县农村建房三年共占耕地上万亩。

(4)形象法。这种方法并不使用事物本身的具体数字,而是用人们熟悉的数字表示代替,以增强生动感。例如,乐山大佛,高 71 米,头长 14.7 米……换成形象法为佛像有 20 层楼高,耳朵有 4 个人高,每只脚背上可以停放 5 辆解放牌卡车。相比较后者更具有吸引力。

3. 使用数字的常规

在调查报告中,使用的汉字与阿拉伯数字应统一。总的原则是可用阿拉伯数字的地方,均应使用阿拉伯数字。

(1)公历世纪、年代、年、月、日和时间应使用阿拉伯数字,星期几则一律用汉字,年份一般不用简写。

(2)计数与计量应使用阿拉伯数字。不具有统计意义的一位数可以使用汉字(如一个人,九本书等)。

(3)数字作为词素构成定型的词、词组、惯用语或具有修辞色彩的语句应当用汉字(如"十五"规划等)。

(4)邻近的两个数并列连用表示概数时应当用汉字(如三五天、十之八九等)。

(四)撰写调研报告时应注意的问题

一篇高质量的调研报告,除了符合调研报告一般的格式以及很强的逻辑性结构外,写作手法是多样的,但其中必须注意的问题有以下两点:

(1)调研报告不是流水账或数据的堆积。数据在于为理论分析提供了客观依据,市场调研报告需要概括评价整个调研活动的过程,需要说明这些方案执行落实的情况,特别是实际完成的情况对于调研结果的影响,需要认真分析清楚。

(2)市场调研报告必须真实、准确。从事实出发,而不是从某个人观点出发,先入为主地作出主观判断。调研前所设计的理论模型或先行的工作假设,都应毫不例外地接受调研资料的检验。凡是与事实不符的观点,都应该坚决舍弃,凡是暂时还拿不准的,应如实写明,或放在附录中加以讨论。

【任务实施】

2023年汽车行业发展现状及趋势

随着全球经济的发展,人们对汽车的需求也越来越高。汽车行业已成为全球最大的制造业之一,而中国汽车市场也是世界上最大的汽车市场之一。随着新能源、智能化和共享出行等因素的出现,汽车行业正在发生重大变革。

一、汽车市场规模

1. 燃油车市场规模

目前,燃油车市场仍然占据着主导地位。据中国汽车流通协会汽车市场研究分会(乘联会)零售销量数据统计,2023年全年乘用车市场零售2 170.3万辆,其中燃油车1 395万辆,占比64.3%。2023年汽车月度销量如图9—3所示。

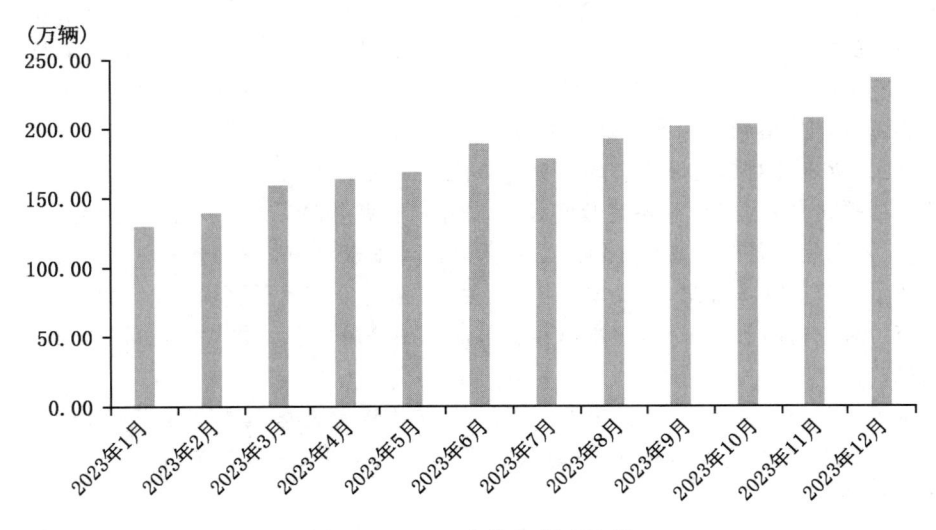

图9—3 2023年汽车月度销量

2. 新能源汽车市场规模

据中国汽车工业协会统计数据显示,2023年5月中国新能源汽车产销分别完成71.3万辆和71.7万辆,环比分别增长11.4%和12.6%,同比分别增长53%和60.2%,市场占有率达到30.1%。

累计方面,2023年1—5月中国新能源汽车产销累计分别完成300.5万辆和294万辆,同比分别增长45.1%和46.8%,市场占有率达到27.7%。

二、汽车行业发展优势

1. 政策影响

随着全球环保意识的逐渐加强,政府对环保产业的支持力度也越来越大。在中国,政府出台了一系列新能源汽车政策,如补贴政策、免费停车等,这些政策的出台对新能源汽车的发展起到了积极的促进作用。而燃油车也受到了政策的限制,如国家对燃油车的排放标准越来越严格,限制了燃油车的发展。

2. 新能源技术发展

随着新能源技术的不断发展,新能源汽车的性能逐渐提高,价格逐渐降低,逐渐成为燃油车的替代品。目前,新能源汽车的续航里程、充电速度等性能已经大大提高,价格也逐渐降低,这将对燃油车市场产生一定的冲击。

总结:燃油车市场仍然是汽车市场的主流,随着政策和技术的影响,其市场份额或许会发生一定的变化,但是其在市场上的地位不会被轻易动摇。

三、汽车行业发展存在的主要问题

1. 汽车消费促进活动较为单一。每年举行春季、秋季大型车展及夏冬季小型车展,每年的车展规模基本雷同,品种较为单一,价格优惠额度小,对市民来说缺乏新鲜感,所以对消费拉动作用不明显,车展期间与平时的销量基本相同。

2. 新能源汽车配套设施建设不足,电池续航能力不强。近些年,国家大力推广新能源汽车,新能源汽车成为市民出行的新的选择点,随着新能源汽车的不断增加,新能源汽车销售门店、充电桩等配套设置建设不足、电池续航能力不强成为制约新能源汽车消费的主要问题,虽然购买新能源汽车有政府补贴,还有各种利好政策,但是对于广大市民来说对新能源车不是很了解,加上一些对配套设施等方面的顾虑,购买力并不强劲,销量偏低。目前充电桩数量非常有限,充电更为方便的低速电动车成为市民选择的新能源汽车的主要方向。

3. 新能源汽车价格相对较高。目前市面上销售的纯电动汽车价格普遍较同型号传统燃油车要高1倍以上,所以针对新能源汽车的补贴并不能起到大幅降低车价的作用,利用新能源汽车的节油效率来抹平这部分差价,需要的时间过长。例如消费者购买比亚迪F3dm插电式混合动力汽车,享受5万元最高补贴后售价10万元左右,比汽油发动机F3还要贵出3万多元;比亚迪E6电动汽车续航里程300多公里,但成本30万元左右,享受6万元最高补贴后比传统能源汽车贵了10多万元,对普通消费者来说,仍难以接受与同级别普通车型相比相距几倍的价差。

四、建议

1. 增加高端汽车品牌入驻县级城市。县级城市销售的汽车大多是中低端的汽车品牌,每年车展也难以吸引高端汽车品牌加入,建议由政府部门主导,多引进高端汽车品牌加入,增加新的汽车消费增长点。

2. 加快配套设施建设,建议在推广应用新能源汽车的同时,政府部门充电桩等配套设施建设给予财政政策、土地手续办理等支持,在城市公交站、加油站、小区等公共服务场所合理布局。

3. 增加新能源汽车的宣传力度。大力宣传新能源汽车推广应用的意义及新能源汽车的性能优势,让广大消费者了解新能源汽车,增强环保意识,提高公众对新能源汽车应用的认知度和接受度,营造促进新能源汽车推广应用的良好社会氛围。

4.增强国家政策支持力度。建议采取持续减免购置税、消费税、个人所得税等激励措施,鼓励消费者优先购买新能源汽车。

五、结束语

当前,中国汽车品牌正处于从跟随到引领的关键窗口期,打造"中国汽车"大品牌形象迫在眉睫,从近两年发布的全球品牌价值榜、最具价值中国品牌榜等全球第三方权威榜单上看,中国汽车品牌价值不断提升,上榜品牌增多且增长速度高于全球平均水平;在品牌高端化进程上,中国汽车品牌近几年已实现了实质性的突破,推出大批高端品牌车型,国内消费者对国产高端电动汽车的接受度也越来越高;在市场份额方面,新能源汽车的快速增长有力带动了中国汽车品牌乘用车市场份额的提升;在全球化方面,近年来中国汽车军团集体扬帆出海,势头正劲。

未来推动汽车产业的数字化转型,实施"汽车产业+数字化"。大力推进数字化技术应用,制定数字化转型路径。加快人工智能、5G、工业互联网、区块链等新一代数字技术在汽车工业领域的应用,为数字化新技术提供丰富的汽车产业应用场景。

《新能源汽车产业发展规划(2021—2035年)》提出,到2025年,新能源汽车新车销售量达到汽车新车销售总量的20%左右,到2035年,纯电动汽车成为新销售车辆的主流。汽车制造是指汽车整车制造、装配或车用发动机、零部件和配套件生产。

工信部表示,将进一步加强新能源汽车质量监管,促进整车电动化和智能网联技术等进一步融合,健全充电、停车等各项服务,提高公共交通电动化水平,有效提升配套产业链水平,推动新能源汽车高质量发展。

展望未来,中端车型是消费市场真正需求所在,潜力巨大,而随着更多车企进入,这一细分市场的竞争也会更加激烈。电动化的加速促进整车竞争格局的转变,为国内汽车零部件企业带来新的增长点。

【项目小结】

在本项目中,我们主要学习了和撰写统计调查报告相关的程序和结构等知识。统计调查报告的类别和形式多样,但归结来说有五项共同特点:高度概括社会调查过程、有针对性、科学性、通过对现象科学的分析揭示事物本质和涉及较宽的知识面。对于撰写统计调查报告来说,我们首先需要确定统计调查报告的主题,其次取舍资料,进而拟定统计调查报告提纲,然后撰写报告,最终再经过修改完善报告。

一般而言,一篇规范调查报告应该包括前言部分、主体部分和结尾部分。前言部分通常包括标题页、目录、摘要等;调查报告的主体部分是调查报告的正文,基本上包含导语、正文和结论等三个部分;结尾部分由附录或附件组成。调研报告的表达方式以说明为主,需要对背景、情况和建议进行说明,具有较强的应用性,因此它的语言应该严谨、简明和通俗,并且要巧妙使用数字。除此之外,对于报告的撰写也要注意分析的客观性,以及整个报告的真实性和准确性。

【技能强化】

撰写统计调查报告

一、实训目的

1.通过实训,让学生掌握统计调查报告撰写的技巧,提高学生的文字表达能力,进而提高学生的综合素质；

2. 培养学生的团队合作协调能力，提高学生的合作能力。

二、实训内容

以小组为单位完成主题为"关于在校大学生网络购物的调查"2 500 字左右的统计调查报告。

三、实训要求

1. 学生分组，每组 3～4 人，汇总统计调查、统计分析的相关数据；

2. 每组提交一份统计调查报告；

3. 每小组将统计调查报告制成幻灯片进行介绍，与大家进行交流讨论，并进行答辩。

四、实训评价

每个小组形成一份实训报告并进行汇报交流，通过自评、互评和教师评价综合评定成绩。

附录

正态分布概率表

列表显示的是概率保证程度一半的数值（$F(t)$一半的面积）

$F(t)/2$	−0.00	0.0100	0.0200	0.0300	0.0400	0.0500	0.0600	0.0700	0.0800	0.0900
−0.00	−0.00	0.0040	0.0080	0.0120	0.0160	0.0199	0.0239	0.0279	0.0319	0.0359
0.1000	0.0398	0.0438	0.0478	0.0517	0.0557	0.0596	0.0636	0.0675	0.0714	0.0753
0.2000	0.0793	0.0832	0.0871	0.0910	0.0948	0.0987	0.1026	0.1064	0.1103	0.1141
0.3000	0.1179	0.1217	0.1255	0.1293	0.1331	0.1368	0.1406	0.1443	0.1480	0.1517
0.4000	0.1554	0.1591	0.1628	0.1664	0.1700	0.1736	0.1772	0.1808	0.1844	0.1879
0.5000	0.1915	0.1950	0.1985	0.2019	0.2054	0.2088	0.2123	0.2157	0.2190	0.2224
0.6000	0.2257	0.2291	0.2324	0.2357	0.2389	0.2422	0.2454	0.2486	0.2517	0.2549
0.7000	0.2580	0.2611	0.2642	0.2673	0.2704	0.2734	0.2764	0.2794	0.2823	0.2852
0.8000	0.2881	0.2910	0.2939	0.2967	0.2995	0.3023	0.3051	0.3078	0.3106	0.3133
0.9000	0.3159	0.3186	0.3212	0.3238	0.3264	0.3289	0.3315	0.3340	0.3365	0.3389
1.0000	0.3413	0.3438	0.3461	0.3485	0.3508	0.3531	0.3554	0.3577	0.3599	0.3621
1.1000	0.3643	0.3665	0.3686	0.3708	0.3729	0.3749	0.3770	0.3790	0.3810	0.3830
1.2000	0.3849	0.3869	0.3888	0.3907	0.3925	0.3944	0.3962	0.3980	0.3997	0.4015
1.3000	0.4032	0.4049	0.4066	0.4082	0.4099	0.4115	0.4131	0.4147	0.4162	0.4177
1.4000	0.4192	0.4207	0.4222	0.4236	0.4251	0.4265	0.4279	0.4292	0.4306	0.4319
1.5000	0.4332	0.4345	0.4357	0.4370	0.4382	0.4394	0.4406	0.4418	0.4429	0.4441
1.6000	0.4452	0.4463	0.4474	0.4484	0.4495	0.4505	0.4515	0.4525	0.4535	0.4545
1.7000	0.4554	0.4564	0.4573	0.4582	0.4591	0.4599	0.4608	0.4616	0.4625	0.4633
1.8000	0.4641	0.4649	0.4656	0.4664	0.4671	0.4678	0.4686	0.4693	0.4699	0.4706
1.9000	0.4713	0.4719	0.4726	0.4732	0.4738	0.4744	0.4750	0.4756	0.4761	0.4767
2.0000	0.4772	0.4778	0.4783	0.4788	0.4793	0.4798	0.4803	0.4808	0.4812	0.4817
2.1000	0.4821	0.4826	0.4830	0.4834	0.4838	0.4842	0.4846	0.4850	0.4854	0.4857
2.2000	0.4861	0.4864	0.4868	0.4871	0.4875	0.4878	0.4881	0.4884	0.4887	0.4890
2.3000	0.4893	0.4896	0.4898	0.4901	0.4904	0.4906	0.4909	0.4911	0.4913	0.4916
2.4000	0.4918	0.4920	0.4922	0.4925	0.4927	0.4929	0.4931	0.4932	0.4934	0.4936
2.5000	0.4938	0.4940	0.4941	0.4943	0.4945	0.4946	0.4948	0.4949	0.4951	0.4952
2.6000	0.4953	0.4955	0.4956	0.4957	0.4959	0.4960	0.4961	0.4962	0.4963	0.4964
2.7000	0.4965	0.4966	0.4967	0.4968	0.4969	0.4970	0.4971	0.4972	0.4973	0.4974
2.8000	0.4974	0.4975	0.4976	0.4977	0.4977	0.4978	0.4979	0.4979	0.4980	0.4981
2.9000	0.4981	0.4982	0.4982	0.4983	0.4984	0.4984	0.4985	0.4985	0.4986	0.4986
3.0000	0.4987	0.4987	0.4987	0.4988	0.4988	0.4989	0.4989	0.4989	0.4990	0.4990

参考文献

查尔斯·慧伦. 赤裸裸的统计学[M]. 曹槟译. 中信出版社,2013.
杨轶莘. 大数据时代下的统计学[M]. 电子工业出版社,2015.
贾俊平. 统计学[M]. 中国人民大学出版社,2018.
龚江辉. 统计学[M]. 北京师范大学出版社,2018.
谢桦. 统计学基础[M]. 中国财经经济出版社,2021.
刘雅漫,张艳丽. 新编统计基础[M]. 第八版. 大连理工大学出版社,2022.
洑建红,姬忠莉. 统计学基础及应用[M]. 第四版. 人民邮电出版社,2022.
宋文光. 统计基础与实务[M]. 第三版. 大连理工大学出版社,2023.
由建勋. 统计基础[M]. 第三版. 高等教育出版社,2023.
李静,彭明强. 统计学基础[M]. 第三版. 中国财经经济出版社,2023.
余明友. 尴尬的变异指标[J]. 中国统计,2014,(06):29—30.
李金昌. 大数据与统计新思维[J]. 统计研究,2014,31(01):10—17.
王文鹏. 浅谈大数据在政府统计中的作用[J]. 统计与咨询,2017,(04):55—56.
束容与. 浅论相关分析与回归分析的联系与区别[J]. 中国校外教育(下旬),2018,(03).
席建国. 二次移动平均法中两次移动平均步长关系研究[J]. 数量经济技术经济研究,2019,36(06):152—168.
王曦璟. 大数据时代统计学科教学面临的挑战及变革路径[J]. 山西财经大学学报,2020,42(S1):101—102.
郭骏昊. 大数据时代对传统统计学变革的思考[J]. 科教导刊(电子版),2023,12(16):7—9.
中国汽车工业协会. 2023 年 10 月汽车工业产销情况[EB/OL]. [202412]. http://www.caam.org.cn/chn/4/cate_39/con_5236270.html.